A TELA DEMONÍACA

LOTTE H. EISNER

A TELA DEMONÍACA

As influências de Max Reinhardt e do Expressionismo

Tradução: Lúcia Nagib

2ª EDIÇÃO

PAZ E TERRA

Em colaboração com o Instituto Goethe

Título original em francês:
L'Ecran Démoniaque

Capa:
Isabel

Fotos:
Klassiker des Deutschen Stummfilms 1910-1930,
Ilona Brennicke / Joe Hembus,
Goldmann Magnum, 1983.
Cinemateca Francesa

CIP-Brasil. Catalogação-na-fonte
Sindicato Nacional dos Editores de Livros, RJ

E37t

Eisner, Lotte H. 1896-1983.
A Tela Demoníaca / Lotte H. Eisner ; tradução de Lúcia Nagib. —
Rio de Janeiro : Paz e Terra: Instituto Goethe, 1985

Tradução de: *L'Ecran Démoniaque*
Apêndice.
Bibliografia.

1. Cinema – Alemanha – História 2. Expressionismo
3. Reinhardt, Max, 1873-1943 I. Nagib, Lúcia II. Título III. Série

85-0505 CDD-791.430943

EDITORA PAZ E TERRA S/A
Rua do Triunfo, 177
Santa Ifigênia, São Paulo, SP – CEP 01212-010
Tel.: (011) 3337-8399
Rua General Venâncio Flores, 305 – Sala 904
22441090 – Rio de Janeiro – RJ
Tel.: (021) 2512-8744
E-mail:vendas@pazeterra.com.br
Home Page:www.pazeterra.com.br

2002

Impresso no Brasil/*Printed in Brazil*

À memória de meus três amigos falecidos: Jean George Auriol, André Bazin, Henri Langlois.

Devemos qualificar simplesmente de demoníaco esse comportamento enigmático com relação à realidade, ao todo sólido e fechado que o mundo apresenta. O homem alemão é o homem demoníaco por excelência. Demoníaco parece de fato o abismo que não se pode preencher, demoníaca a nostalgia que não se pode apaziguar, a sede que não se pode estancar (...).

Leopold ZIEGLER, *O Santo Império dos Alemães,* 1925.

PREFÁCIO *

Comparada à história cinematográfica de outros países, a do cinema alemão começa tarde. Qualquer julgamento sobre o período inicial, que vai até 1913-14, se reduz a constatações negativas. As foscas e breves tomadas animadas de Max Skladanowsky, célebre pioneiro do cinema alemão, não têm nada em comum com as atualidades já tão cheias de vida de Louis Lumière. Na produção de Oskar Messter nada encontramos que lembre sequer de longe o brilho tão *commedia dell'arte* dos velhos filmes cômicos da Pathé ou da Gaumont, ou a perfeição estilística dos "filmes de arte" franceses, ou a poesia fantástica de Georges Méliès. Não passam de experimentos os filmes de Franz Porten, pai da famosa Henny, que roda, nos anos 1911-12, A RAINHA LUÍSA e DIAS DE GLÓRIA DA ALEMANHA 1870-71 *(Deutschlands Ruhmestage 1870-71)*, espécies de panoramas patrióticos animados. São experimentos, igualmente, os filmes de Kurt Stark (primeiro marido de Henny Porten), como A CEGA (1911), dominados por um verismo ingênuo e sentimental. As telas alemãs são invadidas pelos melodramas de Max Mack, Joe May, Rudolf Meinert e por comédias simplistas, como as de Bolten-Beckers. Em seguida, Joe May e Rudolf Meinert fazem filmes de aventura, mas nunca com o encanto dos filmes de Louis Feuillade, que terão de esperar Fritz Lang e AS ARANHAS *(Die Spinnen,* 1919) para encontrar equivalente.

* à edição francesa de 1981, (*N. do E.*)

A história do cinema alemão começa nas vésperas da Primeira Guerra Mundial com algumas obras esparsas, mas só tomará impulso depois da guerra. Será então a grande época — breve, aliás, pois irá pouco além de 1925-27.

Mesmo com algumas obras-primas posteriores, nunca mais o cinema alemão conhecerá tal florescimento, estimulado ao mesmo tempo pelo teatro de Max Reinhardt e pela arte expressionista.

*

Que não se espere encontrar aqui uma história completa do cinema alemão. Sempre desconfio um pouco dessas histórias do cinema mundial que confundem o leitor com uma seca enumeração de títulos. Nada se aprende de essencial sobre um filme cujo conteúdo é apenas esboçado, ou sobre o qual se contenta em assinalar que oferece "alguns planos interessantes".

Para apresentar em linhas gerais a história cinematográfica de um povo, parece-me preferível utilizar os métodos estabelecidos pelos historiadores da arte. É preciso, conseqüentemente, examinar o estilo de cada um dos filmes que tiveram um papel importante no desenvolvimento de um cinema nacional. E, em primeiro lugar, dos filmes de que guardamos uma lembrança precisa ou que pudemos rever em retrospectivas recentes.

Basta aprofundar este método da história da arte para interpretar o estilo, a técnica e a evolução artística de cada diretor importante, e depois delinear (tanto quanto o permita o distanciamento no tempo dos filmes antigos) as tendências estéticas marcantes das diferentes épocas.

Certamente, tal método impede que se considere um filme como um fenômeno à parte, desligado das demais expressões artísticas e dos acontecimentos contemporâneos. Ele deve ser recolocado em seu contexto histórico e nacional, e estudado de acordo com a mentalidade do país ao qual pertence. Para distinguir esses dados múltiplos, é necessário examinar as manifestações artísticas e literárias contemporâneas, bem como os problemas complexos que colocam.

Esta obra nada mais é que uma tentativa de trazer à luz algumas tendências, intelectuais, artísticas e técnicas, às quais o cinema alemão se submeteu ao longo dos anos. A ênfase recai sobre o período mudo — já tornado "clássico" —, que floresce após a Primeira Guerra Mundial e se interrompe por volta dos anos 1926-27, antes mesmo do início do cinema falado.

O período sonoro é, de certa forma, tratado "em apêndice". A origem da presente obra foi a encomenda de uma editora italiana de um estudo que deveria se intitular *Dieci Anni di Cinema Tedesco Muto (Dez Anos de Cinema Alemão Mudo),* e que, portanto, trataria apenas do período mudo. Como a editora faliu, o manuscrito passou para as mãos de uma editora francesa, que exigiu, durante a impressão, a inserção de um capítulo referente ao cinema falado, pelo menos até 1933, para poder apresentar o livro como um "panorama do cinema alemão". Mas a autora teve que eliminar parágrafos inteiros na parte da obra que tratava do cinema mudo.

Todos esses parágrafos foram restabelecidos na presente edição, acrescida ainda de um capítulo inédito e de estudos suplementares sobre alguns filmes que a autora teve ocasião de examinar recentemente. Todavia, o estudo dos últimos quinze anos de cinema mudo ocupa ainda um lugar bem mais importante que o dos três anos iniciais do falado.[1]

Os historiadores da arte têm sob os olhos, quando desejam, os quadros, as esculturas e os monumentos que atravessaram os tempos. Como o filme é matéria perecível, às vezes nada resta além de uma vaga lembrança de obras outrora célebres — e talvez conheçamos melhor a pré-história da humanidade que os primeiros trinta anos do cinema. No mais das vezes, só podemos ver cópias incompletas, estragadas, contratipos de contratipos, desprovidos do valor plástico e da luminosidade das cópias da época. Como imaginar, em tais condições, o aspecto verdadeiro do filme quando da primeira projeção?

No título desta obra, *demoníaca* não significa "diabólica", como alguns parecem crer. O sentido é o que lhe davam os gregos, e como o entendia Goethe.

Uma última observação: cessemos de confundir o estilo expressionista com o seu contrário, o do teatro de Max Reinhardt.

LOTTE H. EISNER

1. Não se fala dos pioneiros, pois a autora não teve um conhecimento direto da época. Espera que alguém mais qualificado trate deles um dia.

I

PREDISPOSIÇÃO DOS ALEMÃES PARA O EXPRESSIONISMO

Os alemães são mesmo um povo esquisito! Com as idéias e os pensamentos profundos que buscam em toda parte e aplicam a tudo, acabam tornando a vida muito difícil. Ora! Tenham, ao menos uma vez, a coragem de se entregar às impressões (. . .), e não julguem sempre vão tudo que não seja uma idéia ou um pensamento abstrato.

GOETHE (Eckermann, *Conversas com Goethe,* 1827).

Os anos que seguem a Primeira Guerra Mundial são uma época singular na Alemanha: o espírito germânico se recompõe com dificuldade do desmoronamento do sonho imperialista; os mais intransigentes tentam se recobrar com um movimento de revolta, mas este é imediatamente sufocado. A atmosfera conturbada atinge o paroxismo com a inflação, que provoca a destruição de todos os valores; e a inquietação inata dos alemães adquire proporções gigantescas.

Misticismo e magia — forças obscuras às quais, desde sempre, os alemães se abandonaram com satisfação — tinham florescido em face da morte nos campos de batalha. As hecatombes de jovens precocemente ceifados pareciam alimentar a nostalgia feroz dos sobreviventes. E os fantasmas, que antes tinham povoado o romantismo alemão, se reanimavam tal como as sombras do Hades ao beberem sangue.

Vê-se assim incitada a eterna atração pelo que é obscuro e indeterminado, pela reflexão especulativa e obsedante chamada *Grübelei,* que resulta na doutrina apocalíptica do expressionismo.

A miséria, a preocupação constante com o amanhã contribuíram para que os artistas alemães se atirassem irrefletidamente nesse movimento, que, a partir de 1910, tendia a fazer tábula rasa dos princípios que eram até então a base da arte.

Para analisar o fenômeno do expressionismo em toda sua complexidade, em toda sua ambigüidade, convém, mesmo que pareça um tanto paradoxal, em vez de estudá-lo no domínio plástico ou gráfico, seguir as pegadas do movimento nas declarações literárias da época. Pois para os alemães — "povo de pensadores e poetas" — qualquer manifestação artística logo se transmuda em dogma; a ideologia sistemática de seu *Weltanschauung* se prende principalmente a uma interpretação didática da arte.

Não é tarefa fácil penetrar nas brenhas da fraseologia expressionista alemã. Já a língua clássica de Thomas Mann, com suas longas frases emaranhadas num dédalo de orações secundárias, se presta mal à tradução para o francês, língua impiedosamente precisa. Que dizer então da linguagem dos expressionistas alemães, veemente, entrecortada, que subverteu a ordem sintática e deliberadamente suprimiu pronomes e artigos? Ela é, com efeito, quase inacessível à mentalidade latina.

À primeira vista, o expressionismo — cujo estilo telegráfico explode em frases curtas e exclamações breves — parece ter simplificado o modo de expressão complicado dos alemães. Mas essa clareza aparente é falaciosa, pois o desejo de ampliar o significado "metafísico" das palavras domina a fraseologia expressionista. Joga-se com expressões vagas, forjam-se cadeias de palavras combinadas ao acaso, inventam-se alegorias místicas, desprovidas de lógica e cheias de insinuações, que se reduzem a muito pouco quando tentamos traduzi-las. Essa linguagem, carregada de símbolos e metáforas, permanece obscura de propósito, para que apenas os iniciados possam captar-lhe o sentido. É um terreno juncado de armadilhas: para atravessá-lo incólume é preciso conhecer suas senhas.

Escutemos, por exemplo, o ditirambo entoado em 1919 pelo fervoroso teórico do estilo, Kasimir Edschmid, em sua obra *Sobre o Expressionismo na Literatura e a Poesia Moderna.* Nela se revela, mais tangível que em qualquer outro lugar, a chave mestra da concepção expressionista.

O expressionismo, declara Edschmid, reage contra o "estilhaçamento atômico" do impressionismo, que reflete as cintilações equívocas da natureza, sua diversidade inquietante, suas nuanças efêmeras; luta, ao mesmo tempo, contra a decalcomania burguesa do naturalismo e contra o objetivo mesquinho que este persegue: fotografar a natureza ou a vida cotidiana. O mundo aí está, seria absurdo reproduzi-lo tal qual, pura e simplesmente.[1]

1. Os expressionistas também aderem a essa reação tipicamente alemã contra o naturalismo — o neo-romantismo —, que julgam efeminado, sensualista e individualista em excesso.

O expressionista já não vê: tem "visões". Segundo Edschmid, "a cadeia de fatos: fábricas, casas, doenças, prostitutas, clamores, fome" não existe; só existe a visão interior que provocam. Os fatos e objetos não são nada em si: é preciso aprofundar sua essência, discernir o que há além de sua forma acidental. É a mão do artista que, "atravessando-os, se apodera do que há por trás deles" e permite o conhecimento de sua forma verdadeira, livre da sufocante pressão de uma "falsa realidade". O artista expressionista, não receptivo, mas realmente criador, procura, em lugar de um efeito momentâneo, o *significado eterno* dos fatos e objetos.

Devemos — dizem os expressionistas — nos desligar da natureza e tentar resgatar "a expressão mais expressiva" de um objeto. Bela Balazs explicou essas exigências um tanto confusas do expressionismo em seu livro *O Homem Visível:* pode-se estilizar um objeto acentuando-se sua "fisionomia latente".

É assim que se penetrará sua aura visível.

*

A vida humana, proclama Edschmid, ultrapassa o indivíduo, participa da vida do universo; nosso coração bate no mesmo ritmo do mundo, está ligado a todo acontecimento: o cosmo é nosso pulmão! O homem deixou de ser um indivíduo ligado a um dever, a uma moral, a uma família, a uma sociedade; a vida do expressionista escapa a qualquer lógica mesquinha e à força das causalidades. Liberto de todo remorso burguês, não admitindo senão o prodigioso barômetro de sua sensibilidade, ele se abandona a seus impulsos. A imagem do mundo nele se reflete em sua pureza primitiva, a realidade é criada por nós, a imagem do mundo só existe em nós.[2]

Eis que não faltam contrastes e contradições. Por um lado, o expressionismo representa um subjetivismo levado ao extremo e, por outro, a afirmação de um eu totalitário e absoluto, que forja o mundo

2. Este desejo exasperado de perder toda individualidade numa expansão completa, de se sentir invadido pelo destino universal é uma característica comum a muitos intelectuais alemães no final da Primeira Guerra Mundial. A maioria já começava a amaldiçoar as absurdas matanças; logo os poetas alemães, querendo, como outrora Schiller, abraçar toda a humanidade, cantarão, como o fez Werfel em 1910: "Minha única felicidade, ó homem, é sentir-me teu próximo".

aproximando-se de um dogma que comporta a abstração completa do indivíduo.[3]

A natureza não é a única a entrar no índex desse grande *imbroglio:* a psicologia, serva complacente do naturalismo, é igualmente condenada. Que pereçam com ela as leis e concepções de uma sociedade conformista e as tragédias provocadas pelas mesquinhas ambições sociais!

O intelecto tem a primazia. Edschmid proclama a *ditadura do espírito,* o qual tem a missão de moldar a matéria; exalta a *atitude da vontade construtiva,* uma revisão total do conjunto do comportamento do homem. Quando folheamos a literatura expressionista alemã, encontramos sempre o mesmo vocabulário estereotipado: são palavras e frases tais como "tensão interior", "força de expansão", "imenso acúmulo de concentração criadora" ou "jogo metafísico de intensidades e energias". Encontramos igualmente, postas em evidência, expressões como "dinamismo", "densidade" e principalmente a palavra *Ballung,* noção quase intraduzível que poderíamos exprimir por "cristalização intensiva da forma".

Convém ainda dizer uma palavra sobre o tema da "abstração", tão freqüentemente evocada pelos teóricos do expressionismo. Em sua tese de doutorado *Abstraktion und Einfühlung,* publicada em 1907, Wilhelm Worringer, uma espécie de Oswald Spengler da história da arte e tão místico quanto ele, antecipa muitos preceitos do expres-

---

3. Navegando em contradições, os próprios alemães sentiram necessidade de um compromisso. Assim é que um de seus críticos de arte, Paul Fechter, na obra *Der Expressionismus* (1914) distingue "um expressionismo intensivo", caracterizado por um individualismo extremo como o de um pintor como Kandinsky, que ignora deliberadamente o mundo exterior. Fechter opõe a ele o "expressionismo extensivo" de um Pechstein, levado à criação pelo transbordamento de um sentimento cósmico. Por outro lado, os expressionistas se dividiam em duas correntes opostas: já em 1910, um dos dois grupos de Berlim, cada qual unido em torno de uma revista, adotara o nome de *Aktion.* Este grupo, dirigido por Franz Pfemfert, que se opunha aos expressionistas extáticos puros, se orientava por objetivos sociais e políticos antiburgueses e invocava um intelectualismo absoluto sob a fórmula *Gehirnlichkeit,* que significa "cerebralismo". O outro grupo tomara o nome *Sturm,* isto é, "Tempestade", e tinha um programa mais artístico, que promulgava o dogma expressionista da criação extática segundo a qual as visões tomam corpo. O chefe deste grupo, Herwart Walden, escreve na brochura *A Nova Arte* (1919): o expressionismo não é moda, nem tendência, mas uma *Weltanschauung* — quer dizer, uma "concepção do mundo".

sionismo, o que prova a que ponto esses axiomas estéticos estão próximos da *Weltanschauung* alemã.

A abstração, declara Worringer, nasce da grande inquietação que experimenta o homem aterrorizado pelos fenômenos que constata a seu redor e dos quais é incapaz de decifrar as relações, os misteriosos contrapontos. Essa agonia primordial do homem diante de um espaço ilimitado suscita nele o desejo de arrancar os objetos de seu contexto natural no mundo exterior, ou, melhor ainda, de libertar o objeto de seus laços com outros objetos, em suma, de torná-lo "absoluto".

O nórdico, explica ainda Worringer, sente sempre a presença de um "véu entre ele e a natureza", e por isso aspira a uma arte abstrata. Os povos atormentados por uma discordância interior, que encontra obstáculos quase insuperáveis, precisam desse patético inquietante que conduz à "animação do inorgânico" [4]. O homem mediterrâneo, tão perfeitamente harmônico, jamais conhecerá esse êxtase da "abstração expressiva".

Eis pois a fórmula paradoxal que prega a confusa mística do expressionismo.

Tudo deve permanecer — exige ainda Edschmid — na condição de esboço e vibrar de tensão imanente, que sejam salvaguardadas a efervescência e a excitação perpétuas. Esse paroxismo que os alemães tomam por dinamismo se encontra em todos os dramas da época, que se chamou mais tarde "*O Mensch Periode*", isto é, "período ó Homem". A propósito de *O Mendigo,* de Reinhard Sorge, peça escrita em 1912 e protótipo do gênero, um crítico faz uma observação que é válida para todas as obras da época: o mundo tornou-se tão "permeável" que a todo momento parecem brotar, ao mesmo tempo, o espírito, a visão e os fantasmas; sem cessar, fatos exteriores se transformam em elementos interiores e incidentes psíquicos são exteriorizados. Não é precisamente esta atmosfera que encontramos nos filmes clássicos do cinema alemão?

4. Segundo Worringer, o desejo de abstração do nórdico atinge o apogeu na "abstração de modo algum extinta" da arte gótica, no "dinamismo extensivo" das energias, naquela intensidade da expressão que o eleva, "beatificado e vibrando em êxtase espasmódico, sob o império de uma vertiginosa embriaguez, para os céus que lhe descortinam uma orquestração fulgurante de forças mecânicas".

II

GÊNESE DO CINEMA EXPRESSIONISTA

Falemos de CALIGARI. Seu ritmo impõe o filme. No começo lento, voluntariamente arrastado, procura exacerbar a atenção. Depois, quando se põem a voltear as ondas denteadas da quermesse, o andamento palpita, acelera, voa, e só nos abandona com a palavra "fim", aguda como um bofetão.

Louis DELLUC, *Cinéa,* 1962.

O GABINETE DO DOUTOR CALIGARI *(Das Kabinett des Dr. Caligari,* 1919).

GENUINE (1920).

DA AURORA À MEIA-NOITE (*Von morgens bis Mitternacht,* 1920).

TORGUS (1920).

RASKOLNIKOFF (1923).

O pendor para contrastes violentos, que a literatura expressionista transpôs para fórmulas feitas a machado, bem como a nostalgia do claro-escuro e das sombras, inata nos alemães, evidentemente encontraram na arte cinematográfica um modo de expressão ideal. As visões alimentadas por um estado de espírito vago e confuso não podiam encontrar modo de evocação mais adequado, ao mesmo tempo concreto e irreal.

Assim, diretores como Robert Wiene e Richard Oswald, que mais tarde se revelaram artistas apenas de segunda ordem, conseguiram iludir na estréia, assinando filmes que pareceram, no momento, dotados de qualidades notáveis. Nessas obras, a morbidez de uma dissecação psicológica marcada pelo freudismo e a exaltação expressionista casavam bem com as fantasias românticas de Hoffmann e Eichendorff. Para a alma torturada da Alemanha de então, tais filmes, repletos de evocações fúnebres, de horrores, de uma atmosfera de pesadelo, pareciam o reflexo de sua imagem desfigurada e agiam como uma espécie de exutório.

Em 1817, numa carta a Rahel Varnhagen, personagem ao gosto romântico, Adolphe Coustine escrevia: "Há sempre por trás dos alemães, seja ao escrever ou viver, um mundo misterioso do qual apenas a luz parece varar o véu de nossa atmosfera, e os espíritos que se dispuseram a subir para esse mundo, que termina onde começa este aqui, serão sempre muito estranhos entre nós".

Essa fantasmagoria estranha, que ao mesmo tempo atrai e repugna, fez a reputação do cinema alemão no estrangeiro.

*

A realização de CALIGARI foi marcada por incidentes que os vários responsáveis por esta obra exemplar relatam de modos diversos.

Graças às explicações dadas por um dos autores do roteiro, e anotadas por Kracauer em seu livro *De Caligari a Hitler*, sabemos que o prólogo e o epílogo do drama foram acrescentados posteriormente, e a despeito da oposição dos dois autores. Dessa forma, a ação se encontra falseada e, no final, reduzida às alucinações de um louco. Os autores do filme, Carl Mayer e Hans Janowitz, tinham, ao contrário, a intenção de desmascarar, na pessoa do Dr. Caligari, diretor de um asilo de alienados e saltimbanco de feira, o absurdo de uma autoridade social.

Erich Pommer, que pretende hoje ter "supervisionado" CALIGARI, conta que os autores lhe submeteram o roteiro e comunicaram a intenção de encomendar os cenários a Alfred Kubin, desenhista e gravador visionário, cujas obras demoníacas pareciam surgir de um caos claro-escuro. O CALIGARI de Kubin certamente seria cheio de visões goyescas, e o filme mudo alemão, sem dar aquela volta repleta de escolhos pela abstração, teria adquirido imediatamente a atmosfera tenebrosa e alucinante que lhe é própria. Pois Kubin, como Janowitz, natural de Praga — cidade misteriosa, onde a Idade Média sobrevivia nas ruelas tortuosas do gueto —, também conhecia os horrores de um mundo intermediário. Em notas autobiográficas publicadas em 1922, ele relata suas perambulações pelas ruas sombrias, presa de uma força obscura e sedutora que o fazia recordar casas e paisagens estranhas, situações aterradoras ou grotescas. A certa altura, entra num pequeno salão de chá: tudo lhe parece insólito, as garçonetes assemelham-se a bonecas de cera, e sabe Deus que singular mecanismo as faz mover. Tem a impressão de que sua intrusão surpreende os raros fregueses sentados à mesa, totalmente irreais, como sombras que tramam complôs satânicos. O fundo do salão, ornado com um realejo, lhe parece suspeito, uma cilada. Não haverá atrás do realejo um antro sangrento, mergulhado em claro-escuro? (Começamos a lamentar não ter cabido a Kubin, esse pintor de pesadelos vivos, a execução dos cenários de CALIGARI.)

Pommer, prático e realista, recorda que, enquanto Mayer e

Janowitz lhe "falavam de arte", ele, a seu turno, encarava o roteiro sob um ponto de vista muito diferente. "Eles visavam a experimentação", escreve em 1947, "e eu mesmo não pensava senão em realizar uma produção relativamente pouco dispendiosa." A execução dos cenários em tela pintada, em vez de sua construção com estafe ou outro material, representava uma considerável economia sob todos os aspectos, e facilitava grandemente a realização do filme numa época em que o dinheiro e as matérias-primas eram raros. Por outro lado, na Alemanha, enquanto ainda se sofria o contragolpe de uma revolução sufocada e a situação econômica era tão instável quanto o estado de espírito, a atmosfera estava propícia a tentativas e experiências audaciosas. O diretor de CALIGARI, Robert Wiene, invocou a seguir, em Londres, a paternidade absoluta da concepção expressionista do filme.

Kracauer e Erich Pommer foram, entretanto, traídos pela memória ao evocar lembranças tão antigas.

Eis como Hermann Warm[1] conta a verdadeira história de CALIGARI: não foi Erich Pommer — cuja importância não queremos de forma alguma minimizar — o diretor de produção, mas Rudolf Meinert, realizador de filmes de que já não se sabe grande coisa, tais como O CÃO DE BASKERVILLE, ASILO DA NOITE, ROSENMONTAG, MARIA ANTONIETA.

Foi, pois, Meinert, e não Pommer, que, segundo o costume da produção alemã da época, quando o cenário prevalecia sobre o resto, confiou a decupagem de CALIGARI ao cenógrafo Warm. Este a estudou com dois amigos, contratados pelos estúdios como pintores: Walter Röhrig e Walter Reimann.

"Lemos, até o anoitecer, aquela decupagem tão curiosa", escreve Warm. "Compreendemos que um tema assim precisava de um cenário incomum, irreal. Reimann, então pintor de tendência expressionista, propôs executarmos cenários expressionistas. Na mesma hora começamos a traçar esboços nesse estilo."

No dia seguinte, Wiene deu sua anuência. Rudolf Meinert, mais circunspecto, pediu um dia de reflexão. Depois disse: "Montem esses cenários do jeito mais louco possível!"

Não é de forma alguma o gosto pelo detalhe que nos faz relatar aqui os incidentes sobrevindos no decorrer da realização de CALI-

1. Num manuscrito enviado ao editor de *Der neue Film,* referente a uma publicação de Ernst Jaeger.

GARI, mas é que neles se revela claramente um dos princípios do cinema alemão: o papel essencial desempenhado pelo autor, pelo cenógrafo e pela equipe técnica. Esses dados contribuíram igualmente para a não-existência, no cinema mudo alemão — com exceção do filme abstrato —, de uma vanguarda propriamente dita, como houve na França. Na Alemanha, a indústria se apoderou imediatamente de todos os elementos artísticos, acreditando que, com o tempo, fatalmente dariam dinheiro.

O cenário de CALIGARI,[2] freqüentemente criticado por ser plano demais, apresenta contudo uma certa profundidade advinda de perspectivas propositalmente falseadas e de ruelas oblíquas que se entrecortam bruscamente, em ângulos imprevistos; às vezes também a profundidade é dada por um pano de fundo que prolonga as ruelas com linhas onduladas — plástica audaciosa, reforçada pelos cubos inclinados das casas deterioradas. Numa extensão vaga, caminhos oblíquos, curvos ou retilíneos convergem para o fundo: um muro que a silhueta do sonâmbulo César costeia, a crista fina do telhado sobre o qual se precipita carregando a presa, os atalhos abruptos que escala na fuga.

Mas essas curvas, essas linhas que correm em viés, trazem em si, como assinala Rudolf Kurtz, autor de *Expressionismus und Film,* um significado nitidamente metafísico: pois a linha oblíqua tem sobre o espectador um efeito muito diverso da linha reta, e as curvas inesperadas provocam uma reação psíquica de ordem inteiramente diversa das linhas de disposição harmoniosa. Por fim, as subidas bruscas, as ladeiras escarpadas desencadeiam no espírito reações que diferem totalmente das provocadas por uma arquitetura rica em transições.

O que importa é criar a inquietação e o terror. A diversidade dos planos torna-se, assim, secundária.

Em CALIGARI, a interpretação expressionista conseguiu, com rara felicidade, evocar a "fisionomia latente" de uma pequena aldeia medieval, com ruelas tortuosas e escuras, passagens estreitas espremidas entre casas arruinadas cujas fachadas pensas nunca deixam penetrar a luz do dia. Portas cuneiformes com sombras pesadas e

2. Um autor inglês, Messel, em seu livro *This Film Business,* faz, a respeito de CALIGARI, um trocadilho intraduzível em francês *: o *background* — o plano de fundo — se coloca no *foreground* — no primeiro plano; de fato, o cenário tem aqui um papel predominante.
* O mesmo vale para o português. (*N. da T.*)

janelas oblíquas de esquadrias deformadas parecem destruir as paredes. Diante da exaltação extravagante que paira sobre o cenário sintético de CALIGARI, lembramos uma declaração de Edschmid: "o expressionismo evolui numa excitação perpétua". As casas ou o poço apenas esboçado na esquina de uma ruela parecem de fato sacudidos por uma extraordinária vida interior. "O caráter antediluviano dos utensílios se reanima", diz Kurtz. Ei-nos diante do patético inquietante, criado, segundo Worringer, pela animação do inorgânico.

Esta impressão não emana somente do estranho dom de animar os objetos que possuem os alemães, acostumados às lendas selvagens. Na sintaxe normal da língua alemã, os objetos têm vida ativa, completa: emprega-se, para falar deles, adjetivos e verbos que servem para os seres vivos, as mesmas qualidades lhes são emprestadas, eles agem e reagem da mesma forma. Bem antes do expressionismo, este antropomorfismo já é levado ao exagero. Em 1879 um escritor alemão, Friedrich Vischer, fala com muita seriedade, em seu romance *Auch Einer,* da "perfídia do objeto", que espreita com alegria maligna nossos vãos esforços para dominá-lo.[3] Já era sob essa luz que apareciam os objetos enfeitiçados do universo obsedado de Hoffmann. (O objeto animado sempre atormentará o narcisismo alemão.) Na fraseologia do expressionismo, a personificação do objeto se amplia: a metáfora se expande e mistura pessoas e objetos.[4]

Assim, a rua se mostra freqüentemente diabólica para os autores de língua alemã: em *O Golem,* de Gustav Meyrink, as casas do gueto de Praga, brotadas ao acaso como ervas daninhas, parecem ter uma vida pérfida e hostil "quando a névoa das noites de outono estagna nas ruas e vela seu imperceptível esgar". Têm o poder de se privar de vida e sentimentos durante o dia, cedendo-os aos moradores, enigmáticas criaturas que vivem em seu âmago e vagueiam sem vontade, debilmente animadas pela presença de uma corrente magnética invisível. Mas à noite as casas reclamam a vida com juros

3. O objeto espreita, segundo Vischer, com *Schadenfreude* (termo intraduzível e tipicamente alemão, onde se mescla uma idéia de persistência diabólica e de alegria maligna diante da desgraça do outro) nossos vãos esforços para dominá-lo; por exemplo, os botões do colarinho que deslizam para baixo de um armário ou se quebram dissimuladamente em nossos dedos, para nos fazer atrasar ou interromper a atividade.

4. Assim, por um lado, o poeta se torna "um chão gretado pela sede" e, por outro, as bocas "vorazes" das janelas ou os dardos de sombras "ávidas" transpassam as paredes "trêmulas"; os batentes "cruéis" das portas "implacáveis" laceram os flancos "plangentes" das casas que "naufragam no desespero".

usurários dos habitantes irreais: retesam-se com faces dissimuladas, cheias de indizível maldade. As portas tornam-se bocas escancaradas e gargantas capazes de lançar apelos estridentes.

"A força dinâmica dos objetos", declara Kurtz, "exige aos berros sua criação". Eis a explicação da obsessão que impregna o cenário sedutor de CALIGARI.

Será a deformação dos objetos, essencial à arte expressionista, fruto apenas de determinadas condições de luz, de eflúvios atmosféricos ou daqueles imponderáveis da distância?

Não se deve subestimar o poder da abstração que se acresce à visão expressionista. Por uma deformação selecionada e criativa, ensina Georg Marzynski em seu livro *Die Methode des Expressionismus* (1921), o artista dispõe de meios que lhe permitem representar intensamente a complexidade psíquica: ligando-a a uma complexidade ótica, pode restituir a um objeto sua vida interna, a expressão de sua "alma".[5] Os expressionistas recorrem apenas a imagens depositadas na memória, chegando assim, naturalmente, àqueles muros oblíquos sem qualquer realidade. É uma das características das "imagens imaginadas" representar os objetos de viés, vistos do alto, em *plongée:* este ponto de vista facilita uma apresentação precisa do conjunto, podendo evitar em grande parte a interrupção das linhas.

Também não podemos esquecer que os alemães gostam de contemplar reflexos em espelhos deformantes. Os escritores românticos já tinham examinado algumas alterações das formas. Por exemplo, um herói de Ludwig Tieck, William Lovell, descreve a impressão de um universo flutuante e impreciso: "as ruas me aparecem então como *fileiras de casas disformes,* com moradores loucos. . ." As ruas de que fala Kubin ou Meyrink e as dos cenários de CALIGARI não fazem eco perfeito a esta frase?

É na visão de um cárcere, onde os traços negros dos ângulos e arestas se contraem para o alto, que a extrema abstração e a total deformação do cenário de CALIGARI atingem o ápice. O efeito de opressão aumenta pelo prolongamento desses traços no chão, como setas apontando o lugar onde se encontra, encolhido, o prisioneiro, todo acorrentado. Neste inferno, o losango projetado por uma janela

5. Segundo Marzynski, o expressionista tem por fim representar a experiência psíquica por inteiro, todas as associações de idéias que suscita o objeto, em sua própria imaginação, e as relações metafísicas dos objetos entre si. Chega assim a uma seleção e a uma deformação, ou até, freqüentemente, a representações simultâneas.

fora do alcance parece uma zombaria. Os cenógrafos de CALIGARI conseguiram dar uma idéia absoluta da cadeia em sua "expressão mais expressiva".[6]

Hermann Warm, um dos cenógrafos de CALIGARI, declara: "a imagem cinematográfica deve se transformar numa gravura". Mas o famoso claro-escuro do cinema alemão não nasceu desta única alegação. HOMUNCULUS, filme em episódios, demonstra claramente o efeito que se pode obter dos contrastes do preto e branco.

É o cenário[7] que determina a estilização da interpretação dos atores. Werner Krauss, no papel do demoníaco Dr. Caligari, e Conrad Veidt, no do sinistro sonâmbulo, são no entanto os únicos a se adaptarem realmente a ele, pela concentração de sua interpretação e fisionomia. Com a redução dos gestos, conseguem movimentos quase lineares, que — a despeito de algumas curvas insidiosas — permanecem bruscos como os ângulos quebrados do cenário. Além disso, sua evolução nunca ultrapassa os limites de um certo plano geométrico.

Krauss e Veidt, declara Kurtz, dão à interpretação uma intensidade adequada à concepção metafísica do cenário. Com o propósito de alcançar uma "síntese dinâmica do ser", suprimiram deliberadamente de sua atitude todas as articulações intermediárias.

Notemos que as personagens Caligari e César são perfeitamente adequadas à concepção expressionista: o sonâmbulo, isolado de seu ambiente cotidiano, privado de toda individualidade, criatura abstrata, mata sem motivo ou lógica, enquanto seu mestre, o misterioso Dr. Caligari, que não possui sombra de escrúpulo humano, age com

6. Piscator, ao encenar a peça de Ernst Toller, *Hoppla wir leben,* ousou ir ainda mais longe: a idéia da prisão é expressa por uma tela de cinema que ocupa o alto de uma das seções laterais do fundo, onde vemos, projetados em primeiro plano, os canos apontados de dois fuzis gigantescos, com a função de significar a ameaça perene da guarda sempre a postos. A *neue Sachlichkeit* — nova objetividade —, com toda sua abstração, deu continuidade à abstração dos expressionistas de outrora.

7. Notamos, em CALIGARI, uma certa descontinuidade, bastante incômoda, entre o cenário expressionista e a mobília perfeitamente burguesa — as poltronas estofadas com tecidos floridos no salão de Lil Dagover, ou as poltronas de couro no pátio da casa dos alienados. A ruptura de estilo é, aliás, fatal, já que nesses trechos se considera a ação como passada na realidade. Por isso a fachada do asilo não é deformada. Contudo, o final do filme se passa de novo no mesmo cenário estranho. Terá prevalecido a tendência expressionista dos cenógrafos ou os escrúpulos econômicos do produtor?

aquela insensibilidade furiosa, aquele desafio à moral corrente que os expressionistas exaltam.

★

Se CALIGARI não fez escola propriamente dita, os cineastas alemães sofreram, contudo, sua influência. Já no ano seguinte, o próprio Wiene tentou dar seqüência ao "caligarismo" com o filme GENUINE.[8]

Escolhera como roteirista precisamente o de CALIGARI, Carl Mayer, que já em seu primeiro roteiro revelara grande talento e compreensão do cinema. Este homem, que não deixou nenhum romance ou novela, e nunca escreveu senão para o cinema, era dotado de extraordinária capacidade visual: concebia imediatamente uma ação em imagens. Mas isto — e apesar do ritmo que conferia a todas as suas obras — não impediu que GENUINE fosse um fracasso. Sobre o fundo emaranhado — como os papéis de parede "modernos" no espírito do artesanato de arte muniquense — de um cenário executado pelo pintor Cesar Klein, se movimentavam, sem relevo e sem conseguir se impor, atores com atitudes naturalistas.[9]

As sinuosas ondulações do corpo de Fern Andra, mulher bonita, mas atriz medíocre — vestida no estilo de Poiret, no gênero PÉRFIDO ENCANTO [10] —, teriam se adaptado melhor a um número de *music-hall*. Com exceção do velhinho careca, de luvas claras e marca-

8. Os contratipos deste filme (originalmente tingido com viragens verdes, azuladas ou sépia) não permitem avaliar a unidade de composição que apresentavam, na cópia "original", as imagens com subtítulos em grafismo alongado e extravagante, que se harmonizavam com a concepção expressionista. Restam hoje alguns sinais disso na cena da alucinação do médico tomado pela ambição demoníaca, quando o traçado das palavras "você precisa se tornar Caligari" atravessa, como uma série de relâmpagos ou curvas brilhantes, a estreita passagem de um jardim de árvores baixas, com espinhos eriçados — único emprego de sobreimpressão.

9. Já em CALIGARI, os atores — salvo Krauss e Veidt — eram fiéis a um estilo de representação "naturalista" e, apesar de seus esforços, continuavam rígidos como manequins. É apenas graças aos trajes antiquados — pelerines, casacas justas, cartolas, como os das curiosas personagens de Spitzweg ou de Monnier — que o contorno de suas silhuetas se aproxima um pouco do arabesco.

10. *Perfido Incanto*, filme futurista de Bragaglia, com Lydia Borelli, rodado por volta de 1916, é muitas vezes considerado, erradamente, como filme expressionista *avant la lettre*.

das com nervuras negras, como as do Dr. Caligari, e cujas roupas obsoletas realçam o aspecto demoníaco, os atores não têm nada da estilização quase hoffmanniana que Robert Wiene conferira, no filme anterior, à personagem de Werner Krauss.

Wiene, entretanto, compreendera o defeito de GENUINE: a ausência de qualidades plásticas; e para rodar RASKOLNIKOFF, ligou-se a um arquiteto de gabarito, Andrei Andreiev. Graças a este, o filme contém alguns planos onde cenário e personagens parecem realmente surgir do universo de Dostoiévski e atuar uns sobre os outros por uma espécie de alucinação recíproca. A caixa de escada de ripas recortadas e corrimão estragado, cujos degraus se povoam de fantasmas, já nos faz pressentir a escada invadida por sombras denteadas que galgará Lulu, no filme de Pabst, conduzindo consigo Jack, o Estripador, rumo ao seu destino.

Um outro filme trai uma concepção mais artificial: DA AURORA À MEIA-NOITE, realizado por Karl Heinz Martin, diretor de teatro expressionista. Aqui, todos os cenários e até os rostos e vestimentas dos atores foram estriados com linhas ou realçados com manchas brancas ou escuras representando luzes e sombras suplementares. Mas em vez de reforçar o volume das formas, tal artifício apagou seus contornos.

Em TORGUS, filme bastante medíocre de Hans Kobe, o expressionismo se prende aos ornamentos, tendo-se respeitado os contornos naturais; no entanto, os móveis são estriados da mesma maneira, numa única tentativa de destruir as relações normais que os objetos mantêm entre si. Percebemos claramente essa dissonância, que marca vários filmes do gênero expressionista — com exceção de CALIGARI, mais uniforme que os outros —, dissonância inevitável quando se trata de criar uma atmosfera em que se deve valorizar elementos quase impressionistas, e quando a tentativa de abstração se limita à estilização do cenário. Por isso, em TORGUS a decoração mural expressionista de uma sala de estalagem parece se apagar sob a fumaça, na claridade de um candeeiro.

Em CALIGARI, a distorção se justificava, pois as imagens representavam a visão de um louco; em DA AURORA À MEIA-NOITE, o ponto de vista é diferente: vemos objetos e pessoas tais como os concebe o caixeiro que o acaso arrancou do recatado mundo cotidiano, e que se encontra enredado em desejos confusos. As formas que adquirem importância para ele tornam-se gigantescas e, segundo os preceitos do expressionismo, estão fora de proporção e sem relação lógica com o contexto. Outros objetos, que não têm significado para seu psiquismo, se esfumam ou diminuem ao extremo.

Nos autores românticos, já podemos observar sinais desse narcisismo expressionista. Jean Paul, em *Titan,* não diz, a respeito de seu herói que sonha sob uma árvore, que na imaginação deste aquela árvore que crescia sozinha no universo se tornava enorme?

Tocamos aqui o segredo dos efeitos do fantástico num bom número de filmes alemães: encontramo-lo ainda no redemoinho de imagens do filme de Murnau, FANTASMA *(Phantom),* e nas visões da multidão nos olhos de um acrobata de VARIEDADES *(Varieté),* o filme de Dupont. Nisto reside também o poder de um filme como NARCOSE *(Narkose,* 1929) de Alfred Abel, em que os espectadores vêem na tela as imagens nascidas no subconsciente da jovem na mesa de operações.[11] E será em certa medida o método utilizado por Ernoe Metzner em seu filme de curta metragem ATAQUE *(Überfall),* de 1928, em que os sonhos de um ferido, que foi espancado por um vadio, são refletidos com a ajuda de espelhos côncavos ou convexos.

Mas há principalmente um filme para o qual o diretor, aproveitando todas as experiências precedentes do expressionismo, transpôs, não obstante, o método tradicional: trata-se de SEGREDOS DE UMA ALMA (*Geheimnisse einer Seele*), de Pabst. Alguns planos que reproduzem os sonhos de um homem reprimido jamais poderiam ter sido filmados sem o estilo expressionista. Foi neste estilo que Pabst descobriu os meios de dar um relevo luminoso e irreal aos objetos ou personagens, de deformar a perspectiva arquitetônica e de falsear as proporções relativas dos elementos do mundo.

✶

DA AURORA À MEIA-NOITE foi, no fundo, concebido menos de uma maneira arquitetônica que com um fim ornamental. Quase não há perspectivas verdadeiras, e as raras vezes em que se descobre uma paisagem de verdade, onde um caminho nevado se prolonga em profundidade de campo, sentimos uma ruptura de tom bastante incômoda.

Em todos os outros planos, o fundo permanece negro e, como

11. Trucagens executadas por Eugen Schüfftan — entre outras, uma seqüência inteira em *flashback* contida numa lágrima!

recortados em papel, alguns detalhes do cenário, um móvel, um cofre, uma porta, aparecem sem espessura, num desejo de abstração elementar.

Às vezes essa abstração se eleva até o refinamento. De repente, um cenário surge das trevas, em efeitos que evocam detalhes de encenações de Max Reinhardt no *Grosses Schauspielhaus*. Será por esta razão que o filme parece tão próximo da peça de teatro de Georg Kaiser?

Apenas Ernst Deutsch, com sua mímica e seu comportamento contorcidos, interpreta de maneira realmente expressionista. O estilo de interpretação dos demais atores é antes naturalista, e o grotesco desse realismo estilizado se ajusta mal ao despojamento para o qual tende o cenário expressionista. E, por causa do naturalismo involuntário, algumas cenas em que os detalhes são escamoteados, no estilo das gravuras em madeira de Schmidt-Rottluff, perdem todo relevo.

Resta um efeito espantoso para a época: a Corrida dos Seis Dias, filmada como o fará mais tarde a "vanguarda". Anamorfoseados, como que transformados em facetas cintilantes graças à magia da iluminação e ao emprego, surpreendente para a época, da lente deformante, os ciclistas avançam, se deformam, tornando-se não mais que o próprio símbolo da velocidade, no turbilhão quase abstrato da corrida. Não nos deve espantar muito esta seqüência vanguardista *avant la lettre:* já em 1916, o grande pioneiro que foi o ator e diretor Paul Wegener tinha definido em sua conferência sobre "As possibilidades artísticas do cinema"[12] uma espécie de *kinetische Lyric,* isto é, de "lirismo cinematográfico", inspirado na técnica da fotografia.

"Vocês todos já viram filmes", explica, "em que uma linha aparece, se curva, se transforma. Dela nascem fisionomias, depois a linha se apaga. Ninguém nunca pensou em tentar uma experiência dessa ordem num filme de longa metragem."

"Eu poderia conceber", continua, "uma arte cinematográfica que só utilizasse superfícies móveis, sobre as quais se desenrolassem acontecimentos que ainda participassem do natural, mas transcendessem as linhas e os volumes do real."

Wegener pensa que se poderia utilizar "marionetes ou pequenas

12. Declarações feitas em 24 de abril de 1916, uma segunda-feira de Páscoa, durante uma conferência, e reproduzidas num livro de Kai Möller, *Paul Wegener,* Hamburgo, Rowohlt Verlag, 1954.

maquetes em três dimensões, que seriam animadas imagem por imagem, seja em câmera lenta, seja em aceleração, numa montagem mais ou menos rápida; assim, surgiriam imagens fantásticas que provocariam no espectador associações de idéias absolutamente novas".

"Poder-se-ia", sublinha ele, "filmar, misturados, elementos microscópicos de substâncias químicas em fermentação e pequenas plantas de dimensões diversas. Não se distinguiriam mais os elementos naturais dos artificiais. Penetraríamos, assim, num novo mundo fantástico, como numa espécie de floresta encantada, e avançaríamos no domínio da *cinética pura,* no universo do lirismo ótico."

Wegener imagina ainda uma superfície vazia onde nascem formas fantasmáticas, em que, numa evolução contínua, células novas despontam, formando novas células que giram cada vez mais depressa até se tornarem fogos de artifício.

Temos já a fórmula mágica do "filme absoluto" com que sonharão Hans Richter e Ruttmann; ei-lo já prefigurado pelas trucagens da seqüência dos Seis Dias, em DA AURORA À MEIA-NOITE.

III

MAGIA DA LUZ — A PENUMBRA

A dupla iluminação é de fato uma violência, e você poderá dizer que contraria a natureza. Mas, se contraria a natureza, acrescento logo que é superior a ela; digo que se trata de um golpe ousado do mestre, que demonstra, de modo genial, que a arte não se submete inteiramente às necessidades naturais, senão que tem suas próprias leis.

GOETHE, por ocasião de uma discussão sobre uma paisagem de Rubens, onde se distinguem dois focos de luz. (Eckermann, *Conversas com Goethe,* 1827.)

A influência de Max Reinhardt.

O ESTUDANTE DE PRAGA *(Der Student von Prag,* 1913).

O GOLEM *(Der Golem,* 1920).

CRÔNICA DE GRIESHUUS (*Zur Chronik von Grieshuus*, 1925).

O termo "expressionista" é muitas vezes aplicado a torto e a direito a qualquer filme alemão da época dita "clássica". Será ainda preciso explicar que certos efeitos de claro-escuro, tantas vezes considerados expressionistas, já existiam bem antes de CALIGARI? E que este filme não é absolutamente — como alguns parecem crer — o primeiro filme de valor rodado na Alemanha?

Não é nada espantoso que num país como a Alemanha, onde as manifestações literárias predominam, alguns escritores exijam, já em 1913 — a fim de transformar em obra de arte o espetáculo tão medíocre que era então o cinema alemão —, o *Autorenfilm,* isto é, o filme concebido por um autor de talento.

A procedência e a qualidade desses escritores, todavia, eram bem variadas; entre eles estavam o irmão de Gerhart Hauptmann, Karl Hauptmann, interessante autor de teatro, desconhecido, esmagado pela glória do irmão mais célebre, e Hanns Heinz Ewers, autor de contos estranhos, consagrados ao sangue e à volúpia. (Não nos espantaremos ao ver esta personagem, então superestimada, entregar-se mais tarde à concepção do *Blut und Boden* — "sangue e solo" — dos hitleristas.)

Do *Autorenfilm* provém uma das maiores forças do cinema alemão no futuro: o roteiro "literário".[1]

1. A aspiração ao *Autorenfilm* corresponde a uma tendência que veio à luz muito antes na França: o "cinema de arte". Visava, como este, um roteiro "de

O próprio Ewers escreve a decupagem de O ESTUDANTE DE PRAGA, bem mais sóbria que seu famoso romance *Alraune,* do qual, em 1928, Henrik Galeen tirou o filme A MANDRÁGORA. Ewers se inspirou visivelmente em *Peter Schlemihl*, conto de Chamisso em que um jovem vende sua sombra, e em *Aventuras de uma Noite de São Silvestre*, onde E. T. A. Hoffmann faz o herói de Chamisso viajar com seu Erasmo Spikher, "o homem que perdeu sua imagem no espelho". (Aliás, o nome Scapinelli, que Ewers dá a sua personagem diabólica, o misterioso comprador da imagem no espelho, não evoca o mundo enfeitiçado imaginado por Hoffmann?)

Com O ESTUDANTE DE PRAGA, os alemães compreendem imediatamente que o cinema pode se tornar o médium por excelência de sua angústia romântica, permitindo reproduzir o clima fantástico das visões vagas que se esfumam na profundidade infinita da tela, espaço irreal que escapa ao tempo.

Paul Wegener, que atuou para Max Reinhardt durante anos, foi o primeiro a se dar conta disso. Na segunda-feira de Páscoa, 24 de abril de 1916, ao tornar públicas numa conferência suas idéias sobre "as possibilidades artísticas do cinema",[2] relatou que em 1913 algumas fotos cômicas em que uma personagem joga baralho e pratica esgrima consigo mesma o fizeram compreender que o cinema poderia, melhor que qualquer outra arte, se apoderar do mundo fantástico de E. T. A. Hoffmann, e sobretudo do famoso tema do "duplo",[3] sombra ou reflexo, que, saindo do espelho, adquire existência própria, virando-se contra seu modelo.

Wegener acrescenta: "O ESTUDANTE DE PRAGA, que fazia uma mistura estranha do natural com o artificial, da realidade com o cenário, me interessava enormemente".

"Precisamos", diz ainda, "nos libertar do teatro ou do romance

---

valor artístico". Assim, o famoso ASSASSINATO DO DUQUE DE GUISE (*L'Assassinat du Duc de Guise*, 1908) foi criado segundo a excelente decupagem de Henri Lavedan, membro da Academia Francesa.

2. Ver Kai Möller, *Paul Wegener*, Hamburgo, Rowohlt Verlag, 1954, pp. 102-113.

3. No livro *O Problema da Magia e da Psicanálise*, lançado em 1927, Leon Kaplan nota que, entre os povos primitivos, os adultos são como crianças angustiadas pelo mundo exterior, misterioso e hostil, e propensos ao narcisismo, que lhes dá segurança. Do mesmo modo, o homem narcisista, subjugado pelo sonho e inclinado à magia, criará de boa vontade um "duplo" para si. Devemos crer que os românticos o inventaram por motivos semelhantes?

e criar apenas com os meios do cinema, com a imagem. O verdadeiro poeta do filme deve ser a câmera. As possibilidades do espectador mudar continuamente de pontos de vista, as numerosas trucagens que duplicam o ator na tela dividida em duas partes, as sobreimpressões, em suma, a técnica, a forma, dão ao conteúdo seu verdadeiro significado."

E continua: "Tive a idéia de meu GOLEM, daquela misteriosa figura de argila animada pelo rabino Loew, a partir de uma lenda do gueto de Praga, e foi com este filme que penetrei mais profundamente no domínio do cinema puro. Nele, tudo depende da imagem, de um certo *flou* em que o mundo fantástico do passado se junta ao mundo do presente. Eu me dei conta de que a técnica da fotografia ia determinar o destino do cinema. A luz e a escuridão desempenham no cinema o papel do ritmo e da cadência na música".

Esse primeiro GOLEM, de 1914 — que mistura acontecimentos contemporâneos (a descoberta do Golem em Praga) com a lenda do rabino Loew que teria criado o gigante por volta de 1580 —, infelizmente se perdeu. Conhecemos apenas o GOLEM de 1920, que se atém unicamente à lenda.

Mas conservamos o primeiro ESTUDANTE DE PRAGA (1913), e este filme, que prefigura CALIGARI com seis anos de antecedência, já apresenta muitas das qualidades que vão valorizar os filmes ditos "clássicos" dos anos 20. De início, nada impedia que os cineastas alemães rodassem em exteriores. O estilo expressionista que, desde 1910, reinava sobre todas as outras artes, não tinha ainda invadido o cinema, então desprezado. O realizador, que nenhuma razão levava a deformar o aspecto natural das coisas, não tinha necessidade de utilizar o estúdio para criar cidades e paisagens alucinantes.

No entanto, o romantismo alemão, ao qual O ESTUDANTE DE PRAGA se liga com tanta autenticidade — fascinado como estava Paul Wegener pelo poder de expressão sem limites da nova arte —, busca já o insólito. Stellan Rye, realizador dinamarquês, que a sociedade Union [4] chamou para ser o diretor (Wegener irá colaborar estreitamente com ele), roda o filme na velha cidade de Praga, onde persistem traços de uma Idade Média enigmática e tenebrosa. Filma

4. A Union Film, sociedade de Paul Davidsohn, graças à iniciativa deste, realizou filmes de qualidade; nela, igualmente, produziram-se películas com Asta Nielsen. Esta sociedade antecipa a Decla Bioscop, que a comprará mais tarde.

em ruelas estreitas, na velha ponte de onde se percebe a silhueta hirsuta da célebre catedral. Wegener se lembrará disso ao realizar, desta vez em estúdio, seu segundo GOLEM.

Contudo, por razões religiosas, a comunidade judia proibira ao cineasta filmar o velho cemitério. Poderiam tê-lo reconstituído em estúdio, como se fará no segundo ESTUDANTE DE PRAGA; mas preferiu-se — o que é muito significativo — erigir numa floresta real as enormes pedras medievais, que, evidentemente, tiveram que ser reconstituídas.

Hoje a fotografia da cópia, sem dúvida a única que sobrou, tem uma aparência bastante acinzentada. Não se pode esquecer que as cópias da época, tingidas de marrom, verde ou azul-escuro (principalmente nas cenas noturnas, que a película de então era incapaz de reproduzir), tinham mais nuanças.

Evidentemente, quando Guido Seeber, o melhor *cameraman* da época, filma interiores verdadeiros no palácio Lobkowitz, a imagem não possui aquela qualidade, aquela profundidade de campo às quais o cinema alemão dos anos 20 nos acostumou: o conjunto parece um pouco achatado. Há contudo alguns planos que prenunciam os grandes filmes futuros: um terraço do castelo cujas colunas projetam sombras espessas, enquanto os amantes se encontram em segredo. Embaixo, se destaca no muro a sombra ameaçadora do malvado Scapinelli, que os espia das trevas de um jardim hostil.

Notamos igualmente alguns interiores dominados por uma atmosfera envolvente, criados em estúdio segundo as maquetes de um cenógrafo de talento, Kurt Richter: o quarto do estudante pobre, um cômodo nu aonde Scapinelli entra saltitante. Carregado de uma atmosfera angustiante, nostálgica, o gabinete de trabalho do estudante que se tornou rico; em toda parte flutuam sombras misteriosas, e no crepúsculo vacila a luz das velas. A iluminação já estava prevista nos esboços.[5]

Essa obsessão pelo cenário e pela atmosfera sedutora, que caracteriza todo o cinema alemão, já se encontra no filme em que Wegener estréia, auxiliado por Stellan Rye — este vindo da escola dinamarquesa, que há alguns anos aprendera a utilizar o claro-escuro para criar atmosfera.

Na conferência de 1916, Wegener explica que só são eficazes

5. Ver o esboço no livro de Edward Carrick, *Designing for Films,* Londres e Nova Iorque, The Studio Publications, 1949.

os movimentos sóbrios, um rosto expressivo, calmo, olhos eloqüentes, um comportamento sério, natural, em suma, uma grande discrição na interpretação; e tudo que é afetação, tudo que é gratuito se reduzirá a meras contorções sobre a grande superfície da tela, onde "o ator é visto como por um microscópio".

Quando três anos antes dessa conferência Wegener fez o papel do estudante de Praga, ainda tinha que aprender tudo sobre cinema. Do mesmo modo, para o primeiro GOLEM, precisou sem dúvida corrigir sua interpretação, como nos prova a versão de 1920 (e como o papel já o exigia), para tornar-se aquele ser de fisionomia cerrada, enigmática, que parece esculpida na argila, tal como nos mostram hoje algumas fotos raras.

No primeiro ESTUDANTE DE PRAGA já existe um intérprete — John Gottowt, ator pouco conhecido, personagem hoffmanniana — que nos parece feito sob medida para o cinema. Já não prenuncia um pouco a personagem alucinante do Dr. Caligari, interpretada seis anos mais tarde por Werner Krauss?

Não é sem interesse rever um filme feito em 1921 por Rochus Gliese (que será mais tarde o cenógrafo de AURORA — *Sunrise*): A SOMBRA PERDIDA *(Der Verlorene Schatten).* Este filme lembra a história de Peter Schlemihl, e Wegener faz o papel principal. Trata-se de um filme ainda arcaico, o trabalho dos atores é curiosamente afetado, desajeitado. Terá Wegener se desinteressado deste filme, que parece anterior a O ESTUDANTE DE PRAGA, porque brigou com seu diretor, como me disse Lyda Salmonova em Praga?

Não sabemos grande coisa do período que vai de O ESTUDANTE DE PRAGA a CALIGARI. Podemos apenas citar o título de alguns filmes de arte, feitos por Stellan Rye ou Wegener: EVINRUDE — A HISTÓRIA DE UMA AVENTURA (*Evinrude — die Geschichte eines Abenteuers*, 1914), O IOGUE (*Der Yogi,* 1916), O GOLEM E A BAILARINA (*Der Golem und die Tänzerin*, 1917), O PRÍNCIPE ESTRANGEIRO *(Der fremde Fürst*, 1918), O FORÇADO (1919) e, alguns anos mais tarde, O FIM DO DUQUE FERRANTE (*Herzog Ferrantes Ende*, 1923) e BUDAS VIVO *(Lebende Buddhas*, 1924), mas de que valem?

Só nos restam alguns fragmentos dos *Märchenfilme* (filmes de lendas e magias) que Wegener fez durante a guerra, como O CASAMENTO DE RÜBEZAHL (*Rübezahls Hochzeit*, 1916) e O FLAUTISTA DE HAMELIN (*Der Rattenfänger von Hameln*, 1918). HANS TRUTZ NO PAÍS DAS DELÍCIAS (*Hans Trutz im Schlaraffenland*, 1917) também desapareceu. Wegener os filmou, outra vez em exteriores, nos rochedos do Riesengebirge silesiano, nas encostas ensolaradas e nos burgos medievais das margens do Reno.

Imagem inesquecível aquela em que Wegener mostra, numa colina coberta de relva e flores, na renda prateada que o sol tece, uma garotinha dançando. Seu vestido com adornos tom sobre tom se harmoniza com as cores do prado. Ela dança ao som da flauta encantada de Hamelin. A jovem Lyda Salmonova, enfeitiçada pela música, não se parece, assim vestida, com as Ofélias e Julietas do *Deutsches Theater*? A linha de seu corpo esbelto de aspecto "gótico" lembra as atitudes das virgens frágeis e flexíveis dos primitivos alemães, evocadas pelas atrizes dirigidas por Max Reinhardt.

Os laços que unem o teatro de Max Reinhardt e o cinema alemão são evidentes já em 1913. Com efeito, os principais atores desses filmes, Wegener, Bassermann, Moissi, Theodor Loos, Winterstein, Veidt, Krauss, Jannings, para citar apenas alguns, vêm da *troupe* de Max Reinhardt.

Não se pode esquecer que Reinhardt, a partir de 1907 e até 1919 (data em que a revolução colocou Piscator e seu teatro construtivista em primeiro plano),[6] foi um tipo de Kaiser do teatro em Berlim, e ganhara tal importância que os bons burgueses adquiriram o hábito de, ao ler o jornal, "saltar" a página política para ver o que dizia da apresentação da véspera o célebre crítico Alfred Kerr.

Os berlinenses tinham o costume de ir várias vezes por semana ao teatro de Max Reinhardt, que todo dia mudava de programa.

Era natural que o cinema, ao se tornar uma arte, aproveitasse as descobertas de Max Reinhardt, que utilizasse o claro-escuro e os mantos de luz que se derramavam de uma janela alta num interior escuro, assim como eram vistos todas as noites no *Deutsches Theater*.

Porém o célebre claro-escuro do cinema alemão não tem como origem única o teatro de Max Reinhardt. Não podemos negligenciar a contribuição dos cineastas nórdicos, sobretudo os dinamarqueses, que invadiram os estúdios alemães, como Stellan Rye, Holger Madsen ou Dinesen. Eles trouxeram, antes mesmo que o estilo expressionista se definisse, o amor pela natureza e o senso do claro-escuro.

✶

6. Há evidentemente, com Piscator, três outros grandes diretores de teatro: Karl Heinz Martin e Jürgen Fehling, ambos com tendências expressionistas, e Leopold Jessner, que muitas vezes também tende ao expressionismo, mas é antes "construtivista", com suas célebres escadas em cena.

Desde o livro de Kracauer, *De Caligari a Hitler*, muitos entusiastas do cinema imaginam que o famoso claro-escuro é um atributo essencial do expressionismo, e que a peça expressionista *O Mendigo* (1912), de Reinhardt Sorge, encenada em 1917 por um dos colaboradores de Max Reinhardt, lhe deu origem.

Com efeito, esta peça já tinha tudo: o contraste ou, se podemos dizer, o "choque" de luzes e sombras, a iluminação súbita de uma personagem ou um objeto com o facho do projetor, a fim de concentrar aí a atenção do espectador, e a tendência em deixar neste exato instante todas as outras personagens e objetos mergulhados em trevas indefinidas. Era a tradução visual do axioma expressionista, que manda visar apenas um único objeto escolhido no caos universal, arrancando-o de seus liames. E tudo, até o halo fosforescente que acompanhava o contorno de uma cabeça e ia se esfumar no mundo noturno, até o feixe de luz agudo que fazia brotar como um grito a mancha branca do rosto, estava antecipado na peça.

A autora já tentou, num texto intitulado *Mise en garde et mise au point*, publicado numa revista de cinema,[7] mostrar que o subtítulo de seu *A Tela Demoníaca,* "As influências de Max Reinhardt e do Expressionismo", estabelece entre os dois termos uma distinção fundamental.

No entanto, alguns anos mais tarde, na mesma revista, uma curiosa personagem, num artigo que plagiava com bastante petulância *A Tela Demoníaca*, tomando-lhe diversas expressões e até frases inteiras para chegar a conclusões errôneas, afirmava que Max Reinhardt fora expressionista![8]

É preciso acabar com essa confusão. Benno Fleischmann escreve com muita justeza em seu *Max Reinhardt*, editado em Viena, em 1948:[9] "Reinhardt guardava prudente reserva e manifestava pouca compreensão diante dos jovens escritores expressionistas. Eles estavam muito distantes tanto de seu temperamento, quanto de seu estilo. Se lhes abriu as portas de seu teatro, foi em ciclos "marginais", como *Das junge Deutschland (A Alemanha Jovem),* em Berlim, e *Das Theater des Neuen (O teatro do novo)*, em Viena. Ele próprio quase não participava deles. O grande, o incansável experimentador se mantinha afastado dessas experiências".

7. *Cinéma,* n.º 1, novembro de 1954.
8. Meu livro foi "explorado" em *Cinéma 62,* n.ºs 69 e 70: "Actualité de l'Expressionnisme", de um certo Paul Leutrat. Fique aqui registrado.
9. Paul Neff Verlag.

Max Reinhardt, profundamente "impressionista", dispensava perfeitamente as experiências dos expressionistas. Já era o mestre da magia sedutora das iluminações.

Sempre lhe agradara, até ali, vestir as formas com uma luz quente, vertida milagrosamente por uma fonte invisível, multiplicar essas fontes, arredondar, fundir e aprofundar as superfícies com o veludo das sombras, com o único fim de suprimir o verismo e o naturalismo detalhista, caros à geração anterior.[10]

Durante os últimos anos da guerra de 1914-1918, Max Reinhardt, cuja encenação fora freqüentemente criticada pela presença preponderante do cenário, se viu forçado, devido à escassez de matérias-primas e às dificuldades financeiras, a abandonar a suntuosidade das arquiteturas. Passou a situar num cenário fixo, de preferência entre duas colunas imensas, todas as cenas de uma mesma peça, mesmo que se desenvolvessem em lugares diversos. A luz e a escuridão adquiriram então um novo sentido, substituindo as variações arquitetônicas, ou animando e transformando um mesmo cenário: as luzes inconstantes, que se entrecruzavam e se opunham, eram o único meio de paliar a mediocridade dos estofos *Ersatz* e de dar uma intensidade de atmosfera, que devia variar segundo as exigências da ação. Muitas vezes uma cena breve e veemente surgia luminosa em meio às trevas, e o ímpeto desse *intermezzo* era como que abocanhado pela noite implacável no momento desejado, enquanto, um segundo mais tarde, a luz brilhava sobre uma outra cena — mudança que o palco giratório do *Deutsches Theater* ou a ampla arena do *Grosses Schauspielhaus* permitiam. Reinhardt obteve, com essa incidência, um modo novo de agrupar as personagens, de apanhá-las em toda sua plasticidade posta em relevo pela luz; além disso, uma multidão fica mais densa no segredo das sombras. (Lubitsch, instruído por Reinhardt, compreendeu bem isso, ao filmar A MULHER DO FARAÓ — *Das Weib des Pharao*.) Uma iluminação assim aumenta a tensão da atmosfera, o patético de um destino trágico e mesmo o burlesco saboroso de uma *commedia dell'arte*.

Os diretores de cinema alemães não tinham pois nenhuma necessidade de se lembrar da encenação de *O Mendigo* para, por sua

10. Reinhardt, ao se consagrar, antes de 1914, a mil nuanças e impressões caleidoscópicas, recorria à imaginação dos espectadores. Seu teatro se tornava um amplo espaço onde turbilhonava o movimento, e uma evolução incessante metamorfoseava a vida. Cortinas e panos de paredes dissimulavam parcialmente a curva suave de um *Rundhorizont*, de um horizonte cuja superfície côncava

vez, se utilizarem dos efeitos mágicos de um claro-escuro que há anos lhes era familiar.

A prova está no filme em episódios HOMUNCULUS, muito pouco conhecido e feito bem antes de CALIGARI. Nessa obra de precursor, encontram-se todos os contrastes do preto e branco, os choques de luz e sombra e todos os elementos clássicos do cinema alemão, desde A MORTE CANSADA *(Der müde Tod)* até METRÓPOLIS *(Metropolis).*

A verdadeira Alemanha — não esqueçamos que Reinhardt era israelita — prefere muito naturalmente a penumbra à luz. Em *A Decadência do Ocidente*, manifesto muito revelador da *Weltanschauung* alemã, Oswald Spengler exalta a bruma, o enigmático claro-escuro, o *kolossal* e a solidão infinita. O espaço ilimitado que a "alma fáustica" do homem do Norte preza não é jamais claro e límpido, nele flutuam eflúvios tenebrosos e densos; o *Walhall* germânico — símbolo da aterradora solidão — é invadido por uma turvação onde reinam heróis insociáveis e deuses hostis.[11]

A alma "fáustica" de Spengler, apaixonada por essa nebulosidade, terá predileção pela cor marrom — "o marrom do *atelier* de Rembrandt". O marrom, "cor protestante", ausente no arco-íris, é conseqüentemente "a mais irreal de todas as cores"; é a cor da alma, torna-se o emblema do transcendental, do infinito e do "espacial". A adoração do marrom, do acastanhado, e fatalmente da sombra remonta ao famoso livro de Julius Langbehn, *Rembrandt Educador* (publicado em 1890), que considera Rembrandt um representante do tipo ariano autêntico, dotado do caráter claro-escuro dos "baixos-alemães". Por conseguinte, como todos os alemães, Rembrandt, mestre do "negro bilioso", do melancólico, procura sempre, segundo Langbehn, "o lado obscuro da existência, a hora crepuscular em que o escuro parece mais escuro e o claro mais claro". O claro-escuro seria a cor "baixa-alemã" por excelência, já que o alemão é "a um só tempo duro e terno"!

✱

---

era inundada ora pelo luar, ora pelos raios de um sol resplandecente, para logo mergulhar de novo numa escuridão onde víamos oscilar a rede das estrelas, enquanto o jogo de um tipo de lanterna mágica a cobria de nuvens movediças.

11. Apenas os solitários, prossegue Spengler, podem fazer a "experiência cósmica", só eles são capazes de apreciar a nostalgia da floresta, o indizível isolamento. Assim, Jean Cassou, depois de assistir a uma projeção de OS NIBELUNGOS *(Nibelungen)* de Lang, na estréia do filme na França, pôde dizer que era "o testemunho novo e pungente da solidão do homem".

À leitura de algumas frases de Jean Paul (romântico tão esquecido por aqueles que citam Hoffmann a todo momento), especialmente em *Titan,* escrito em 1802, parece realmente que um filme alemão se desenrola a nossa frente. Ele nos fala, por exemplo, de um quarto "claro-escuro", onde a alma se põe a tremer por causa de um raio de sol que, como um estranho incêndio, atravessa a janela alta, e da poeira animada e como que "ressuscitada" que nele brinca, sempre prestes a tomar forma.

A paisagem participa, evidentemente, dessa obsessão pelo claro-escuro: "Muitas vezes", escreve Hölderlin em *Hyperion*, "meu coração se sente à vontade na penumbra. Quando contemplo a insondável natureza, não sei por que esse *ídolo velado* me arranca lágrimas sagradas e bem-aventuradas". E Hölderlin se pergunta: "Seria essa penumbra nosso elemento?", ou ainda: "será a sombra a pátria de nossa alma?"

Eterno amor pelo incerto, portanto pela noite, em cuja glória o rouxinol tísico que é Novalis compõe hinos langorosos, para nele se refugiar melhor, longe da luz "pobre e pueril", longe da vida inóspita. Atraído pelo escuro seio materno da noite, fornecedora dos sonhos e do último sono, Novalis busca, no fundo, apenas um eco para sua inquietação. Assim como no nebuloso paroxismo de Zaratustra, encontramos nele a ambígua nostalgia das trevas, tão comum entre os alemães: "Sou luz. Ah, se eu fosse noite! Fosse sombras e trevas, como iria beber nos seios da luz!"

Spengler, teórico do misticismo, tentou enxergar com clareza os motivos de tais preferências: a luz do dia impõe limites aos olhos, cria objetos corpóreos. A noite dissolve os corpos, o dia dissolve a alma. É neste sentido que podemos dizer, ainda segundo Spengler, que a escuridão é um atributo tipicamente germânico. Já o *Edda*, epopéia escandinava, trazia "a marca da meia-noite, hora em que Fausto medita em seu gabinete de trabalho".

A alma fáustica do nórdico se abandona aos espaços enevoados, enquanto Reinhardt forja um mundo mágico com a ajuda da luz, servindo-se da obscuridade apenas como cinzel.

Eis a dupla herança do cinema alemão.

✶

Paul Wegener tinha uma personalidade demasiado poderosa para se contentar em imitar a encenação reinhardtiana. Adaptou, pois, à arte cinematográfica a magia das iluminações que banhavam o palco do *Deutsches Theater*.

Durante os anos de guerra, Wegener rodara seus *Märchenfilme,* tais como O CASAMENTO DE RÜBEZAHL ou O FLAUTISTA DE HAMELIN, e desse trabalho em cenários naturais guardara uma fluidez de atmosfera que soube manter mesmo em O GOLEM, filmado em estúdio. Uma leveza aérea paira sobre os planos da roda de crianças coroadas de flores, diante do portão do gueto.

Wegener não deixa de usar todos os efeitos de iluminação de Reinhardt: as estrelas que reluzem no veludo do céu; a claridade que emana da lareira de um alquimista; a pequena lamparina que ilumina a aparição de Míriam no canto de um cômodo mergulhado em sombras; o criado que segura um lampião; ou mesmo a fileira de tochas oscilando na noite; e, na sinagoga, os efeitos da luz que tremula sobre as formas indistintas, prostradas, envoltas nos casacos, enquanto emerge da escuridão o candelabro sagrado de sete braços, rodeado por um halo.

O encantamento dessas iluminações matizadas nunca se opõe ao choque dos contrastes, ao brio exagerado que buscam os expressionistas. Uma luz quente à Rembrandt inunda os interiores, modela o rosto abatido do velho rabino e, num relevo muito suave, o jovem discípulo sobre o fundo escuro; a sombra de uma janela gradeada se desenha numa vestimenta. A cena dos círculos de chamas para invocar o demônio é mais pungente ainda que a análoga no FAUSTO *(Faust)* de Murnau: a cabeça fosforescente do demônio de olhos tristes e vazios, que flutua lentamente no grande desespero do nada, se transforma numa enorme máscara chinesa, cujo perfil surge na borda da tela com uma espécie de ferocidade prodigiosa, levada ao extremo pela exploração dos recursos visuais.

✶

Paul Wegener sempre negou ter tido a intenção de fazer de O GOLEM um filme expressionista. Mas isso não impede que a obra passe por expressionista, o que sem dúvida se deve aos famosos cenários de Poelzig, criador do *Grosses Schauspielhaus.*[12]

12. Se compararmos o professor Hans Poelzig com outros arquitetos modernos, como Le Corbusier e Mies van der Rohe, sua personalidade ganha um porte bastante surpreendente: em seu *Grosses Schauspielhaus*, reconstrução de um circo berlinense (e transformado por Reinhardt em arena grega), o interior evocava algo como uma caverna misteriosa, decorada com estalactites; já na

Para Poelzig — declara Kurtz, aproximadamente —, todos os elementos dinâmicos, extáticos, fantásticos e patéticos de um edifício se exprimem unicamente na fachada, sem que a planta do prédio em si seja de alguma maneira envolvida na renovação das formas.

Por isso os cenários de O GOLEM estão tão distantes dos de CALIGARI. A forma original das construções góticas transparece naquelas casas de empenas íngremes, muito altas e estreitas, cobertas de palha. Seus contornos angulosos, oblíquos, o volume oscilante, os degraus gastos, côncavos, nada parecem senão a imagem, não muito irreal, infelizmente, de um gueto infecto e superpovoado, onde se vive numa angústia sem fim. Vejamos qual é o sentido da animação tão pouco abstrata desses cenários: as empenas estreitas combinam de algum modo com os chapéus pontudos dos judeus, com sua barba de bode repuxada pelo vento, com os volteios superexcitados de suas mãos, com seus braços erguidos se encaixando num espaço vazio mas muito restrito, com aquela inquietação sarapintada dos orientais. Essa multidão mergulhada ora no terror, ora em alegria excessiva, lembra em alguns momentos os contornos flamejantes, o movimento recortado de um quadro de El Greco. A compulsão dessas massas não tem nada em comum com o mecanismo que domina uma encenação de figurantes em Lubitsch, nem com o agrupamento geométrico das multidões de Fritz Lang. O efeito é especialmente plástico quando o ornamental deriva do natural: por exemplo, aquela tomada em *plongée* do tabernáculo da *Thora*, e, dos dois lados, a fileira das grandes trombetas sagradas.

Nos interiores, nervuras e ogivas góticas transformadas em meias-elipses oblíquas formam uma espécie de rede cujas malhas enquadram as personagens, dando estabilidade à vibração de uma atmosfera flutuante e às vezes curiosamente *"impressionista"*, numa estrutura autenticamente *expressionista*.

De vez em quando, há, contudo, o choque expressionista de algumas luzes que jorram como um grito agudo. Por exemplo, a concha violentamente iluminada da escada em caracol nas trevas do laboratório, ou os súbitos raios lançados pelo castiçal de sete braços, ou ainda as faces lívidas, angustiadas, dos fiéis na sinagoga.

*

---

lareira e nos corredores, via-se brilhar o lótus de capitéis egípcios iluminados indiretamente, enquanto as arcadas estreitas do exterior, modificado por influência gótica, lembravam vagamente o estilo do Coliseu.

É bastante espantoso que a "invasão nórdica", a chegada de tantos diretores e atores dinamarqueses aos estúdios berlinenses — se abriu caminho para o claro-escuro — não tenha marcado mais profundamente o cinema alemão. A magia branca dos escandinavos foi vencida pela magia negra dos cineastas alemães.

Será que Arthur von Gerlach, diretor alemão, pôde criar CRÔNICA DE GRIESHUUS, um dos raros filmes alemães em que sentimos o ar livre e a poesia nostálgica de um filme sueco, porque o extraiu de um conto tipicamente nórdico de Storm, escritor de Slesvig (por muito tempo possessão dinamarquesa)? Nem o roteiro um pouco melodramático, com subtítulos pesados, elaborado por Thea von Harbou, a Vicky Baum do cinema alemão, nem o castelo amolgado à maneira expressionista (erigido no vasto terreno de Neubabelsberg) conseguiram atenuar aquela melodia de *Ballade* melancólica, que emana igualmente dos *Märchenfilme* de Paul Wegener.

A *Lüneburger Heide* da Alemanha do Norte oferece um quadro natural de landas desoladas a essa sombria história de amor infeliz, fratricídio e expiação. Nas planícies de arbustos enegrecidos e lacerados pela tempestade, galopam, como em enormes afrescos eqüestres esculpidos contra um céu pálido, cavaleiros com longos casacos cujas pregas se inflam ao vento; as cavalgaduras empinam: movimentos, o vendaval do coração e da natureza se confundem. Nos interiores, trevas, luzes, aparições em sobreimpressão tecem um denso véu. É a continuação perfeita do claro-escuro sobretudo "impressionista", que já se encontrava em O GOLEM, e que o FAUSTO de Murnau levará à perfeição.

IV

LUBITSCH E OS FILMES DE COSTUMES

À primeira vista, ele pode parecer um pouco rude, ou mesmo grosseiro. Mas não devemos esquecer que passou mais de meio século em Berlim, onde vive, como pude perceber por diversos detalhes, uma espécie humana tão atrevida, que dela não obtemos quase nada por meio da delicadeza; precisamos, ao contrário, mostrar os dentes e às vezes optar pela brutalidade, se não quisermos soçobrar (. . .).

GOETHE, a respeito de seu amigo Zelter, que antes de se tornar músico foi pedreiro em Berlim. (Eckermann, *Conversas com Goethe,* 1823.)

Os filmes de Buchowetzky, Oswald e Eichberg.

MADAME DUBARRY (1919).

SUMURUN (1920).

ANA BOLENA (*Anna Boleyn*, 1920).

DANTON (1921).

OTELO (*Othello*, 1922).

A avalanche de filmes históricos que submerge o cinema alemão de 1919 a 1923-24, chamados *Kostümfilme* — termo bastante significativo —, não é senão a expressão da necessidade de fuga na suntuosidade de um povo empobrecido e decepcionado, que, além disso, sempre apreciou o esplendor das paradas. A maioria desses filmes que, no livro *Film Till Now*, Paul Rotha chama de "produtos comerciais da sala de acessórios e de Reinhardt"*, conservaram apenas muito superficialmente alguns elementos exteriores da encenação reinhardtiana. Muitos filmes, cujos figurinos parecem vir diretamente de uma loja empoeirada de acessorista, imitam apenas o que é fácil usurpar: alguns agrupamentos decorativos, de simetria bem calculada, e uma estilização, por sinal, aviltada por uma seca estereotipia.

Com efeito, é por causa da influência de Max Reinhardt que tantos filmes de costumes dessa época se passam na Renascença, como A PESTE EM FLORENÇA (*Die Pest in Florenz*), A MORTE CANSADA (em um de seus episódios), LUCRÉCIA BÓRGIA (*Lukrezia Borgia*), MONNA VANNA. Acontece que a lembrança da encenação de Reinhardt leva cineastas de segunda categoria a filmar alguns planos com enquadramentos surpreendentes: em LUCRÉCIA

* No original, *commercial products of the property room and Reinhardt. (N. da T.)*

BÓRGIA, de Richard Oswald, por exemplo, uma fileira de soldados, que forma uma espécie de sebe espessa de lanças eriçadas, lembra com exatidão uma cena do *Henrique IV*, de Shakespeare, montado por Reinhardt, em que os guerreiros dispostos ao longo do palco conseguem dar a idêntica impressão de exército compacto. Como na encenação de Reinhardt, algumas armaduras trabalhadas e uma bandeira ondulante estabelecem pontos de referência. Tais composições, vindas da arte reinhardtiana, parecem um reflexo das célebres batalhas de Ucello.

Em MONNA VANNA, de Richard Eichberg, diretor que a seguir se contentará em filmar insípidas comédias, descobrimos de repente um plano magnífico, como o dos guerreiros dispostos em hemiciclo, apontando lanças por todos os lados contra uma personagem isolada que paralisa a operação dos soldados. O recurso de deixar um espaço livre entre a personagem principal e os figurantes, de fazer apontar as setas salientes para uma figura isolada, de maneira a dirigir o olhar do espectador para o centro de interesse, deriva ainda de Reinhardt. Tudo trai a técnica reinhardtiana, até mesmo os palácios que rodeiam uma praça, lembrando claramente um palco de teatro. (De passagem, notemos igualmente a famosa praça quadrada onde Lubitsch se compraz em fazer evoluir as massas, em MADAME DUBARRY, SUMURUN e ANA BOLENA.)

Teriam feito melhor esses autores se fossem movidos pela intenção deliberada de filmar um documentário sobre a arte de Max Reinhardt.

Bem antes de Lubitsch, Oswald compreendera o que o cinema tinha a ganhar com a magia das iluminações reinhardtianas. Para seu filme CARLOS E ELISABETE (*Carlos und Elisabeth*), feito em 1924, dispunha aliás de um modelo direto: a encenação de *Don Karlos*, peça montada diversas vezes no *Deutsches Theater*.

Como em Reinhardt, as personagens surgem bruscamente, banhadas por invisíveis fontes de luz; num cômodo, da alta janela central, derrama-se uma onda de luz, que penetra na escuridão sem destruí-la. Lamês cintilam, rendas de ouro se desenham, ricos paramentos de veludo reluzem suavemente; a tristeza do pálido rosto de Veidt, Infante da Espanha, brota das trevas, evocando Hamlet. Mas estas imagens extremamente sugestivas contrastam com outras desprovidas de magia, e com isto a mediocridade da encenação e da direção de atores (todos, porém, membros da *troupe* de Reinhardt) fica demasiado evidente.

Esses filmes, concebidos segundo lembranças mais ou menos esvanecidas das encenações do *Deutsches Theater*, logo encontram limites: em OTELO, de Dimitri Buchowetzky, diretor russo que filmou na Alemanha, nada subsiste da Veneza opalescente que adivinhamos em A MORTE CANSADA. A fluidez do desenvolvimento de uma ação, que Reinhardt conseguia ao condensar o ritmo de um destino trágico, é desastradamente quebrada com cenas sobrecarregadas de subtítulos ingênuos.

Resta apenas a personagem de Iago, que Werner Krauss já criara no teatro; Buchowetzky o transforma numa espécie de bufão insólito, cuja roupa de seda justa e brilhante marca, despropositadamente, as curvas do corpo. Mistura de dançarino de ópera, de personagem da comédia italiana e de demônio vagamente mefistofélico, Iago desperta a curiosidade do espectador com suas cabriolas frenéticas, seus saltos e o maldoso prazer que experimenta em emaranhar o curso da intriga, em confundir os destinos.

Lubitsch, que por tanto tempo fez parte da *troupe* de Max Reinhardt, foi menos sensível à sua influência que os outros cineastas alemães. É que Lubitsch, exemplo típico do espírito berlinense, tendo começado a carreira cinematográfica filmando farsas que tendiam ao grosseiro, não viu nas tragédias pseudo-históricas senão uma oportunidade como outra qualquer de valorizar o aspecto cômico pelo exagero da vulgaridade — para grande deleite de seu público.

Antes que Hitler viesse obscurecer-lhes o bom senso, os berlinenses eram tidos como um povo realista e mesmo materialista, de espírito vivo, sempre à espreita do ridículo, e dado a réplicas imediatas e cortantes. A essa atitude positiva e terra-a-terra do *Spreeathen,* a chegada dos huguenotes acrescentara uma pitada do espírito francês. No começo do século XIX, na época do salão de Rahel von Varnhagen, a burguesia abastada judia contribuiu com sua perspicácia intelectual. A seguir, perto do final do século, adicionou-se o humor indolente, um tanto cínico da *Konfektion* (casas "Vestidos e casacos"), meio judeu pequeno-burguês que trouxe seu senso particular do cômico, marcado por uma espécie de fatalismo próprio às pessoas acostumadas a enfrentar *pogroms* e perseguições.

Tais são os diversos ingredientes que compõem o "Lubitsch *touch*". Mais tarde, nos Estados Unidos, Lubitsch se tornará mais refinado e compreenderá que chegou a hora de se desembaraçar de uma certa grosseria muito "Europa central". Assim, modificará radicalmente os efeitos muitas vezes pesados de suas comédias burguesas, adotando prontamente uma desenvoltura elegante, onde subsistirá sempre um pouco da gloríola de novo-rico. Mas todos esses elementos contribuirão para a elaboração de técnicas elípticas muito hábeis, baseadas nos "comentários cortantes de sua câmera",* mencionados por Lewis Jacobs. Em resumo, Lubitsch, para completar seu famoso *touch,* tinha apenas que desenvolver a bagagem alemã: a presença do espírito berlinense, o gosto pelo detalhe realista, a tendência judaica para os subentendidos que leva naturalmente às imagens de duplo sentido.

Desde o início de sua carreira, quando ainda estava em Berlim, Lubitsch sabia explorar o ridículo, sugerindo um lado cômico com uma imagem que mal participava da ação, mas revelava, por insinuação, o essencial de uma situação ou de um caráter. O contraste entre uma personagem importante e um detalhe acessório será utilizado várias vezes em filmes como MADAME DUBARRY ou ANA BOLENA. Tais subentendidos visuais, que Lubitsch irá realçar na era do falado com o emprego caleidoscópico do som, ganham relevo graças a uma montagem hábil.

Lubitsch se torna, de algum modo, aquele famoso camareiro para quem não existe herói. É uma atitude bastante desconcertante para um espírito latino, mas essa espiadela nos bastidores, por superficial que seja, não deixa de dar um sopro humano a suas personagens. Isso explica por que os americanos, que não costumam respeitar a autenticidade histórica (principalmente quando se trata de outrem), puderam acreditar que Lubitsch era o "grande humanizador da história" **, chamá-lo de "Griffith alemão" que com um "realismo de forma alguma romanceado (!) recompõe a História em sua grandeza bárbara". Contudo, não nos parece absolutamente que mostrar um rei se fazendo de manicure da amante ou beliscando com toda a simplicidade uma moça bonita seja a evocação da realidade sem disfarces ou a História tomada ao vivo!

Aliás, para Lubitsch a História nunca passará de pretexto para filmes com suntuosos trajes de época: sedas, veludos e paramentos encantam os olhos experientes do velho caixeiro da *Konfektion.* Além do mais, o *showman* nato, e não formado por Hollywood, fareja a hora propícia de contar, sob o brilho dos tecidos preciosos, uma aventura amorosa, e de misturar a história romanceada com o

* No original, *rapier-like comments of his camera. (N. da T.)*

** No original, *great humanizer of history. (N. da T.)*

ímpeto melodramático das massas, cuidadosamente compostas por personagens estereotipadas.[1]

Preocupado com as facécias da "vizinhança", Lubitsch raramente chegou ao contraste de sombra e luz já em voga na Alemanha naquela época. Sua posição moral, tipicamente berlinense, sempre imune à tentação do sonho e do mistério — para ele, tanto inferno como céu podem esperar! —, dá origem à técnica às vezes fosca que utiliza, até o dia em que sua astúcia lhe permita ver todo o proveito que pode extrair do famoso claro-escuro.

No entanto, devemos reconhecer que a encenação de MADAME DUBARRY contém algumas nuanças mais estudadas. Enquanto as grandes recepções da corte possuem algo de seco, a despeito da ostentação de drapejamentos suntuosos, de mosaicos e assoalhos cintilantes, de estuques trabalhados, as passagens revolucionárias trazem a marca — talvez, como efeito de uma reminiscência inconsciente — da encenação de duas peças sobre Danton, montadas por Reinhardt: o drama de Büchner e o de Romain Rolland. Por exemplo, nos planos que mostram a conspiração contra a Favorita, o agrupamento de personagens que brotam da escuridão as aproxima daquelas do DANTON de Buchowetzky, que seguia mais fielmente seu modelo.

Mas é principalmente na manipulação de multidões — o que valeu fama a Lubitsch — que prevalece a herança da arte reinhardtiana. No entanto, fotografias e fotogramas revelam claramente a seca regularidade que governa o agrupamento de figurantes e o mecanismo de tal imitação. Evidentemente, de vez em quando, esta ordem preconcebida ao extremo é animada por um fluxo e refluxo,

1. Convém assinalar que a intenção de Lubitsch não era, como afirmam ainda hoje todas as histórias francesas de cinema, "ridicularizar, achincalhar e aviltar as grandes figuras da Revolução", em MADAME DUBARRY, nem "minar o tradicional respeito britânico pela realeza e dirigir o puritanismo americano contra a *merry old England*", em ANA BOLENA. Em 1919-20, eram principalmente as divisas estrangeiras que interessavam à Alemanha, e a indústria pesada reacionária que dirigia a produção considerava esses filmes pseudo-históricos menos como "instrumentos de vingança" do que como fontes de renda. (Aliás, algumas personagens demasiado estereotipadas da Revolução Francesa — o ogro com uma faca entre os dentes e a megera descabelada — se encontram igualmente em ÓRFÃS DA TEMPESTADE *(Orphans of the Storm)*, de Griffith, ou em PÁGINAS DO LIVRO DE SATÃ *(Blad of Satans Dagbog)*, filme de Carl Theodor Dreyer.)

como no avanço da multidão diante da catedral, em ANA BOLENA.[2]

Em MADAME DUBARRY, as massas revolucionárias que se apinham ao redor da guilhotina, exigindo a morte da Favorita que está diante delas, levantam o braço direito — paralelismo que notamos freqüentemente nos filmes alemães, quando a massa de figurantes tem a missão de exprimir furor ou exaltação. Estes gestos, impostos por Reinhardt em 1910 aos coros antigos de sua encenação do *Édipo Rei* (apresentada num circo berlinense), perdem todo valor na maioria dos filmes alemães em que a inspiração se transforma em técnica.

É *Sumurun*, pantomima favorita de Max Reinhardt (que a encenou já em 1909 e a reprisou a seguir, sempre remodelando-a com carinho, em todo seu fausto de conto das *Mil e uma Noites*), que, mais que os dois *Danton*, marcou o estilo de Lubitsch.

Se em SUMURUN o próprio Lubitsch, no papel do corcunda (um bufão trágico), se entrega a uma dança esquisita, brusca, automática, em que braços e pernas parecem animados por uma vida independente, é porque se inspirou no aspecto caleidoscópico de uma *commedia dell'arte* que, na cena, a célebre pantomima evocava. Onde quer que esse ritmo ligeiro, tão raro no cinema alemão, transpareça, o mérito se deve a Reinhardt.

Algumas passagens de SUMURUN já deixam prever a elegância do futuro Lubitsch americanizado: na loja de um comerciante, por exemplo, os caixeiros-palhaços (como o diretor, sempre em conivência com o público) desenrolam e expõem ricas fazendas com gestos de prestidigitadores. São muito "Lubitsch *touch*", igualmente, aquelas tomadas em *plongée* de algumas almofadas dispostas sobre um tapete, ao redor das quais subitamente esvoaça e se dispersa em círculos graciosos uma nuvem de lindas criadas solícitas. O musical americano irá se inspirar nesses arabescos delicados.

✶

Os filmes de costumes na Alemanha sofreram ainda, mas em menor grau do que comumente se acredita, uma outra influência: a

2. A arquitetura das praças, em ANA BOLENA ou em MADAME DUBARRY, é mais realista que na encenação de Max Reinhardt. Lubitsch, aliás, não teve qualquer escrúpulo ao tomar seus cenários de onde bem quis: em SUMURUN, por exemplo, encontramos quase que exatamente, entre casas contíguas, a escada como que moldada em argila, inventada por Poelzig para O GOLEM.

dos filmes históricos de grande espetáculo do cinema italiano. Uma influência apenas superficial, apesar de sempre marcar as cenas de multidão nos antigos *Monumentalfilme*, quer se trate de dois filmes de Joe May — VERITAS VINCIT I/III (1918) e O TÚMULO HINDU I/II (*Das indische Grabmal*, 1921) — ou de um filme nitidamente retardatário, como A QUEDA DE TRÓIA (*Trojas Untergang*, 1923-24), de um diretor de terceira ordem, Manfred Noa.

Vimos que não se deve tampouco superestimar a contribuição escandinava, assim como a dos diretores russos emigrados para os estúdios alemães. Buchowetzky é um exemplo manifesto: seu filme PEDRO, O GRANDE (*Peter der Grosse*), extraído da história nacional russa, não deixa de ser um filme alemão.

V

O FANTÁSTICO ESTILIZADO
A "FÉERIE DE LABORATOIRE"

> *(...) jovens engajados no campo cultural, inclusive eu, fizemos da tragédia um fetiche, declarando guerra aberta às respostas antigas e às formas gastas, guinando da suavidade e da luz ingênuas do século XIX para o extremo oposto do pessimismo por si mesmo.**
>
> Fritz LANG, Happily ever after *(Penguin Film Review,* 1948).

* No original, *(...) young people engaged in the cultural fields, myself among them, made a fetish of tragedy, expressing open rebellion against the old answers and outworn forms, swinging from naive nineteenth century sweetness and light to the opposite extreme of pessimism for its own sake.* (N. da T.)

A MORTE CANSADA, de Fritz Lang (1921).

O povo alemão se caracteriza por gostar da morte, enquanto as outras nações gostam da vida, diz Clemenceau em algum lugar. Não se trata antes, como dá a entender Hölderlin em *Hyperion*, de uma obsessão pelo fantasma da destruição? Não será verdade que o alemão, com seu medo intenso da morte, se consome na procura de meios que lhe permitam escapar ao Destino?

Os filmes mudos de Lang, assim como seus roteiros escritos para Rippert, enfocam repetidas vezes o tema da morte, tratado em modo menor; este é também o *Leitmotiv* de A MORTE CANSADA. Encaixados numa história principal — a da jovem que quer arrebatar o amante à Morte —, três episódios (decorridos em épocas e países diferentes) não passam de variantes dela, com conclusões idênticas: todos os esforços empregados pela amante em salvar o bem-amado o conduzem à perdição.[1]

Mas Lang evoluiu: em 1948, em seu artigo sobre o *happy ending*, insiste várias vezes na recusa em fazer, dali para frente, filmes em que o homem "*is trapped by fate*", quer dizer, em realizar

1. A Morte — em alemão, personagem masculina — não é apresentada sob um enfoque cruel. O mesmo acontece num conto de Andersen, em que uma mãe vai visitar a Morte para dela arrancar o filho. (Andersen é igualmente uma das fontes de outro filme alemão, O ESTUDANTE DE PRAGA, onde encontramos a influência de um de seus contos, "A sombra", juntamente com a de Hoffmann e de Chamisso.) "O anjo do último instante", disse Jean Paul em *A*

uma tragédia de todo gratuita, provocada exclusivamente por um destino implacável.

De todos os cineastas alemães, Fritz Lang foi quem sofreu mais intensamente a influência da encenação de Max Reinhardt, mas nem por isso deixa de ter, assim como Wegener, uma visão bastante pessoal.[2]

Tal origem de seu estilo aparece principalmente num dos episódios de A MORTE CANSADA que se passa em Veneza, no Renascimento: degraus que sobem em diagonal desenham seu contorno nítido num fundo límpido; uma multidão alegre desce por eles com aquele ritmo especial, aqueles movimentos impetuosos que animavam os figurantes de Reinhardt. Cenas de carnaval noturno, com tochas cintilando no negro e trevas que parecem tremular, lembram o impressionismo resplandecente com que o grande mágico do teatro executava os dramas de Shakespeare. Através da arte de Reinhardt, encontramos igualmente, em Lang, sinais daquelas cenas vigorosas e ardentes do *Quattrocento*, tais como revivem nos flancos dos cofres das noivas florentinas; a atitude despreocupada dos esbeltos efebos de gibão curto e mantelete, encostados numa arcada, costeando um muro ou transpondo a passos largos os degraus de uma escada na perseguição de um adversário, não tem outra origem.

Lang é um arquiteto — aliás, de formação —, e realçará as estrias ogivais do portal gótico de uma cripta com uma plástica luminosa, em contraste com as paredes escuras. Perto de tais empresas, o cenário de CALIGARI parece reduzido a arabescos planos e puramente lineares, de todo desprovidos da magia do claro-escuro.

Mas é principalmente o laboratório do pequeno boticário que adquire um aspecto singular: neste verdadeiro laboratório de alquimista, recipientes e utensílios variados brilham misteriosamente e, como se fossem fantasmas fosforescentes, surgem nas trevas esqueletos e animais empalhados. Reina uma atmosfera satânica, temos a

---

Vida de Quintus Fixlein, "que chamamos tão rispidamente de Morte, é o mais terno, o melhor dos anjos, escolhido para colher, com gestos suaves e delicados, o coração humano que estiola. Ao desprendê-lo da vida, extraindo-o de nosso seio gelado, leva-o, sem magoar, em suas mãos cálidas, para as alturas do Éden, que irá aquecê-lo novamente."

2. Eclético, Lang se lembrou em seu episódio das *Mil e uma Noites* de uma passagem de CABIRIA. Por sua vez, Douglas Fairbanks, em LADRÃO DE BAGDÁ *(The thief of Bagdad),* "tomou emprestada" a cena do tapete voador do episódio chinês, que mais tarde, com toda sua mestria, Murnau transporá para o FAUSTO.

impressão de que se tramam horríveis conspirações nesse lugar saído inteiramente de um conto de Hoffmann. (No entanto, o boticário não passa de um homenzinho inofensivo, que arrancará das mãos da jovem amante a taça envenenada.)

Esse método, que consiste em enfatizar, em salientar, muitas vezes com exagero, o relevo e os contornos de um objeto ou os detalhes de um cenário — método que ainda não discernimos em O GOLEM, cuja atmosfera é mais densa —, se tornará uma característica do filme alemão. A partir desse momento, os cenários passarão a ser iluminados na base, para assim se acentuar o relevo, deformando e transformando a plástica com uma articulação de linhas ofuscantes e insólitas. Também se começará a dispor nas laterais enormes refletores inclinados, de modo a iluminar violentamente a arquitetura e a produzir, com a ajuda de superfícies salientes, aqueles estridentes acordes de sombras e luzes que se tornaram clássicos. Os diretores e operadores alemães irão brincar com as luzes a tal ponto, que Kurtz poderá dizer que a luz cria às vezes "profundidades sem fundo". Chegarão mesmo a recortar os contornos e as próprias superfícies para torná-los irracionais, exagerando as cavidades das sombras e os jatos de luz; por outro lado, acentuarão alguns contornos, moldando as formas por meio de uma faixa luminosa para criar, assim, uma plástica artificial. Esse jogo de contrastes ou contrapontos resulta na "*féerie de laboratoire*", meio tangível, meio irreal, de que fala Jean Cassou.

Encontramos também essas oposições violentas em autores românticos como Eichendorff, que, no romance *Ahnung und Gegenwart (Pressentimento e Presente)*, ao aludir a um bando alegre e travestido que invade um pátio escuro e força um cavaleiro errante a entrar na dança, observa: "uma única vela fixada a um poste lançava sobre aquela confusão estranha sua luz vacilante, agitada pelo vento".

Lang compreendeu bem depressa que a manipulação judiciosa da luz podia compor uma atmosfera: assim, abre uma parede para erguer, num arco ogival, uma escada íngreme, cujos degraus compõem uma gama luminosa; uma moita de bambus de hastes lisas, cobertas por uma luz ao mesmo tempo flutuante e fosforescente, parece ser apenas o prelúdio do *crescendo* luminoso da floresta que atravessará Siegfried. Os cineastas alemães, diz Kurtz, que apreciam os efeitos luminosos, tratam a luz como se fosse um *raumgestaltender Faktor,* isto é, como um "elemento de formação do espaço".

Essas concepções, sem dúvida, influenciaram a arte de Lang, mas seria um erro considerar seus primeiros filmes como essencialmente expressionistas.[3] O sentido intenso da plástica e o dom de manipular a iluminação para obter linhas arquitetônicas serão as únicas contribuições de Lang para a evolução expressionista.

3. O mesmo vale para o episódio chinês de A MORTE CANSADA. Não é preciso dizer que uma paisagem da China, com suas árvores retorcidas e as curvas de seus tetos e pontes, presta-se facilmente à distorção expressionista, mas ela só é utilizada aqui para salientar o lado vaudevilliano do episódio, que está dentro do estilo de A GATA MONTANHESA *(Bergkatze),* filme de Lubitsch.

VI

AS SINFONIAS DO HORROR

Deixem para nós, alemães, os horrores do delírio, os sonhos febris e o reino dos fantasmas. A Alemanha é um país propício às velhas feiticeiras, às peles de urso morto, aos golens de qualquer sexo e principalmente aos feldmarechais como o pequeno Cornelius Nepos, que, de nascença, é uma raiz que os franceses chamam de Mandrágora. Só do outro lado do Reno podem medrar tais espectros; a França nunca será país para eles (. . .).

Heinrich HEINE, *A Escola Romântica*, 1833.

Resta-nos falar da fonte inesgotável de efeitos poéticos na Alemanha: o terror, as almas do outro mundo e os feiticeiros agradam tanto ao povo quanto aos homens esclarecidos.

Madame de STAËL, *Da Alemanha.*

NOSFERATU (1922).

O império do duplo.

O burguês demoníaco.

Deve-se o singular prazer que experimentam os alemães em evocar o horror, além de a certas tendências sádicas, ao desejo excessivo e muito germânico de submissão a uma disciplina? Em *Poesia e Verdade,* Goethe deplora "o infeliz princípio pedagógico que tende a livrar as crianças, desde cedo, do medo do mistério e do invisível, acostumando-as a espetáculos aterrorizantes".

Num romance de Karl Philipp Moritz, escritor do século XVIII e precursor dos românticos, vemos o garotinho Anton Reiser passar horas penosas acordado, por causa de um *Märchen* angustiante: o do *Homem sem Mãos*, que desce pela chaminé quando o vento sopra. À noite, na cama, o menino brinca de representar, com uma sensação de singular volúpia, a decomposição do próprio corpo e toda a degradação que a morte o fará sofrer.

Da mesma forma — e nisto semelhante ao jovem William Lovell de Tieck, que sonha em assassinar seus amiguinhos —, a maioria das crianças alemãs se deleita com os contos de horror. "Nada me agradava mais", diz E. T. A. Hoffmann na voz de Nathanael, herói trágico de seu conto *Sandmann*, "que ouvir ou ler histórias horripilantes de fantasmas, feiticeiras, anões (. . .)". Nathanael não se cansa do conto do vendedor de areia, que à noite joga areia nos olhos das crianças que ainda não dormiram, levando para a lua os olhinhos exorbitados e ensangüentados para dá-los de comer a seus filhotes, que, encolhidos no ninho, espreitam avidamente o retorno do pai, com seus bicos curvos como de coruja.

Que dizer ainda da criança mencionada por Eichendorff em *Ahnung und Gegenwart?* Ela saboreia o Märchen cruel que lhe conta a ama — a história de um pobre menino, que tem a cabeça cortada quando a madrasta fecha a tampa de um baú sobre ele — com um estranho deleite, e treme de prazer (!) ao contemplar o cair da tarde sangrenta, atrás da escura floresta. Ambigüidade curiosa da alma alemã (será uma característica apenas do romantismo?): "Criamos *Märchen*", diz Ludwig Tieck, "porque preferimos povoar o vazio monstruoso, o horrível caos".

É muito natural que os hitleristas tenham preferido Schiller — o poeta nacional — a Goethe, cidadão do mundo, tão pouco "seguro" apesar de seu *Fausto*, do qual Spengler fez o símbolo do homem germânico. Em 1826, a propósito do *Fausto*, Goethe contou a Eckermann que se utilizara apenas uma vez da "feitiçaria e do diabolismo", e que a seguir, satisfeito por ter digerido a herança nórdica, fora se sentar à mesa dos gregos.

Schiller, por outro lado, precursor dos românticos com seu *Geisterseher* (*O Visionário*), tem predileção pelas imagens tenebrosas. De fato, Goethe critica em Schiller "um certo pendor para a crueldade" que se teria revelado já em *Os Bandidos*. Conta a Eckermann que se viu obrigado, na encenação de *Egmont*, a recusar uma inovação bastante sádica proposta por Schiller, que desejava fazer aparecer no fundo da prisão a figura sombria do duque de Alba, mascarado e enlutado em sua capa, deleitando-se com o efeito que o anúncio da sentença de morte produz em Egmont.

Que cena para um filme!

O título completo do filme de Murnau é NOSFERATU, UMA SINFONIA DO HORROR (*Nosferatu, eine Symphonie des Grauens*). E, de fato, ao revermos o filme hoje, não conseguimos evitar sermos atingidos pelo que Bela Balazs chamou de "sopros glaciais do além". Por que razão o terror que emana de CALIGARI nos parece, comparado ao de NOSFERATU, quase artificial?

Em Friedrich Wilhelm Murnau, o maior diretor que os alemães jamais tiveram, a visão cinematográfica nunca é o resultado apenas da tentativa de estilização do cenário. Ele criou as imagens mais estupendas, mais arrebatadoras da tela alemã.

Murnau era formado em história da arte; enquanto Lang, retomando às vezes quadros célebres, tenta reproduzi-los fielmente, Murnau deles conserva apenas uma lembrança e, por meio de uma elaboração interior, transforma as imagens em visões pessoais. Quando em FAUSTO mostra, brevemente, um pestífero prostrado, trata-se da imagem transposta do Cristo de Mantegna. E Gretchen, encolhida na neve entre os escombros de uma choupana, com a cabeça escondida sob o casaco e segurando o filho nos braços, não passa da vaga reminiscência de uma madona flamenga.

Procurando escapar, sair de si, Murnau não se exprimiu com aquela continuidade de concepção artística que tanto facilita a análise do estilo de Lang, por exemplo. Mas todos os seus filmes trazem a marca de uma dolorosa complexidade íntima, de uma luta que se travava dentro dele contra um mundo ao qual permanecia desesperadamente estranho. Somente em seu último filme, TABU, Murnau parece ter enfim encontrado a paz e um pouco de felicidade no seio de uma natureza expansiva, que abolia o sentimento de culpa inerente à moral européia. Um Gide, desde o *Imoralista* liberto da austeridade protestante e dos escrúpulos com os quais esta o havia marcado, pôde se abandonar a seus gostos naturais. Mas Murnau, nascido em 1888, trazia em si o terror que a ameaça do inumano parágrafo 175 do Código Penal, que se prestava a todos os horrores da chantagem, fez pairar sobre seus semelhantes até a revolução de 1918.

Murnau, artista consciencioso, alemão no bom sentido da palavra, nunca recorreu aos subterfúgios que podem facilitar a tarefa do criador. Por isto, seus filmes parecem um pouco pesados em certas passagens, revelando somente aos poucos o sentido profundo de seu ritmo. Às vezes também, quando é obrigado, sob pressão dos grandes comerciantes da UFA, como em O ÚLTIMO HOMEM (*Der letzte Mann*)*, a acrescentar um *happy ending* à obra, arremata-a com desdém, acentuando os traços de um burlesco vulgar, e se torna tão grosseiro quanto o público que batia nas coxas ao ver AS FILHAS DE KOHLHIESEL (*Kohlhiesels Töchter*), filme de Lubitsch.

Temos que admitir, aliás, que o gênio Murnau — creio que no seu caso se permite falar de gênio — tem fraquezas surpreendentes. Este homem tão sensível às vezes cai num mau gosto extraordinário, resvalando facilmente para o *kitsch*. Em FAUSTO, por exemplo, imagens adocicadas, perfeitamente enfadonhas, ladeiam visões poderosas, que irradiam vigor criativo. Sua alma feroz, que carrega a pesada herança de uma sentimentalidade tipicamente alemã e de uma timidez mórbida, admira no outro a força muscular e a vitalidade que lhe faltam. Por isto, Murnau permite a Jannings, no papel de Me-

* Este filme foi exibido no Brasil também sob o título de A ÚLTIMA GARGALHADA. *(N. da T.)*

fistófeles, as piores fatuidades, e não sabe impor medida à exuberância de Dieterle.

Natural da Vestefália, Murnau está totalmente impregnado por esta região de vastas pastagens, onde enormes camponeses criam cavalos de tração de ossatura grossa. Nas composições de estúdio, às quais se vê obrigado, guarda a nostalgia do campo, que dá um sabor selvagem a TERRA EM CHAMAS *(Der brennende Acker)*, e que percebemos ainda em AURORA, rodado nos EUA.

Contrariamente à maioria dos filmes alemães dessa época, as paisagens, os planos da cidadezinha ou do castelo de NOSFERATU foram filmados ao ar livre. Pois não era somente porque as fronteiras estavam fechadas para eles, ou por causa do ódio que inspiravam aos povos vizinhos, ou porque faltavam divisas que os diretores alemães, como Lang e Lubitsch, mandavam construir vastas florestas e cidades inteiras para filmar em estúdio — ou, na pior das hipóteses, num terreno baldio a alguns metros dele. Teriam encontrado sem esforço cidades góticas nas margens do mar Báltico e cidades barrocas na Alemanha do Sul, mas os preceitos expressionistas os desviavam do real.

Murnau, contudo, que fez NOSFERATU com um mínimo de meios, sabia distinguir na natureza a possibilidade de belas imagens: filma a forma frágil de uma nuvem branca que paira sobre as dunas, onde o vento do Báltico brinca com os raros ramos de capim, e fixa a filigrana que as galhadas desenham no céu primaveril, invadido pelo crepúsculo. Torna perceptível o frescor de um prado onde cavalos galopam com a leveza maravilhosa de animais livres de arreios.

A natureza participa do drama: por uma montagem sensível, o ímpeto das ondas faz prever a aproximação do vampiro, a iminência da desgraça que fulminará a cidade. Sobre todas as paisagens — colinas sombrias, florestas espessas, céus de nuvens recortadas anunciando tempestade — paira, como indica Balazs, a grande sombra do sobrenatural.

Num filme de Murnau, cada plano tem uma função precisa e é inteiramente concebido tendo em vista sua participação na ação. Se percebemos apenas por um instante o detalhe em primeiro plano das velas infladas, este plano é tão necessário à ação quanto a imagem anterior: a tomada em *plongée* das ondas rápidas que conduzem o navio contendo o lúgubre fardo.

O cinza das colinas áridas ao redor do castelo do vampiro lembra, pela sobriedade extrema e quase documental, certas passagens dos filmes de Dovjenko. Alguns anos mais tarde, Murnau, obrigado pela UFA a utilizar o *papier mâché*, filmará em estúdio, com a ajuda de maquetes, a célebre viagem aérea em FAUSTO. Nada falta à prodigiosa cadeia de montanhas *Ersatz,* nem abismos ou torrentes cuidadosamente pré-fabricadas; eles só são toleráveis, e às vezes mesmo admiráveis, graças ao talento de Murnau, que dissimula o estafe com vapores, mantos de névoa, entrelaçamentos de luz trespassados pela neblina, magia à qual os alemães são tão sensíveis e com que sabem jogar tão bem quanto com os raios filtrados de uma lâmpada suspensa num recinto fechado. Todo o grandioso artifício cinematográfico é posto em funcionamento por um homem que conhece a fundo seu ofício — mas que falta sentimos das extensões cinzentas de NOSFERATU!

O talento de Murnau, ao alcançar a maturidade, saberá criar, em qualquer compartimento do estúdio, a visão arrebatadora das vastas planícies nevadas onde se ergue uma árvore eriçada ou a triste nudez de um poste inclinado sobre um tapume demolido, refúgio precário onde Gretchen embala o filho. Da mesma forma, nos estúdios americanos, criará para AURORA pântanos de uma desolação tão natural, que o olhar neles passeia longamente, antes de descobrir o artifício.

Murnau, que junto com Arthur von Gerlach, criador de CRÔNICA DE GRIESHUUS, foi um dos raros diretores do cinema alemão a ter pela paisagem esse amor inato — mais característico dos cineastas suecos —, sempre repudiou o emprego de artifícios. Quando estava filmando O PÃO NOSSO DE CADA DIA *(City girl)* — nota Theodor Huff —, Murnau se emocionava à exaltação ao sentir a câmera percorrer os trigais do Oregon e deslizar, em plena colheita, por aquele mar de grãos maduros. O advento do cinema sonoro e as torpezas comerciais de Hollywood destruíram esse sonho. Para não assistir às mutilações de seu filme, Murnau fugiu rumo aos mares do sul, rumo a TABU.

A arquitetura de NOSFERATU, tipicamente nórdica — fachadas de tijolos com empenas truncadas —, adapta-se perfeitamente à ação insólita. Murnau não tem que falsear, com iluminações contrastantes, a fisionomia da pequena cidade do Báltico; não precisa absolutamente aumentar o mistério das ruelas e praças com um claro-escuro artificial. A câmera de Fritz Arno Wagner, sob a direção de Murnau, se encarrega sozinha de evocar o extravagante pela utilização de ângulos imprevistos, que dão ao castelo do vampiro um aspecto sinistro quando, no pátio, Nosferatu prepara a estranha partida. Que há de mais expressivo que a rua comprida e estreita, espremida entre as fachadas de tijolos dispostos numa monotonia atroz, filmada em *plongée* de uma janela cujo parapeito atravessa a imagem?

No calçamento grosseiro, gatos-pingados de cartola e sobrecasaca justa avançam lentamente, negros e rígidos, conduzindo aos pares o caixão estreito de um pestífero. Nunca mais um expressionismo tão perfeito será atingido, e sua estilização foi obtida sem que se recorresse ao menor artifício. Murnau retomará o tema em FAUSTO, mas aqui o pitoresco dos homens de capuz suprime quase inteiramente a plástica despojada e pura do fantástico lúgubre de sua primeira composição.

A câmera de Murnau e Fritz Arno Wagner empreende também a evocação do horror. Lembremos que a figura do Dr. Caligari ou a de César muitas vezes surgiam enviesadas, num plano mantido deliberadamente vago, definido por Kurtz como "o plano ideal e puro da expressão transposta dos objetos".

Já Murnau cria a atmosfera de terror com os movimentos dos atores em direção à câmera: a forma horrenda do vampiro avança, com uma lentidão exasperante, da profundidade extrema de um plano para outro onde se torna de repente gigantesca. Murnau compreendeu todo o poder visual que emana da montagem, e dirige com um virtuosismo realmente genial esta gama de planos, dosando a aproximação do vampiro ao mostrar por alguns segundos o efeito que sua visão produz sobre o jovem aterrorizado. Em vez de apresentar gradualmente todo o trajeto, rompe a aproximação com uma porta que se fecha bruscamente, a fim de deter a terrível aparição; e a tomada desta porta, atrás da qual sabemos que o perigo espreita, nos rouba o fôlego.

É verdade que CALIGARI mostra, no começo do filme, o médico demoníaco caminhando diretamente para a câmera e aprumando o corpo obeso numa atitude ameaçadora: no espaço de um segundo, seu rosto se infla diabolicamente. Mas uma máscara de formato quadrado logo faz desvanecer o efeito. César, ao avançar na tenda ou atravessar o quarto grande e claro de Lil Dagover, ou o robô que do fundo da tela vem em direção a nós em METRÓPOLIS, não são imagens tão violentas quanto a do vampiro que se destaca pouco a pouco das trevas. (Lang saberá tirar proveito da aproximação brusca de uma personagem em direção ao espectador: assim, no primeiro MABUSE, a cabeça deste aparece, de início, pequena e longínqua num fundo negro, para ser repentinamente projetada para frente como por um impulso sobrenatural, preenchendo toda a tela.)

Murnau sabe também fazer vigorar o poder de um movimento

transversal, estendendo-o por toda a superfície da tela: por exemplo, o sombrio navio-fantasma vogando a todo pano no mar agitado e chegando ao porto, carregado de ameaças; ou ainda a silhueta enorme do vampiro, filmado em *contre-plongée,* atravessando lentamente o veleiro para atingir a proa. Aqui o ângulo da câmera lhe confere, além de proporções gigantescas, uma espécie de obliqüidade que o projeta para fora da tela, transformando-o numa ameaça quase tangível, em três dimensões.

Freqüentemente causa espanto o fato de Wiene, que utilizou em CALIGARI máscaras de formatos variados, nunca ter se servido, para aumentar a impressão de mistério e terror, dos recursos de trucagem que Méliès já empregava. Em A MORTE CANSADA, Lang soube muito bem tirar partido do efeito das sobreimpressões e fusões: a caminhada dos mortos rumo ao grande muro, em sobreimpressão, as transformações diversas e as aparições súbitas mostram que compreendera os recursos de uma técnica capaz de transpor os limites impostos por uma arte bidimensional.

Em NOSFERATU, pesadelo vivo, os movimentos bruscos da carruagem encantada que leva o jovem viajante ao país dos fantasmas ou os dos caixões empilhados com uma rapidez atroz foram conseguidos pelo processo do "giro de manivela". Os espectros das árvores brancas e nuas que se erguem sobre um fundo negro como carcaças de animais antediluvianos, durante trajeto precipitado para o castelo do monstro, foram obtidos com a inserção de alguns metros de negativo do filme.

Melhor que muitos fanáticos pelo expressionismo, Murnau se utiliza da obsessão pelos objetos animados: no cais assombrado, a maca vazia do marujo morto continua a balançar suavemente; com um extremo cuidado quanto ao despojamento, Murnau indica apenas o vaivém do reflexo luminoso da oscilação contínua e monótona de uma lâmpada suspensa na cabine deserta do veleiro, cujos marinheiros foram todos fulminados pela morte. Murnau ainda utilizará esse jogo de reflexos quando seu Fausto rejuvenescido assaltar a orgulhosa duquesa de Parma em seu leito suntuoso: sobre o leito, um lustre oscila; mas rompendo sua discrição habitual com a intervenção de um Mefistófeles "*voyeur*", tenderá a um certo realismo, ao filmar a própria lâmpada.

*

O universo fantasmagórico de Hoffmann renasce num filme de Karl Heinz Martin, A CASA VOLTADA PARA A LUA *(Das Haus zum Mond)*, onde vemos um modelador de figuras de cera trazer os estigmas de suas criaturas. Em NARCOSE, cuja ação se passa em nossos dias, há uma personagem que se parece em tudo com Caligari.

O gosto dos cineastas alemães por personagens lúgubres chega mesmo a influenciar Lang, em A MORTE CANSADA: o boticário que, à noite, procura a mandrágora, está cercado de elementos macabros; árvores com raízes aparentes e silhuetas retorcidas se alçam como fantasmas. O pobre-diabo (um homenzinho remelento, não admitido à mesa dos burgueses abastados), empetecado com uma pesada pelerine e uma cartola alongada como os penteados de dimensões excessivas em CALIGARI ou TORGUS, tem um aspecto insólito. Criar personagens sinistras — bastante inofensivas, no final das contas — é um prazer a que dificilmente renunciará um diretor alemão. É assim que Paul Leni, em O GABINETE DAS FIGURAS DE CERA *(Das Wachsfigurenkabinett)*, transforma um bondoso feirante em personagem ambígua. E por outro lado, será o homenzinho esquisito de GENUINE, de paletó justo, polainas brancas e luvas claras, realmente tão cândido quanto nos quer parecer, quando seu jovem sobrinho desperta de um pesadelo?

Nos autores românticos, acontece freqüentemente de ignorarmos de início se uma personagem, que com o tempo se revelará simpática, não é afinal um malvado demônio. Em *O Pote de Ouro*, de Hoffmann, o arquivista Lindhorst, príncipe dos espíritos benevolentes, assusta o estudante Anselmo pelo olhar que lançam seus olhos cintilantes, girando nas órbitas fundas. Hoffmann, nos diz Heine, via sob cada peruca berlinense um espectro zombeteiro; transformava os homens em animais, e os animais em conselheiros áulicos ou financeiros. É este mundo híbrido, semi-real, que subsiste nos filmes alemães.

Observemos, nos autores românticos, a tendência em situar as criaturas irreais de sua imaginação nos estranhos escalões de uma hierarquia complicada e, por esse intermédio, misturar à minúcia de uma ordem burguesa solidamente estabelecida elementos extraídos inteiramente do corriqueiro e aparentados ao fantástico. Como podemos ter certeza de que um desses senhores que exercem uma profissão bem definida e arvoram um título oficial e muito pomposo, caro aos pequenos Estados secundários da Alemanha, não levam aquela vida dupla tão ao gosto dos espíritos romanescos? Um secretário ou um arquivista municipal, um bibliotecário titular, um conselheiro secreto, um *Obergerichtsrat,* não escondem, sob a aparência de funcionários mais ou menos importantes, algum vestígio de bruxaria que a todo instante ameaça vir à tona?

À luz desses paralelos, compreendemos melhor, nos filmes alemães, algumas personagens cuja vulgaridade lembra a bufonaria dos jornalecos de que a Alemanha é pródiga. Em A MORTE CANSADA e O ÚLTIMO HOMEM, Lang e Murnau se comprazem em mostrar a grosseria dos pequenos burgueses, abrutalhados pelo excesso de comida e bebida, que aturdem o frescor do ar livre. (Encontraremos os mesmos burgueses bêbados em ESCADA DE SERVIÇO — *Hintertreppe* —, de Jessner, e em A NOITE DE SÃO SILVESTRE — *Sylvester* —, de Lupu Pick.) [1]

Trata-se ainda do drama da alma dupla de que se lamenta Fausto? E tal desdobramento furioso dilacera um povo inteiro?

Os traços desse "*Doppelgänger, du finst'rer Gesell*" são numerosos: em *Titan,* o bibliotecário Schoppe, personagem neurótica, evita lançar um olhar a suas mãos ou pés, temendo perceber que pertencem ao "outro"! [2] Escutemos também Hoffmann, aterrorizado pelo próprio "eu", em *O Elixir do Diabo:* "Todo meu ser, transformado num brinquedo cruel do destino caprichoso, rodeado de fantasmas singulares, flutuava sem cessar num oceano de acontecimentos cujas enormes vagas tombavam estrepitosas sobre mim. Não conseguia mais me reencontrar (. . .). Sou o que pareço e não pareço o que sou. Enigma inexplicável para mim mesmo: meu eu está dividido em dois".

O desdobramento demoníaco aparece em muitos filmes alemães: Caligari é ao mesmo tempo o eminente médico-chefe e o charlatão de feira. Nosferatu, o vampiro, dono de um castelo feudal, quer

1. Stroheim, mais ferino, denunciará em OURO E MALDIÇÃO *(Greed)* a ignóbil voracidade daqueles filisteus germânicos, mal aclimatados nos Estados Unidos. E não é de estranhar quando, num filme aliás demasiado indulgente feito na Alemanha pós-hitlerista, OS ASSASSINOS ESTÃO ENTRE NÓS *(Die Mörder sind unter uns),* um bom pai de família, com um olhar meigo junto à árvore de Natal, manda matar crianças polonesas. Não há mais que um passo entre o porte de capacetes de ferro e a sua transformação em utensílios de cozinha.
2. Em *Hesperus*, outro romance de Jean Paul, o herói, Victor, estremece diante das figuras de cera, "essas sombras cor de carne do Eu"; quando criança, de noite na cama, ele tinha o dom de se desdobrar e mergulhar no sepulcro do sono, consciente da distância que o separava daquela "crosta de carne alheia". E no período expressionista, o herói de *Spiegelmensch (O Homem-Espelho),* drama de Werfel, é também submetido à perpétua angústia do "duplo".

comprar uma casa de um corretor de imóveis, este também imbuído de diabolismo. E a personagem da Morte, em A MORTE CANSADA, é ao mesmo tempo um simples viajante à procura de um terreno à venda. Parece que para o alemão o lado demoníaco de um indivíduo comporta forçosamente um contraponto burguês. No mundo ambíguo do cinema alemão, ninguém está seguro de sua identidade, e além disso pode-se muito bem perdê-la no caminho: [3] Homunculus, que é um tipo de *Führer,* chega a se desdobrar voluntariamente; disfarçado de operário, levanta os pobres contra sua própria ditadura. Encontramos o gosto mórbido pelo desdobramento nos dois filmes do DR. MABUSE e, atenuado, em M — O VAMPIRO DE DÜSSELDORF *(M),* de Fritz Lang.

O rosto glabro, o crânio calvo, horrivelmente nu e quase indecente de Nosferatu, por muito tempo obsedaram os cineastas alemães: no ambiente mais burguês de DIÁRIO DE UMA PECADORA *(Tagebuch einer Verlorenen),* filme feito por Pabst — que, no entanto, foi o campeão de um certo "realismo social" —, o diretor da casa de correção aparece como um irmão de Nosferatu. Vigia atento e obsequioso, ele está em todo canto ao mesmo tempo, como um diabo de caixa-surpresa, demasiado alto, rígido e afetado na sobrecasaca escura, lembrando o enigmático criado — enigmático não se sabe por quê — que Fritz Rasp encarna em METRÓPOLIS.

A calvície obsedante de Nosferatu, cuja réplica encontramos no homenzinho de GENUINE, parece saída diretamente de *Titan,* o romance de Jean Paul que nos mostra, aparecendo bruscamente entre os beberrões abancados na adega de uma taberna (lugar inteiramente favorável, desde *Auerbachs Keller,* às aparições diabólicas), "um desconhecido de cabeça calva como a de um morto, sem sobrancelhas, de faces rosadas mas murchas". Esta personagem enruga a pele repugnante em caretas convulsivas, de modo que pensamos distinguir a todo instante, sob sua máscara mutável, uma outra personagem.

O homem calvo prediz a um dos beberrões, o bibliotecário Schoppe, embriagado com o ponche fumegante, que dentro de quinze meses e um dia ficará louco. César em CALIGARI, de forma semelhante, prediz, a um homem muito alegre, a sua morte antes da aurora.

3. O diabo, diz Hoffmann, salpica de espinhos e ganchos as paredes, os berços, as sebes de roseiras, de modo a "deixarmos sempre, ao passar, algumas lascas de nossa cara pessoa".

Titan contém já todos os elementos do fantástico sinistro de que o cinema se apropriará um século mais tarde: o homem calvo monta em Madri... um gabinete de figuras de cera e, ventríloquo hábil, escondido debaixo do casaco negro, ele se dissimula entre seus bonecos; ou então, quando o jovem conde segue o homem calvo ao longo do corredor, percebe no espelho a própria cabeça envolta em chamas.

Notemos o traje singular, ultrapassado e um pouco irreal, das personagens de CALIGARI ou dos burgueses em A MORTE CANSADA. O homem demoníaco que compra sua sombra de Peter Schlemihl, o herói de Chamisso, veste uma sobrecasaca cinza, muito *altfränkisch,* isto é, à moda francesa antiga; da mesma forma é ultrapassado o terno cinza-chumbo de outra personagem lúgubre, o advogado Coppelius em *Sandmann*, cujo aspecto físico parece prefigurar o Dr. Caligari. Em bom número de filmes alemães circulam personagens vestidas com roupas *Biedermeier*, que datam da época conformista na Alemanha, que começa depois da queda de Napoleão e vai até o famoso ano de 1848. É esta época hoffmanniana que filmes como O ESTUDANTE DE PRAGA ou NOSFERATU, cuja ação se passa em 1838, tentam fazer reviver, ao passo que os burgueses de CALIGARI, de A MORTE CANSADA e mesmo de M dela apresentam apenas uma reminiscência vagamente adaptada.

O figurino será sempre uma espécie de "fator dramático" para o cinema alemão. Homunculus, criatura nascida de um artifício de laboratório, não parece tomar forma senão pelo contraste do negro de sua capa e cartola com o branco de sua máscara de morte e suas mãos crispadas. O traje do Dr. Caligari, uma capa ondulante que o faz parecer um morcego, se introduz na ação propriamente dita em virtude do dinamismo sugestivo e tradicional dos alemães, dados a transformações polimorfas. Em O ESTUDANTE DE PRAGA, o Maligno, encarnado por Werner Krauss, assume uma fisionomia ao mesmo tempo de espantalho e demônio, ao aparecer perto de uma daquelas árvores artificialmente retorcidas como as árvores-fantasma de A MORTE CANSADA, em meio à tempestade que agita as abas de sua sobrecasaca. O bom burguês de guarda-chuva se transforma, o guarda-chuva aponta como uma arma.

Lembremos também o estudante Anselmo, herói de *O Pote de Ouro:* ao observar o honrado arquivista Lindhorst que se afasta na penumbra do crepúsculo, ele se pergunta, vendo-o planar sobre o vale, em vez de andar, e notando de repente em seu lugar um abutre cinza e branco que se eleva nos ares, se não está sendo vítima de uma alucinação. Não será isto uma prefiguração de um Scapinelli que muda de aspecto, tornando-se outro simplesmente porque sua roupa se estufa, arqueia e estica como num espelho deformante?

Tais transformações levam ao extremo o fenômeno do desdobramento. Envolvido num casaco de uma cor marrom muito particular (!) que volteia ao redor de seu corpo, formando mil dobras e redobras, o homenzinho esquisito de *As Aventuras de uma Noite de São Silvestre,* privado de seu reflexo no espelho por artimanhas diabólicas, saltita na taberna e parece se multiplicar — "nos reflexos das luzes, pensamos ver várias figuras superpostas que se agitam como nas cenas fantasmagóricas de Ensler".

Os autores românticos, como Novalis ou Jean Paul, antecipando o delírio visual e o estado de efervescência ininterrupto dos expressionistas, parecem ter quase previsto os planos encadeados do cinema. Aos olhos de Schlegel, em *Lucinde*, os traços da bem-amada se esfumam: "com muita rapidez, os contornos se transformaram, retornaram à forma primeira e se metamorfosearam novamente, até desaparecerem por completo aos meus olhos exaltados". E o Jean Paul dos *Flegeljahre* assinala: "O mundo invisível, tal como o caos, queria gerar todas as coisas juntas e ao mesmo tempo; as flores se tornavam árvores, depois se transmudavam em colunas de nuvens, em cujo cume despontavam flores e rostos".[4]

Será presunção declarar que o cinema alemão não passa de um prolongamento do romantismo, e que a técnica moderna quase não faz outra coisa senão emprestar formas visíveis às imaginações românticas?

4. No romance de Novalis, *Heinrich von Ofterdingen*, são evocadas estranhas imagens em sobreimpressão.

VII

RUMO A UM EXPRESSIONISMO DECORATIVO

As estilizações expressionistas não têm finalidades decorativas; se tivessem, não passariam de um abuso da arte e do mundo.

Paul FECHTER, *Der Expressionismus* (1914).

O GABINETE DAS FIGURAS DE CERA (1924).

A concepção do espaço.

A obsessão por corredores e escadas.

Se Paul Leni, pintor expressionista e cineasta, se inspirou no título O GABINETE DO DR. CALIGARI para o essencial de seu GABINETE DAS FIGURAS DE CERA, não foi por acaso: ele irá ampliar, com seu jeito jovial e com a ajuda de uma técnica mais apurada, aquele ambiente de feira tão propício aos mistérios. Cenógrafo experiente, Leni compreendeu igualmente que os trajes e cenários variados podem tornar atraentes as imagens de um filme; adotará, assim, a fórmula que Lang escolhera para A MORTE CANSADA: três episódios que se passam em épocas e países diferentes.[1]

Em FIGURAS DE CERA, o estilo de Leni, que iria evoluir a seguir, a partir de sua viagem aos Estados Unidos, ainda não se firmou. Mais que Lang, ele varia os elementos que utiliza segundo o ambiente de cada episódio.

Os cenários estufados como se fossem de massa, no episódio da mulher do padeiro, apresentam, por toda parte, curvas, paredes arqueadas e fluidas: corredores, escadas (vagamente inspiradas no GOLEM), colunatas imprecisas e moles, desprovidas de arcabouço,

1. Leni, pintor e cenógrafo expressionista, desenhista de cartazes, cenógrafo do teatro de Reinhardt, já tendo feito também filmes, como A BELA ADORMECIDA *(Dornröschen)*, O PRÍNCIPE CUCO *(Prinz Kuckuck)*, A CONSPIRAÇÃO DE GENUA *(Die Verschwörung von Genua)* e, com Jessner, ESCADA DE SERVIÇO, previra inicialmente para O GABINETE DAS FIGURAS DE CERA um quarto episódio, "Rinaldo Rinaldini", herói cuja efígie de cera ainda vemos sob a tenda.

tomam o aspecto de algo como um amontoado de moluscos, cuja matéria estivesse prestes a ceder ou ressaltar ao menor contato. Estes cenários estão sabiamente harmonizados com o físico de Jannings, todo balofo, cuja maquiagem grosseira despersonaliza o rosto, fazendo-o parecer o de um boneco de pimpampum. Envolto num turbante enorme e com o corpo estufado de roupas, como um imenso pião, Harum al Rachid passeia sua pança num Oriente de pacotilha. Kurtz, com muita justeza, assinala uma divergência de estilo: em certos momentos, Jannings é o perfeito ator expressionista, mas tais momentos estão em contradição com outros cuja "comicidade psicológica" beira o naturalismo.

O episódio do czar Ivã, o Terrível, está inteiramente mergulhado num claro-escuro de eflúvios vaporosos, onde grãos de poeira flutuam nas manchas luminosas, e um impressionismo renascente vem atenuar a aspereza dos contrastes expressionistas. O desenho de uma viga de festões nacarados inscreve seu molde na penumbra. De toda essa vaporosidade emerge uma porta, um ícone precioso cujo aspecto multicolorido adivinhamos, e bruscamente nela se desenha a carcaça reluzente e fria de um leito pomposo.

Certos detalhes arquitetônicos dos dois primeiros episódios revelam a habilidade de Leni enquanto cenógrafo: a curvatura das cúpulas orientais, por exemplo, anima o abundante contraponto dos pesados turbantes que usam os cortesãos do califa; de repente, surge a cidade de Bagdá, toda em curvas leves e transparentes, mas achatada como a cidadezinha esquematizada de CALIGARI, tantas vezes comparada às arquiteturas dos quadros de Lyonel Feininger. Da mesma forma, as cúpulas russas, bulbos desprovidos de estrutura aparente, são elementos pura e exclusivamente decorativos; encontramo-los em toda parte, ora ladeando o portão do palácio, ora dissimulando numa sala a entrada de passagens secretas.

Por outro lado, Leni não evita o clichê da choupana russa de vigas pesadas e teto baixo. Mesmo no palácio do czar é preciso se abaixar, não bastassem em toda parte os portais de arcos pesados e baixos; a sala do Voivoda, de proporções ao mesmo tempo maciças e restritas, que abriga todos os convidados de um casamento, os irá apertar, comprimir, sufocar.

Trata-se de compreender o alcance desse estilo: os tetos baixos, as abóbadas fazem com que os corpos se inclinem, se curvem bruscamente, obrigando-os a movimentos abruptos, gestos interrompidos que descrevem aquelas curvas ou diagonais extravagantes ditadas pelos princípios expressionistas. Se no episódio do califa o expressionismo se restringiu principalmente aos cenários, no russo ele se refugiou inteiramente nas atitudes das personagens: o czar sanguinário e seu conselheiro costeiam um muro, com o peito jogado para frente e a linha do corpo quebrada, formando paralelas cuidadosamente estilizadas.

Alguns anos mais tarde, Leni retomará esta atitude em O HOMEM QUE RI (*The Man who Laughs*), filmado nos Estados Unidos, no qual mostra um rei da Inglaterra que desliza ao longo de um corredor exatamente da mesma maneira, acompanhado de seu bobo sádico.

Em todo o episódio russo, Leni buscará essa arquitetura que impede os corpos de evoluírem normalmente e obstrui o natural desenvolvimento dos gestos. Quando não dispõe de abóbadas ou portais baixos, ele ergue uma caixa de escada estreita e profunda, cujas paredes cheias de ameaças estreitam ainda mais o espaço. A própria câmara de tortura do amplo palácio não passa de uma escada em declive íngreme, que proporciona ao czar, graças a seus degraus, uma visão extensa dos diversos aspectos de suas vítimas.

IVÃ, O TERRÍVEL, filme de Eisenstein, comprova a influência exercida pela estilização decorativa do filme de Leni. Eisenstein se inspirou nele ao dispor os corpos na tela, reduzindo-os a ornamentos e fixando seus gestos numa abstração sabiamente elaborada.

✶

Haveria muito a dizer dessa marcada predileção dos alemães pelas escadas. A atração que exerce igualmente sobre eles o mistério dos longos corredores escuros e desertos — multiplicados por um von Gerlach em seu filme VANINA, e utilizados ainda por Paul Leni em O GATO E O CANÁRIO *(Cat and Canary),* filmado nos Estados Unidos — se explica mais facilmente. O corredor é, sob todos os aspectos, o lugar ideal para o jogo do claro-escuro: "percorremos longos corredores de abóbada elevada", diz Hoffmann no conto *O morgadio*; "a luz vacilante que Franz trazia projetava clarões singulares nas espessas trevas. As formas vagas dos capitéis, pilares e arcos coloridos muitas vezes surgiam como que suspensas no ar. Nossas sombras gigantescas avançavam ao nosso lado e deslizavam, nas paredes, sobre as imagens fantásticas, que pareciam tremer e se agitar (. . .)".

Deixemos aos psicanalistas o cuidado de descobrir no gosto por escadas e corredores todos os recalques que lhes agradem. Não poderíamos, contudo, admitir que as escadas representam para o psiquismo dos alemães, mais fascinados pelo *Werden* (o "devir") do que pelo *Sein* (o "ser"), uma ascensão, e que os degraus significam os seus estágios? E não nos será permitido pensar, se considerarmos o respeito pela simetria tão manifesto no alemão, que, por aproximação, a simetria de uma escada adquire para ele uma aparência de equilíbrio, de harmonia?

É possível, por outro lado, que o alcance dessas imagens, tantas vezes recorrentes, não ultrapasse a finalidade meramente decorativa; Wiene explora, ainda em GENUINE, o poder alucinante daquela primeira escada em caracol de CALIGARI, que dá ao espectador a impressão de estar escalando degraus infinitos.

A escada, em determinados filmes alemães, tem tanta importância quanto a que os cossacos descem em POTEMKIN.

Mas será mesmo necessário que as perseguições do episódio oriental, em A MORTE CANSADA, se dêem em inúmeras escadas (Leni repete esta perseguição em seu episódio "Harum al Rachid")? E que Lang mostre, ainda sobre degraus, em A VINGANÇA DE KRIEMHILD *(Kriemhilds Rache),* algumas vítimas prostradas, fazendo descer por eles os últimos sobreviventes, Hagen e Gunther? Será somente para acentuar o pitoresco da cidade medieval que Murnau situa a cena dos pestíferos, em FAUSTO, nos degraus de um interminável lance de escada?

No livro *Aktuelle Dramaturgie,* lançado em 1924, Herbert Ihering, conhecido crítico de teatro, procura analisar o sentido dos famosos *Jessnertreppen,* aquelas escadas estilizadas que Leopold Jessner, diretor célebre, dispunha no palco — e das quais, aliás, fez uso abundante na encenação de *Fausto.* Os que argumentam — explica Ihering — que escadas, terraços ou arcadas não são lugares de ação, não compreendem que se deve interpretar estes elementos, já que a "divisão do espaço" é uma "função dramatúrgica", e não se trata aqui de obter um efeito pictórico. Sabemos muito bem, acrescenta, que o desfiladeiro em *Guilherme Tell* não é uma escada, e que a ação de *Ricardo III* não se desenvolve sobre degraus. Se Jessner os introduz, é porque neles descobre possibilidades novas para as atitudes das personagens, para a estrutura, divisão e coordenação das cenas e dos grupos, e porque sabe que as palavras e os gestos devem ser *raumbildend,* isto é, devem construir o espaço, criá-lo.[2]

2. Numa das melhores análises do expressionismo alemão jamais feitas por um estrangeiro, *Le Théâtre Allemand d'Aujourd'hui* (1924), René Lauret interpreta de modo completamente diverso as famosas *Jessnertreppen:* Jessner, explica

O que o alemão chama de *Raum* é, aliás, uma concepção entre metafísica e real: o *Bühnenraum*, que os críticos comentarão com freqüência, pode significar tanto o espaço limitado que o olho do espectador percebe, quanto a idéia de um espaço ilimitado, criado em cena pelo autor e pelos prolongamentos da imaginação. Aqui como lá, o corpo do ator "constrói o espaço"; os degraus permitem a expansão do "dinamismo liberado" do ator.

Aí está o verdadeiro significado — deixando-se de lado o conteúdo psicanalítico de tal preferência — da importância das escadas nos filmes alemães.

*

O episódio mais expressionista de FIGURAS DE CERA é incontestavelmente o de Jack, o Estripador: os ângulos se dobram com flexibilidade, as superfícies se curvam numa transformação ininterrupta, como num imenso caleidoscópio, e as paredes oblíquas cedem sem jamais revelar seu segredo. É o caos das formas: triângulos e rombóides rompem o espaço; cascatas de luz bruscamente derramadas se chocam a uma infernal escuridão: a sucessão desses objetos que perderam toda relação entre si, todo elemento de comparação, é perfeitamente incoerente, sua forma não apresenta qualquer ponto de apoio. Em meio a esse turbilhão tumultuoso do cenário, flutua o fantasma de Werner Krauss (Jack, o Estripador), intangível, sem ossatura. Assim como o espaço, o solo não tem limites, dissolve-se sob os passos, fende-se, comprime-se, torna-se irreal. A roda-gigante e o carrossel tornam-se por alguns instantes formas decorativas, que projetam sombras semelhantes a aves de rapina.[3]

Lauret, utilizava escadas não somente para variar a disposição dos grupos de personagens, mas também para caracterizar simbolicamente os estados de espírito, para exprimir visualmente a exaltação ou a depressão. Empregava-as também no decorrer dos diálogos para enfatizar a superioridade ou inferioridade psicológicas ou sociais das personagens, colocadas em níveis diferentes para assim concretizar a distância que as separava. Trata-se portanto, para Lauret, de um símbolo, semelhante ao que descobrem Paul Rotha e Kracauer na imagem do inabordável secretário, empoleirado num tamborete alto, em CALIGARI.

3. A ação principal se passa à noite, numa barraca de feira do Luna Park. Tendas com sombras misteriosas, inúmeras placas luminosas, o carrossel, uma enorme roda-gigante girando no turbilhão de lâmpadas elétricas, tudo isto, multiplicado pelas sobreimpressões que invadem a tela como teias de aranha,

No entanto, apesar de seu virtuosismo manifesto, o filme marca uma regressão, e esse último episódio é uma prova evidente: mesmo quando Jack, o Estripador, avança, cheio de ameaças, mesmo quando os cenários se abrem como portas de correr, o efeito de profundidade está ausente, não sendo maior aqui do que em CALIGARI. Além do mais, uma espécie de perfeição fixa, a composição demasiado refinada, o maneirismo excessivo correm o risco de incomodar o espectador. O expressionismo meramente "decorativo" resulta no mesmo impasse em que soçobrou GENUINE.

Todavia, essa última parte evoca um pouco algumas encenações teatrais da época expressionista em que o espaço era desenhado por rombóides e triângulos que se entrecortavam. Se passarmos o filme a 16 quadros por segundo, portanto na cadência do mudo, distinguiremos na película em sobreimpressão imagens de ruas desertas de um subúrbio equívoco — lugar ideal para Jack, o Estripador —, que esconde ao mesmo tempo o movimento ascendente dos triângulos e rombóides; em suma, isto alcança o auge do expressionismo.

Nos Estados Unidos, Paul Leni compreenderá que é preciso intensificar a atmosfera e ir além do mero deleite barroco com a superabundância das formas. O cenário não é mais um jogo ou um subterfúgio: faz parte da ação. (Em O GATO E O CANÁRIO, o comprido corredor sombrio, as cortinas claras que se fecham diante das inúmeras janelas, a forma negra da governanta enigmática, em primeiro plano, segurando um candeeiro e projetando uma sombra espessa, todos estes detalhes provocam um horror indizível.) Leni, que aprendera a dominar o cenário, realiza então filmes que se aproximam do universo de Hoffmann. Já não precisa mais dos acessórios fáceis do horror que os filmes do "gênero" utilizam.

---

atesta o caminho que o cinema alemão percorreu a partir da abstração um tanto seca da festa de feira de CALIGARI. O terceiro episódio, ao contrário dos dois outros que são simplesmente intercalados no relato, dá continuidade à ação principal: o pesadelo do jovem poeta que adormece, em vez de escrever a história das três figuras de cera.

VIII

O MUNDO DAS SOMBRAS E DOS ESPELHOS

Que me importa minha sombra? Corra atrás de mim, que eu lhe escapo!

Quando, porém, olhei para o espelho, lancei um grito e meu coração estremeceu; pois não foi a mim que vi, mas à carranca zombeteira de um demônio.

NIETZSCHE, *Assim Falava Zaratustra.*

SOMBRAS *(Schatten,* 1923).

O ator expressionista.

Será a sombra o sósia singular que, como um vampiro, devora as forças e os desejos daquele a quem pertence, e de quem usurpa a identidade jurídica se lhe acontece, como ao Peter Schlemihl de Chamisso, de vender sua fina superfície? *Alter ego* sinistro, ela se torna o inimigo implacável de quem dela se separa. Quando o estudante de Praga atira em seu "duplo" — seu *Spiegelbild*, a imagem refletida no espelho, que é, de algum modo, a transposição da sombra —, destrói a si mesmo.

Retratos, reflexos de espelho e sombras se confundem nas visões dos românticos: Hoffmann faz Erasmo Spikher, homem sem *Spiegelbild,* viajar em companhia de Peter Schlemihl, homem sem sombra: Schlemihl desliza ao longo dos muros iluminados por archotes com gestos furtivos, para ninguém notar que perdeu sua sombra, e Spikher manda velar com crepe todos os espelhos.

Eterna obsessão por espelhos, mesclada à fascinação pelas luzes: o homem que arranca o crepe do espelho velado por Spikher de início se enxerga pálido e desfigurado, mal conseguindo se reconhecer; depois distingue, das profundezas do espelho, uma figura flutuante que se dirige para ele "resplandecendo com uma inusitada luz mágica". Temos o mesmo efeito em *Ondine*, conto de La Motte Fouqué, quando o cavaleiro vê num espelho, perto do qual vacila a chama de uma vela, a porta se abrir muito lentamente, e uma forma branca entrar no cômodo.

Espelhos dispostos face a face oferecem uma boa oportunidade para se evocar o famoso "duplo": os espelhos nas paredes de uma sala deserta reproduzem quatro vezes a pessoa do bibliotecário Schoppe, que, enlouquecido, apavorado, desejaria quebrar aquelas superfícies mentirosas.

Mas um espelho é sempre um espelho? Não sabemos ao certo se o espelho mágico no qual o doutor Prosper Alpanus, personagem de Hoffmann, provoca aparições, não será antes o botão de cristal que enfeita sua bengala. Em *O Pote de Ouro,* o espelho tecido de raios cintilantes transforma-se na esmeralda que traz no dedo o arquivista Lindhorst.

Nos filmes alemães, janelas, vitrinas, portas envidraçadas, poças de água, tal como os espelhos, captam figuras e objetos em sua superfície opalescente. Paul Leni, jogando com as numerosas facetas da pedra de um anel mágico, mostra o rosto do padeiro Assad, em FIGURAS DE CERA, refletido uma dúzia de vezes. Em VARIEDADES, veremos, nas lentes de múltiplos binóculos, a reprodução da imagem branca de um grupo de acrobatas.

Da mesma forma, G. W. Pabst faz aparecer em O AMOR DE JEANNE NEY *(Die Liebe der Jeanne Ney)* a imagem do amante multiplicada nas facetas de um diamante.

Do outro lado do espelho, os alemães, levados por seus pendores metafísicos, vão bem mais fundo que Alice, pequena inglesa na realidade muito materialista, e certamente muito mais longe que Cocteau. A rima de *Schein* (aparência) com *Sein* (ser) os leva a jogar, como Ludwig Tieck, "com a realidade como com os sonhos, até o momento em que as formas nascidas das trevas pareçam as únicas verdadeiras".

A vida não passa de uma espécie de espelho côncavo que projeta personagens inconsistentes, que flutuam como as imagens de uma lanterna mágica, nítidas quando pequenas e cada vez mais esfumadas conforme crescem. "Em algum lugar de um mundo mais claro deve existir a lanterna mágica em cujas plaquetas estão pintados países, primaveras, grupos humanos", diz Jean Paul. O que chamamos um país, uma vida, não seriam as sombras que emanam dessas plaquetas vaporosas e saltitantes?

Numa peça expressionista de Franz Werfel, *Der Spiegelmensch,* o *homem-espelho* luta desesperadamente para escapar ao "mundo-espelho" que reflete apenas formas caricatas.

Será o gosto pelo ornamental ou pelo mistério que prevalece, quando Eichendorff escreve: "Viu enfim uma sombra avançar pelo muro. A sombra aumentava ao luar, a cada passo tornava-se mais alta, mais larga, até que, gigantesca, se perdeu na floresta"?

Max Reinhardt compreendera o poder das sombras que ligam o decorativo e o enigmático aos símbolos. Em sua primeira encenação nos *Kammerspiele*, em 1906, da peça de Ibsen *Espectros*, no momento em que a mãe enlouquecida corre atrás do filho que delira, ele os faz passar diante de uma fonte luminosa, e sombras imensas deslizam rapidamente sobre as paredes do cenário, evocando uma perseguição de demônios.

Nos filmes alemães, a sombra se torna a imagem do Destino: o sonâmbulo César, ao adiantar suas mãos assassinas, projeta uma sombra gigantesca na parede, como Nosferatu ao se inclinar sobre o leito do forasteiro ou subir a escada.

Na entrada da sala onde jaz Siegfried, o sombrio Hagen é precedido por sua sombra que anuncia a presença do assassino. Sobre o muro alto de um terraço onde os amantes se beijam, em O ESTUDANTE DE PRAGA, projeta-se a sombra desmesurada de Scapinelli, encarnação do diabo. Em M, sobre o cartaz que promete uma recompensa para quem descobrir o arredio assassino, vemos se desenhar a sombra deste, pairando por cima da garotinha que ignora o sinistro aviso.[1]

Pode acontecer da sombra ser substituída por uma forma sombria tomada a contraluz, como em A CAIXA DE PANDORA *(Die Büchse der Pandora)*, onde aparece a silhueta de Jack, o Estripador, diante do cartaz que enumera seus crimes. Ou então em METRÓPOLIS, os corpos gigantescos dos carregadores que retiram as vítimas de um acidente, formando um quadro de fantasmas ao redor do jovem rico, vestido de branco. E a mulher espreita com apreensão a silhueta da sogra — sinal de mau agouro — que se desenha no vidro embaçado, em A NOITE DE SÃO SILVESTRE. Em TABU, Murnau também usará esse elemento como advertência: a sombra do sacerdote, cuja intransigência vai destruir a felicidade dos aman-

1. Pabst utiliza o efeito sobretudo decorativo da sombra em A RUA SEM ALEGRIA *(Die Freudlose Gasse)** ao projetar a sombra do comissário de polícia no muro antes deste entrar na casa de tolerância. Em A ÓPERA DOS TRÊS VINTÉNS *(Die Dreigroschenoper)*,** serve-se dele quando Peachum discursa para a multidão, mas aqui é para deixar claro que ele ainda a domina.

* Este filme foi apresentado no Brasil também sob o título de RUA DAS LÁGRIMAS. *(N. da T.)*

** Este filme foi apresentado no Brasil também sob o título de A ÓPERA DOS POBRES. *(N. da T.)*

tes, desliza pela areia, estreita como uma azagaia, lançando sua ameaça sobre o casal sacrílego adormecido na cabana de bambu. Murnau tem uma preferência marcada pelas sombras: em QUATRO DIABOS (*Four Devils*), da luta do palhaço com o diretor do circo vemos apenas sombras imensas que se agitam sobre as crianças aterrorizadas.[2]

Os cineastas de origem germânica conservam sempre tal predileção: será por acaso que Stroheim introduz em seu filme estupendo, OURO E MALDIÇÃO, a superfície de uma porta envidraçada na qual se perfila a cabeça do homem, no exato instante em que ele vai entrar na sala para cometer o crime? [3]

✶

Reencontramos essa complexidade em SOMBRAS, de Arthur Robison, americano criado na Alemanha, que lida com os fantasmas com a mesma mestria de seu singular ilusionista. Além das sombras sugestivas e ornamentais projetadas pelas velas acesas e as mãos hábeis do pequeno ilusionista, percebemos as que passam atrás da janela iluminada — ao gosto dos cineastas alemães e introduzida também por Murnau em O ÚLTIMO HOMEM —, e a famosa sombra que anuncia uma personagem ameaçadora mas ainda invisível; ela avança, desliza sobre o chão e atinge a personagem ameaçada antes do contato real.

De maneira muito pessoal, Robison brinca com equívocos devidos a jogos de sombras: atrás das cortinas de uma porta envidraçada, o marido ciumento espia a sombra das mãos ávidas que se aproximam da sombra de sua mulher, tocando-a. Um outro plano nos mostra o inverso da situação: a mulher vaidosa, que ginga e requebra na frente

2. Em TABU, a grinalda que Matahi conseguiu lançar sobre a cabeça da bem-amada logo lhe é arrancada. Murnau mostra a coroa branca jogada nas tábuas do veleiro, sobre as quais, por um instante, paira uma sombra. Depois nada mais vemos além de uma mão que acaba de se apoderar dela, único indício de que Matahi compreendeu. Esta passagem é mais expressiva que o teria sido o sofrimento num rosto. (Maya Deren, num de seus filmes "psicanalíticos", aproveita esta passagem, embora apenas com fins decorativos.)

3. Devemos assinalar também uma cena em PAIXÃO E SANGUE *(Underworld)*, de Sternberg: a sombra gigantesca do juiz, que paira não somente sobre o acusado, mas também sobre o casal que este acredita ser responsável por uma trama oculta.

do espelho e, alguns passos atrás dela, seus admiradores, desenhando no vazio as curvas de seu corpo. Mais tarde, o marido crê surpreender o entrelaçamento de duas mãos, quando estas se unem apenas pelo prolongamento das sombras.

Neste filme, a ambigüidade das sombras expressa uma inspiração freudiana: o ilusionista, ao escamotear as sombras, abre as comportas dos desejos subconscientes de todas aquelas personagens recalcadas que, de repente, se põem a agir segundo suas fantasias secretas. Fantasmagoria carregada de significado: as sombras substituem provisoriamente os seres vivos, que se tornam, neste lapso de tempo, os espectadores imóveis de um destino cada vez mais alucinante, precipitado, oposto ao *retardando* do início.

"Muitas vezes", diz Tieck em *William Lovell,* "o mundo, seus homens e suas contingências flutuam diante dos meus olhos como um jogo de sombras sem consistência; freqüentemente, apareço a mim mesmo como uma sombra que representa seu papel, que vai e vem e age sem conhecer o motivo de seus atos."

O jogo de espelhos traduz a miragem dos pensamentos. Em SOMBRAS, Robison joga magistralmente com reflexos de espelhos localizados nos cantos de um corredor tenebroso; a câmera, manipulada habilmente por Fritz Arno Wagner, filma a forma ondulante da jovem mulher, que se dirige para o quarto, na clara superfície dos espelhos, e num deles veremos se abrir ou fechar a porta pela qual entra ou sai o amante; neste mesmo espelho, o marido traído perceberá o abraço adúltero, e — isto é significativo — não o verá, de início, senão pela sombra projetada atrás da cortina da porta de vidro. A seguir, o amante, por sua vez, descobre no espelho a presença do marido espião.

Após o crime, o marido traído voltará ao espelho, cuja impassível superfície não conservou qualquer sinal da revoltante imagem. À luz vacilante de um castiçal que segura com a mão trêmula, ele observa o reflexo de sua alma caótica. Atordoado, vira-se para um lado e para outro, vendo em toda parte seu rosto desfigurado refletido em outros espelhos. Como escapar? Como fugir de si? Não há saída. Para se destruir, fará o que queria fazer o bibliotecário Schoppe: quebrará a superfície lustrosa que parece rir dele. Mas o espelho partido ao meio reflete ainda o outro deixado intato.

SOMBRAS está carregado de erotismo; não há, contudo, vulgaridade no estilo de Robison, mesmo quando se utiliza do halo dos castiçais para explorar o efeito de transparência de um vestido leve, estilo diretório,* ou quando faz segurar o castiçal um marido via de regra ciumento, mas que precisamente desta vez de nada suspeitará. (Robison certamente escolheu as roupas colantes das Inacreditáveis e das Maravilhosas ** para acentuar o erotismo do filme.)

Graças a uma inspiração de excepcional vigor, as personagens do filme se libertam da uniformidade abstrata imposta pelo expressionismo. Chegam a ser encarnadas com uma intensidade quase animal: a jovem esposa, por exemplo, em cada movimento dos quadris, em cada volteio dos braços, é só tentação e promessa — a Eva eterna.

✶

Porém o trabalho dos atores — talvez por se aplicarem em fazer sobressair aquela concepção da personagem integral, que não se deixa superar — pede algumas explicações.

Pudemos constatar em mostras retrospectivas de filmes alemães, ditos expressionistas, que os gestos bruscos e excessivos dos atores provocam freqüentemente a hilaridade. Tal efeito não se deve apenas à projeção desses filmes em aparelhos para filmes sonoros; observamos que a projeção na cadência original espanta do mesmo jeito o espectador desprevenido.

Por outro lado, constatamos que em filmes dessa época que não são de modo algum expressionistas, como por exemplo MULHER SEM RUMO *(La Femme de Nulle Part),* de Delluc, ou A MULHER NUA *(La Donna Nuda),* filme italiano, as efusões dos atores nos parecem igualmente ridículas. O êxtase teatral, o patético completamente exterior, os subtítulos solenes e floridos permanecem estranhos para nós; fazem parte de uma época proscrita, em que a oposição ao conformismo burguês se revestia facilmente de nobreza, ou mesmo de heroísmo.

A esta exteriorização fácil, própria de uma geração com acúmulo de *pathos,* acrescenta-se na Alemanha a exaltação inata de todo um povo que a superexcitação expressionista leva ao paroxismo.

Que se imaginem esses espíritos em brasa, num período de inflação em que todos querem viver a qualquer preço, saborear até a

* "Estilo diretório": estilo dos fins do século XVIII, em voga quando, na França, exercia o poder executivo um conselho diretório composto de cinco membros. *(N. da T.)*

** "Inacreditáveis": jovens que, sob o diretório, se vestiam e falavam de modo extravagante; "Maravilhosas": moças da moda, sob o diretório. *(N. da T.)*

última gota todos os prazeres, sem nunca poder se livrar da angústia do amanhã, dando um jeito de se equilibrar sobre os destroços da vida normal — enquanto o custo dos prazeres aumenta a cada minuto e milhões de marcos se transformam em papel sem valor.

Em muitos salões berlinenses, nos bailes a fantasia, os recantos mal iluminados pelos lampiões eram arrumados para encobrir amores sem amanhã. A casa de tolerância de A RUA SEM ALEGRIA ou a de DIÁRIO DE UMA PECADORA oferecem-nos as implacáveis imagens dessa sociedade em ruínas.

Por muito tempo ainda, os filmes alemães trarão os estigmas dessa época: em A CAIXA DE PANDORA, a lésbica, para salvar sua amiga, é obrigada a seduzir o enorme acrobata, que ela arrasta com movimentos desconjuntados de autômato, com a cabeça e o peito jogados para trás; em REGRESSO (*Heimkehr*), de Joe May, Dita Parlo se enrijece ao ser abraçada por Lars Hanson, num paroxismo de caráter totalmente expressionista, poder-se-ia dizer. E em AURORA, de Murnau, durante a grande cena de amor nos pântanos, a vampe se contorce, como uma chama de fogo-fátuo, com movimentos excessivos, ditados pelo expressionismo.

Segundo Edschmid, o homem expressionista é a tal ponto o ser absoluto, original, e é capaz de tão grandes sentimentos diretos, que parece "trazer o coração pintado no peito". Esta observação pode se aplicar a toda uma geração de atores que exteriorizam as emoções e reações físicas do modo mais desmedido. Hamlet exorta os atores a não declamar com exagero, não "cortar" o ar com os braços, não berrar, não fragmentar as frases ou as paixões, mas adaptar a palavra à ação e ser natural, já que "a representação não passa do espelho da natureza".

Os preceitos de um dramaturgo expressionista, Paul Kornfeld, pregam exatamente o contrário: que o ator não se esforce em dar a impressão de que a palavra e a idéia nasceram simultaneamente no exato momento em que ele se exprime; que o ator ouse estender o braço de maneira grandiosa e coloque todo seu enlevo declamatório numa frase, como decerto jamais o faria na vida cotidiana; que não seja de forma alguma imitador — não é absolutamente necessário ir tomar notas num hospital ou num bar para encarnar um moribundo ou um bêbado. O ritmo de um grande gesto tem um poder muito mais carregado de sentido e emoção que o comportamento natural, por impecável que seja.

Alguns dentre os expressionistas recomendam uma ligeira hesitação antes de pronunciar as palavras em cena, o que equivale a dizer que convém tomar distância dos modos naturalistas. Outros dão ênfase à "música da palavra", ao efeito direto desta, independente de quaisquer valores lógicos ou gramaticais.

Se substituirmos a dicção pela mímica do ator de cinema, iremos obter aquelas expressões e aqueles gestos sem transição, sem nuanças intermediárias, os movimentos abruptos e ásperos, bruscamente galvanizados, interrompidos em pleno curso, que compõem o registro habitual do ator expressionista. Os alemães, que tanto apreciam os pontos de exclamação, fatalmente têm que gostar dos gestos inacabados; a pantomima cinematográfica perde, assim, a flexibilidade da *commedia dell'arte*. Dela conserva apenas a aptidão para o improviso caleidoscópico, o que faz o filme expressionista ir ainda mais longe, neste sentido, que o "teatro extático". Inscritos na película, os gestos adquirem uma integridade definitiva.

Eis por que, mesmo em 1926, quando o expressionismo já parece ultrapassado, num filme como METRÓPOLIS, Klein-Rogge, no papel do inventor-feiticeiro, terá ainda aqueles movimentos entrecortados e aquela gesticulação de fantoche. Não é absolutamente, como se supôs, com o fito de revelar a loucura de uma personagem exaltada, pois Brigitte Helm, no papel da verdadeira Maria, para exprimir a dor ou o horror faz movimentos bruscos com o corpo, e sua expressão tem mudanças mecânicas que a tornam semelhante à falsa Maria, o robô. Da mesma forma, os operários revoltados apresentam o rosto deformado por esgares selvagens, a boca escancarada, talhada como uma rachadura e privada de expressão natural. Homunculus, em 1916, já possui aquela máscara de desespero feroz, e agita as mãos crispadas.

Mais distantes de nós, os autores românticos apresentam personagens animadas pela mesma agitação perpétua: o homem calvo de Jean Paul, ou Erasmo Spikher que não se reflete em nenhum espelho e que diríamos movido internamente por mil molas elásticas, não param de se agitar. E o filme feito por Leni em 1928, nos Estados Unidos, O ÚLTIMO AVISO *(The Last Warning),* não parece dar um irmão a Erasmo Spikher ao mostrar um homenzinho apavorado que saltita como um autômato?

É preciso — sublinha Kurtz — que as fórmulas estabelecidas pelo artista expressionista para a composição do espaço sejam igualmente válidas para as evoluções do corpo humano: deve-se exprimir o passional de uma situação com uma mobilidade intensa e inventar movimentos que ultrapassem a realidade. Pois o ritmo íntimo da vida de uma personagem é transposto em seu gesto. "O ator de movimento", diz por outro lado o crítico Herbert Ihering, "tem por objetivo concentrar intensivamente seu papel e não interpretá-lo com nuanças intermediárias: é desta maneira que sintetiza seu papel."

Esses comentários explicam a interpretação de Kortner em ESCADA DE SERVIÇO, e melhor ainda seu desempenho como marido ciumento em SOMBRAS: o primeiro plano de seu rosto enorme, com as feições repuxadas numa horrível contração, o torna semelhante a uma daquelas máscaras africanas de demônio; os rodopios insanos de seu corpo diante dos espelhos e aquele jeito de projetar os braços ou o peito, como que para livrar-se deles, adquirem o significado de uma abstração absoluta.

A deformação expressionista dos gestos é equivalente à dos objetos.

*

Curioso diretor, por sinal, esse Arthur Robison, de quem Georges Sadoul diz com razão que foi um "diretor de um só filme"; quando a influência expressionista já não o inspira da mesma forma que em SOMBRAS, seu cinema se transforma num qualquer. Nos anos 20, haviam-me elogiado a suntuosidade do figurino que Paul Leni criara para MANON LESCAUT, filme que eu nunca tinha visto. Há alguns meses, a Cinemateca Francesa passou o filme e fiquei horrorizada; na película — que data, contudo, de 1926 — todos os atores nos aborrecem com seu pesado cabotinismo. Lya de Putti faz momices inacreditáveis e Gaidaroff não pára de virar os olhos — mas pelo menos mostra seu belo perfil; quanto aos outros atores, gesticulam freneticamente e exageram nas caretas.

Como é possível que neste filme, cuja cópia está em ótimas condições, não se perceba uma única vez a encenação tão sutil de SOMBRAS? Deveríamos por vezes desconfiar dos filmes reencontrados?

IX

ARQUITETURAS E PAISAGENS DE ESTÚDIO

Contudo, esse canto dos Nibelungos é de uma força e uma elevação extremas, que dificilmente um francês imagina. Trata-se de uma linguagem de pedra, e os versos são blocos rimados. Aqui e ali, nos interstícios, brotam flores vermelhas como gotas de sangue (...). As paixões dos gigantes que se movimentam nessa epopéia ainda lhes é menos possível imaginar, bom povo civilizado e polido que são! (...) Todas as catedrais góticas parecem ter marcado encontro numa vasta planície (...). É verdade que seu andar é um tanto pesado, que alguns têm modos bastante canhestros e que seus arroubos amorosos dão vontade de rir. Mas o riso logo cessa quando os vemos, tomados de fúria, arrojar-se uns contra os outros (...). Não há torre mais alta nem pedra mais dura que o feroz Hagen e a vingativa Kriemhild.

Heinrich HEINE, *A Escola Romântica,* 1833.

OS NIBELUNGOS, *de Fritz Lang* (1923-24).

Os grupos geométricos.

Quando querem classificar os filmes de seus compatriotas, escritores como Kurtz ou Kalbus muitas vezes empregam as expressões *beseelte Landschaft* ou *Landschaft mit Seele*, o que significa "paisagem imbuída de alma". Para os franceses, trata-se apenas de paisagens de estúdio, feitas de estafe e *papier mâché*, e cheirando mofo —embora admitam que essas construções artificiais possam adquirir, com a utilização engenhosa da iluminação, uma aparência de vida e uma atmosfera.

Na época, o desejo dos expressionistas de eliminar a natureza, de alcançar uma abstração absoluta não era a única questão. A alma de uma paisagem ou de um meio, diz Bela Balazs, não se mostra sempre do mesmo modo. O realizador é que deve procurar os "olhos da paisagem": a silhueta negra de uma ponte sobre uma gôndola oscilante, os degraus que mergulham na água escura onde se reflete um lampião reproduzem bem melhor a atmosfera de Veneza, mesmo se fabricados em estúdio, do que uma cena tomada ao vivo na praça São Marcos.[1]

1. Fritz Lang se submeteu aos princípios da UFA, que, na época, se recusava terminantemente a utilizar exteriores. Contudo, as fronteiras já não eram intransponíveis, o intercâmbio de divisas recomeçava. Quanto às intempéries, importavam muito menos do que se pensa, já que as arquiteturas monumentais, demasiado incômodas para o tablado, eram sempre edificadas nos terrenos baldios (as *Gelände)* em volta dos estúdios de Tempelhof, Staaken ou Neubabels-

Para que um filme possa se tornar uma obra de arte — explica por sua vez Kurtz — a natureza deve ser estilizada. Num filme, o destino humano nem sempre se adapta ao quadro natural; a realidade neutra deste não convém, na verdade, senão aos documentários, enquanto que, para tornar compreensível o destino do homem, é preciso utilizar *Stimmungsbilder,* imagens impregnadas de atmosfera. (Notemos que a palavra *Stimmung*[2] tem um sentido complexo, quase intraduzível: significa de algum modo uma atmosfera penetrada pelos eflúvios do *Gemüt* alemão, quer dizer, é uma mistura muito particular de sensibilidade e sentimentalidade.) Apenas quando o próprio diretor confecciona sua paisagem, consegue, segundo Kurtz, conferir-lhe uma alma e fazê-la desempenhar um papel ativo no drama.

Assim como a iluminação dá destaque às personagens e aos objetos, a paisagem no cinema alemão se torna um "fator dramático", um elemento "dramatúrgico". Há liames íntimos e profundos, ensina ainda Kurtz, entre as paisagens e os seres humanos. O aspecto de uma região deve frisar, acentuar a tensão de uma cena. O expressionismo constrói seu universo, não se adapta pela compreensão a um mundo preexistente. (Cada paisagem, já dizia Novalis, é o corpo idealizado de uma determinada forma de espírito.) Como o véu que separa o homem nórdico da natureza não pode ser arrancado, os alemães, narcisistas ao extremo, constroem uma natureza artificial, a única que lhes é acessível.

*

Examinadas sob este ângulo, não surpreende que, de todas as paisagens de OS NIBELUNGOS, as mais bem-sucedidas sejam as que se aproximam da atmosfera de um *Walhall* bárbaro.[3] Um cenário de pedras, desértico, árido e desolado, percorrido pelos heróis até o castelo de Brunhild, que se ergue como um recife rodeado de chamas, um horizonte de céu frio atrás dos sombrios rochedos onde

---

berg; as filmagens exigiam, de qualquer forma, um tempo propício, apesar dos grandiosos andaimes para as luzes e os projetores. Mas, evidentemente, muitas paisagens eram construídas no interior do estúdio: o tablado era coberto com terra, rochas, árvores, musgo ou neve artificiais.

2. Os ingleses tentam em vão traduzir *Stimmung* pela palavra *mood*, os franceses por *atmosphère* (ou, em português, *atmosfera — N. da T.).*

3. As paisagens esboçadas por Lang, para os cenógrafos Otto Hunte e Erich Kettelhut, e construídas por Karl Vollbrecht, convêm perfeitamente à epopéia selvagem dos *Nibelungen*, inspirada no *Edda* nórdico que a excede ainda em

se desenrola a luta com a virago indomável são visões que emanam diretamente da concepção germânica do tenebroso. A paisagem onde Alberich, criatura do mundo subterrâneo, espreita o branco herói para estrangulá-lo, esticando os dedos de aranha através da filigrana de galhos tortos, palpita de mistério.

O pintor que subsiste em Lang procura, com suas paisagens artificiais, reanimar quadros célebres. A ninfa que cavalga um unicórnio entre os troncos escuros da floresta (quadro célebre de Arnold Böcklin) é o modelo exato de que Lang se serviu para mostrar Siegfried atravessando a floresta em seu corcel branco: os projetores estendem um manto luminoso sobre os troncos de árvores, entre os quais se elevam névoas que se esfumam numa esteira de irradiações filtradas.

Da mesma forma, o prado salpicado de flores, cingido de bétulas jovens cujo tronco esbelto e branco se destaca nos rochedos, é a síntese de dois outros quadros de Böcklin. E a imagem de Átila, cavaleiro recoberto por uma armadura negra, postado contra o céu primaveril ao lado de um bando de crianças nuas enfeitadas com guirlandas, é a réplica fiel, pelo que me lembro, de uma gravura de Max Klinger.

O cenário do prado florido onde Hagen mata Siegfried [4] tem a mesma suavidade do das cenas de amor entre Siegfried e Kriemhild, sob uma árvore em plena floração. Este gosto dos cineastas alemães pelas flores de pano ou papel (artifício que Stroheim introduziu em seus filmes, com uma espécie de nostalgia germânica e não pouco sarcasmo) dá às vezes resultados extremamente adocicados. Nem Murnau escapa disso: que se veja a imagem em sobreimpressão do passeio dos burgueses, na Páscoa, numa aldeia de cartão postal, ou a roda de crianças coroadas de flores que giram em volta de Gretchen e Fausto, num idêntico prado primaveril de estúdio.[5]

---

ferocidade, e cujo *leitmotiv* se compõe de raptos, violações, massacres, vinganças e mortes.

4. Lang, com um senso preciso do espaço, instala os atores nestas paisagens de modo a transformá-los em pontos de referência ornamentais. Em A VINGANÇA DE KRIEMHILD, ele se lembrará do valor decorativo das três bétulas: desta vez, numa paisagem de inverno, a viúva de Siegfried se ajoelha na neve, no lugar sagrado onde morreu seu herói, enquadrada por duas bétulas (ver apêndice I).

5. Wegener, mais sóbrio, não sucumbe jamais à tentação do *Edelkitsch*, aquele empolamento nobre de Böcklin e de muitos cineastas alemães. Não deixa esmaecer a *Stimmung* que envolve a maravilhosa dança de O FLAUTISTA DE

Assim que o expressionismo desaparece, as paisagens suaves naufragam no mau gosto, no empolamento nobre. Lang se deu conta disso e volta ao expressionismo para compor o jardim dos ricos em METRÓPOLIS, que lembra, infelizmente mais que o necessário, o de GENUINE, todo em volutas e cheniles. A realização da paisagem expressionista exige, aliás, maior delicadeza para se alcançar bom termo do que a simples abstração arquitetônica. Nenhum outro filme conterá aquela sobriedade de CALIGARI, adquirida tão simplesmente com árvores chatas e atalhos, cujo delineamento variado chegava mesmo a dar uma impressão de cor.

*

Lang joga magnificamente com o claro-escuro, obtendo imagens arrebatadoras: na ponte levadiça, onde vimos o herói glorioso à frente de seus vassalos, guerreiros levam numa maca o cadáver de Siegfried. O lúgubre cortejo é recortado pelos clarões tremulantes das tochas, e na penumbra esses fachos de luz irrompem estridentes como gritos de agonia; o corcel de Siegfried é de um branco espectral, e o vento brinca nos cachos luminosos que rodeiam o rosto nacarado do herói morto.

Esse vento de mau agouro, que varrera a poeira da ponte levadiça antes da aparição do cortejo, irá engolfar-se nas cortinas do quarto de Kriemhild. Secretamente, a destruição sempre espreita no inorgânico: o vento agita as cortinas de um quarto, quando Nosferatu se aproxima, e o vento se intrometerá ainda quando Gretchen fraquejar nos braços de Fausto. Mesmo Pabst, dizendo-se realista, não consegue deixar de utilizar esse efeito psicológico em O AMOR DE JEANNE NEY: as cortinas se agitam ligeiramente no cômodo onde

---

HAMELIN, ou a imagem de pureza das crianças ornadas de flores, numa seqüência rodada em estúdio, em O GOLEM. Mas os outros cineastas alemães cederam a esta falsa ingenuidade, ao *Butzenscheibenromantik* — pseudogótico de fim de século. A influência de Moritz von Schwind, pintor alemão do século XIX, e do gravador Ludwig Richter, em cujas composições abundam castelãs de tranças louras, busto opulento e formas arredondadas, que se debruçam nas ameias do castelo para lançar um terno adeus a algum trovador emplumado, em suma, daquilo que os alemães chamam *sinnig, innig, minnig*, foi desastrosa. Como tudo isto está longe do jardim em flor, da natureza ideal do delicioso cenário que, em A LENDA DE GÖSTA BERLING *(Gösta Berlings Saga)*, se harmoniza com a fragilidade de Greta Garbo!

jaz o corpo do velho Ney assassinado. Paul Leni também o fará: em O GATO E O CANÁRIO, realizado nos EUA, ao longo de um corredor estreito um vento fantasmagórico levanta uma fileira de cortinas espessas.

Trata-se do "papel dramático" sempre reservado aos objetos e à natureza — o vento faz ainda rodopiar a poeira numa encosta coberta de relva seca, antes de aparecer a "morte cansada".

A arquitetura equilibrada de OS NIBELUNGOS não é absolutamente expressionista; porém a aplicação de alguns princípios do expressionismo governou a estilização expressiva das superfícies vastas: é a busca da essência, da linha geral, da condensação que resulta numa fusão absoluta de formas abstratas. A *Kultur* alemã, já declarava Langbehn, autor de *Rembrandt Educador,* se forja no granito, material em que só se pode talhar formas desmesuradas; por isto, o objetivo final dos alemães é *monumentalisieren.*[6]

As arquiteturas imensas de OS NIBELUNGOS constituem um quadro ideal para a estatura poderosa desses heróis de epopéia. Visando efeitos espetaculares, Lang anima a rigidez grandiosa da arquitetura com a introdução da iluminação.

Lang tem uma predileção marcada pelos jogos de simetria e contrapontos: o pesado portal das abóbadas, sob as quais está empilhado o tesouro dos Nibelungos, será ladeado por duas personagens de porte alto — Kriemhild e Hagen —, ou às vezes, no batente de uma porta, sob um arco, uma única figura se manterá em pé, cuidadosamente enquadrada. O mesmo propósito o fará dispor os atores nas paisagens segundo um esquema ornamental, no qual eles se tornam pontos de referência: Siegfried inclinado sobre a fonte está colocado de tal sorte que sua cabeça se encontra na frente da bétula; ferido, se alçará por um momento diante da mesma bétula.

Em OS NIBELUNGOS, nada é casual: Hagen espreita a chegada de Kriemhild, sentado, imóvel como uma estátua, com a espada ameaçadora deitada sobre as pernas. Brunhild em pé entre os rochedos, espiando o cortejo dos heróis, não passa de uma silhueta oblíqua contra o céu cinzento, onde tremula a aurora boreal. Se pintores

6. Lang, obrigado pelo tema a compor vastos afrescos, necessita dessas proporções monumentais que, sempre segundo Spengler e Worringer, convêm ao espírito germânico. Em *Film Till Now*, Paul Rotha escreve, justamente, que a arquitetura dos filmes alemães, antes de tudo uma arquitetura de fachada, parece uma "tapeçaria" de hieróglifos, que exprimem a estrutura da alma em fórmulas de espaço.

célebres inspiraram algumas cenas do filme, este, por sua vez, se o parássemos, apresentaria a cada instante planos estáticos que formam quadros.

Os agrupamentos dão relevo ao ornamental puro, como em muitos filmes alemães. Os diretores dispõem freqüentemente, ao redor de um centro mais imponente, duas alas idênticas: Caligari sentado no escritório parece uma enorme aranha, com os braços apoiados em duas pilhas de livro da mesma altura; ou em A MORTE CANSADA, diante de um muro intransponível, os burgueses avançam e recuam num mesmo movimento, ladeando a "Morte cansada" (efeito produzido por uma montagem rápida).

As massas simétricas e justapostas numa espécie de composição estritamente heráldica mostram-se ainda mais expressivas: o grupo de Siegfried e Gunther se entrega aos ritos milenares da fraternidade do sangue, ladeados paralelamente pelos dois irmãos do rei e dois companheiros de armas de Siegfried; o corpo alto de Hagen atrás deles dá a ênfase final a esta distribuição metódica no espaço.

✶

Embora Lang ultrapasse Reinhardt na estilização decorativa, a influência reinhardtiana permanece visível. Encontramos sinais da maneira como os grupos eram conduzidos no *Grosses Schauspielhaus* na cena do conflito entre as duas rainhas nos degraus da catedral, quando o sombrio cortejo de Brunhild se choca, num movimento cuneiforme, com o do séquito de Kriemhild com vestimentas de tons claros. Mas os retângulos ou quadrados dos grupos de guerreiros, tomados às vezes em *plongée* e formando então grandes desenhos, mosaicos gigantescos (parecidos com os que Leni Riefensthal filmará em TRIUNFO DA VONTADE — *Triumph des Willens*), não provêm inteiramente de Reinhardt. Seriam uma reminiscência dos ajuntamentos dos *Sprechchöre,* coros rítmicos expressionistas?

O corpo humano isolado, em OS NIBELUNGOS, é igualmente tratado como elemento de cenário, absolutamente estático, privado de vida individual e fixo em sua simetria, como, por exemplo, os corneteiros que se destacam contra o céu límpido, tão arquitetônicos quanto a ponte levadiça que se estende luminosamente no espaço. Os numerosos figurantes são também totalmente desumanizados: por exemplo, a fila dos guerreiros dispostos em intervalos regulares, que se mantêm, segundo um ritmo muito preciso, em posturas estritamente idênticas, com o escudo e a espada do lado; um ornamento em ziguezague desenhado nas armaduras forma uma superfície plana que mal parece recobrir corpos, e os capacetes de viseira fechada conferem a esses homens um aspecto impessoal. Pilares inalteráveis, eles se postam diante do cortejo dos reis e heróis como uma paliçada, conferindo aos planos uma certa profundidade, ao mesmo tempo que parecem barrar a visão.

Encontramos uma despersonalização semelhante numa passagem de A VINGANÇA DE KRIEMHILD: na capela onde repousa o corpo de Siegfried, os criados de Kriemhild, quase sem corpo ou rosto, sob os penteados com enfeites geométricos e as pregas amplas de suas pesadas capas, rodeiam a ama diante do sepulcro; suas atitudes flexíveis combinam com as curvas da abóbada que forma um hemiciclo perfeito, lembrando uma abside decorada com mosaicos preciosos.

Para deixar o barco que a leva a Worms, Brunhild avança para o pontão composto de escudos sustentados horizontalmente por duas fileiras de guerreiros em pé, na água. A água lhes chega até o pescoço, e assim os capacetes não passam da borda ornamental desta passarela improvisada. Outras figuras aparecem na margem, compondo uma guarda de honra, mas, da mesma forma, seu aspecto humano está quase inteiramente suprimido: as silhuetas recortadas no horizonte formam uma espécie de grade de ferro forjado.

✶

A segunda parte de OS NIBELUNGOS, rodada um ano após a primeira, mostra uma mudança de estilo bastante surpreendente. A VINGANÇA DE KRIEMHILD é menos estático; o assunto, aliás mais veemente, dinâmico e colorido, impõe mais movimentos. A lentidão épica de A MORTE DE SIEGFRIED *(Siegfrieds Tod),* cantar de gesta, idílio e *Volkslied* melancólico, que lamenta a morte infringida ao herói de loura cabeleira, deu lugar a uma intensa aceleração do destino, a um *crescendo* fulgurante que leva ao aniquilamento todos os responsáveis pela morte de Siegfried.

Este ritmo novo faz os agrupamentos decorativos se distenderem e anima a composição estudada das formações heráldicas, abrandando-as. Lang os retoma, entretanto, quando os hunos cedem lugar aos burgundos: a rigidez de sarcófago dos três leitos pomposos ressalta sobre o fundo de tapeçaria suntuosamente variegada. Mas à medida que se distancia da corte de Worms, o estático se atenua, para ser retomado de quando em quando apenas como o eco longínquo de uma grandeza perdida, doravante inacessível. Mesmo em Worms, o monumental chega a se humanizar: sentado na ponte levadiça, onde se equilibra com uma facilidade irônica, Hagen, olhando Kriemhild partir para seu novo reinado, não passa de um espectador zombeteiro, desprovido de toda solenidade escultural.

As "torres de pedra", de que fala Heine, que se arrojam umas contra as outras perderam seu pesado desajeitamento, e estes heróis nos parecem menos grandiloqüentes na luta em que encontram a morte do que quando se dirigiam à catedral, em Worms, costeando lentamente a sebe dos guerreiros.

Injustamente, critica-se Lang por ter apresentado os hunos como uma mistura de homens das cavernas, negros e peles-vermelhas. Nunca andam com o corpo ereto, nunca levantam o rosto para o céu com a nobreza orgulhosa atribuída aos heróis germânicos: rastejam como répteis viscosos, ou então pulam com o corpo dobrado ao meio, num modo estranho de acocoramento, e com as pernas tortas semi-encolhidas. Basta que um Hagen exiba sua altura para enxotar como ratos esses miseráveis rebentos de uma "raça inferior".[7]

Lang, visando menos a composição estilizada, se apega de preferência ao colorido do novo ambiente que lhe proporciona o folclore. O ornamental dá lugar a um pitoresco perpetuamente cambiante, e seu estilo, seus efeitos de iluminação se tornam mais fluidos, mais difusos. O claro-escuro adquire vida, ondula com flexibilidade; o movimento se torna perdidamente frenético, as sombras se infiltram nas zonas luminosas e a atmosfera caleidoscópica, abandonando o *Kolossal* inamovível, torna-se tão ofegante quanto os heróis em sua luta de morte.[8] Cavalos com a crina ao vento galopam numa

7. Evidentemente, Lang não experimenta senão o prazer de variar ao infinito as personagens e atitudes, de atingir um dinamismo novo e surpreendente. As implicações racistas devem ser postas na conta de Thea von Harbou e da UFA, e Kracauer se engana ao ver nisso a prova de um pretenso anti-semitismo de Fritz Lang.

8. Algumas tendências ornamentais persistem: Kriemhild idealizada, quase divinizada, Eletra germânica a quem assenta bem o luto (a despeito de uma certa semelhança, ressaltada por Georges Sadoul, com a Germânia estilizada dos selos postais de outrora), tem às vezes aquela postura de deusa inacessível que vemos em Theodora, imperadora de Bizâncio, nos mosaicos de Ravena.

Eisenstein, espantado com o efeito ornamental dos capacetes quadrados como o que usa Rüdiger, se lembrará desse formato bárbaro ao pentear os cavaleiros teutônicos de ALEXANDRE NÉVSKI.

velocidade louca pelas vastas estepes; cavernas escancaradas corroem o solo, pondo a nu a fervilhante vida subterrânea; demônios se debatem ferozmente na pista de guerra, numa caramanhola canibalesca. Em toda parte, emboscadas, destruição, felonia; uma selvageria sem nome explode a cada passo, o cheiro de sangue se espalha no azedume do ar; armas esmagam-se em nuvens de poeira e rastros de fumaça se enrolam como grossas serpentes ao redor dos raros sobreviventes, para sufocá-los.

X

A ESTRÉIA EXPRESSIONISTA DE UM DIRETOR "REALISTA"

Desde os meus primeiros filmes, escolhi temas "realistas" para mostrar-me resolutamente estilista. O realismo é um meio; não é um fim, mas uma passagem.

G. W. PABST, numa entrevista. *(Revue du Cinéma,* n.º 18, 1948.)

O TESOURO (*Der Schatz*, 1923), de Georg Wilhelm Pabst.

Digamos logo de saída: este filme é profuso em imagens maravilhosas que a luz esculpe nas trevas. No entanto, aproxima-se menos da encenação de Max Reinhardt que os filmes de Oswald e de Buchowetzky, que datam da mesma época. Foi O GOLEM (1920) que lhe serviu de modelo, e se o sineiro se parece tanto com o rabino do filme de Wegener não é somente porque os dois papéis são representados pelo mesmo ator, Steinrück.

Esta época, em que a arte cinematográfica plenamente evoluída já nos dá um filme como SOMBRAS, produz igualmente o filme de Pabst (diretor de teatro antes de se tornar cineasta), que ainda segue com bastante fidelidade as diretrizes de 1920!

Pabst tem o gosto alemão pelo ornamental expressionista: quando a mulher do sineiro acorre, levando uma enorme bandeja, não passa de uma cabeça encimando um amontoado de saias estufadas, que a fazem parecer os sinos barrigudos moldados pelo marido; ou ainda é sobre o fuste de uma pilastra semelhante a um tronco de árvore, com nervuras que se desdobram como galhos por cima do leito conjugal, que a câmera se detém longamente.

Que um diretor da qualidade de Pabst estréie dessa maneira nos leva a refletir: se espanta não encontrarmos no filme de modo algum a marca de sua personalidade (qualquer diretor expressionista devidamente imbuído da beleza do claro-escuro poderia tê-lo assinado), o que sobretudo impressiona é o fato de Pabst, cuja qualidade maior será mais tarde a ciência íntima da montagem, ter disposto os planos lado a lado com uma monotonia, uma falta de imaginação que não se devem unicamente à inabilidade de principiante. Os planos são longos, pesados, explícitos demais ou simplesmente banais. A reação psíquica de cada uma das personagens é mostrada em excessivos planos aproximados, longos demais e pesadamente entrecortados. Tais análises psicológicas, contrárias aos preceitos expressionistas e tratadas de modo sobretudo naturalista, prefiguram o método que Pabst adotará mais tarde. Mas o caminho será longo até alcançar a judiciosa escolha de ângulos e a agudeza dos reflexos psíquicos do Pabst de A CAIXA DE PANDORA.

Em O TESOURO, uma imagem aqui e ali faz pressentir o Pabst das orgias de O AMOR DE JEANNE NEY: as três personagens, que a descoberta do tesouro deixa inebriadas de alegria, se põem a beber, e Pabst pormenoriza voluptuosamente a situação, deleitando-se com a abjeção, tão a seu gosto. Esta cena ainda não tem a força e a autenticidade que mais tarde saberá dar a cenas análogas. Distinguimos no filme um naturalismo estilizado bastante curioso e reminiscências de alguns modelos: os camponeses de traços nodosos, nariz flácido, rosto como que talhado em madeira, e as cenas de bebedeira estão na linha de Teniers. (O Stroheim de OURO E MALDIÇÃO oferece aspectos muito mais tocantes e reveladores da ganância, em imagens rápidas que mostram um aviltamento sem remissão.)

Pabst demonstra maior domínio numa outra cena, a da tentativa de assassinato durante a fundição do metal para o sino: o ganancioso sineiro e o ajudante invejoso espiam o jovem ourives quase arrastado pelas ondas de metal fundido. Os menores detalhes são destilados com uma lentidão feroz, destinada justamente a crispar os nervos.

✶

Pabst, nesta sua estréia, se apoderou de todo o aparato expressionista: a casa do sineiro é atarracada, redonda e estufada, aparentemente sem estrutura sob sua massa como que moldada em argila; os tetos são baixos, sufocantes, a sala é uma cripta, sobrecarregada de mistério. É principalmente a influência de O GOLEM que se faz sentir aqui: as rugosas muralhas em ruínas, que já aparecem em inúmeros filmes alemães, emanam sempre uma atmosfera de plantas carnívoras, prestes a devorar os humanos que se aproximarem. Em toda parte, escadas, corredores sombrios semi-subterrâneos, com degraus e curvas bruscas. E, nas trevas, percebemos aqui e ali uma janela estreita, por onde se infiltra uma luz que ilumina, por fragmentos, um corpo, um quarto mergulhado no negro. Ou então Werner Krauss, estranho caçador de tesouros, sai com uma lanterna escondida sob o casaco e o clarão encoberto dá uma transparência singular a seu rosto cheio e desvairado de visionário. O fogo da fornalha, as ondas incandescentes do metal líquido que escorrem para o molde contribuem com os efeitos luminosos; os vapores que sobem envolvem os objetos, o claro-escuro se expande, torna-se fosforescente, e é no fogo de um enorme incêndio que desabará, no fim do filme, esta habitação expressionista.

Em toda parte encontramos a preocupação com o pitoresco da luz e da penumbra: à mesa do albergue, os camponeses estão sentados sob a luz filtrada da lâmpada suspensa, e esta imagem se parece com outras tantas, cheias de atmosfera, que proliferam nos filmes alemães. Dir-se-ia o prelúdio de certas cenas do FAUSTO de Murnau, quando Krauss se aventura na escuridão para apanhar sua varinha mágica — galhos saem dos espinheiros violentamente iluminados, tornando-se semelhantes a ossos de esqueleto sob o disco brilhante de uma lua de estúdio.

Por diversas vezes, Pabst nos mostra, longamente projetada nas paredes, a sombra solitária de Krauss, que rasteja com a varinha mágica na mão para encontrar o tesouro tão ardentemente desejado. Ou então, a contraluz, no quadro de uma porta, aparece o jovem ourives antes desta se fechar sobre os dois amantes abraçados nas vinhas. Em suma, todos os elementos do cinema clássico alemão estão presentes, mas nada permite ainda adivinhar com segurança a qualidade dos filmes que Pabst realizará mais tarde.

XI

O "KAMMERSPIELFILM" E A "STIMMUNG" ALEMÃ

O subtítulo que Carl Mayer dá a seu filme A NOITE DE SÃO SILVESTRE *é "um jogo de luz". Não se trata, certamente, de uma mera alusão à técnica das transformações e dos movimentos de luz por ele utilizada. Com tal indicação, Mayer quis se referir ao claro-escuro que reina dentro do homem, em sua alma, ao vaivém eterno de sombra e luz que afeta as relações psíquicas entre os homens. É assim que entendo esse subtítulo.*

Lupu PICK, Prefácio ao roteiro *Sylvester*, de Carl Mayer, 1924.

ESCADA DE SERVIÇO (1920).

A NOITE DE SÃO SILVESTRE (1923).

Fotogenia da alma — Um roteiro alemão.

As histórias do cinema dizem que a supressão dos subtítulos é uma das características principais do *Kammerspielfilm*. Mas de onde vem este gênero de cinema, e qual é seu significado?

Ainda aqui, precisamos recorrer às lições de Max Reinhardt. Um dia, no ensaio de uma peça sutil, em que se devia pôr muito discretamente em evidência as relações psíquicas das personagens, Reinhardt suspirou: "Naturalmente, eu, que estou no palco, vi o gesto e compreendi o olhar de vocês, mas os espectadores sentados nas últimas filas, e principalmente os do 'Olymp' (o 'galinheiro'), como vão fazer?"

Foi assim que chegou à criação de um teatro íntimo — os *Kammerspiele* — com luzes filtradas, forros de tons quentes nos quais uma elite (não mais de trezentos espectadores) poderia sentir todo o significado de um sorriso, de um movimento hesitante, interrompido, ou de um eloqüente silêncio. "Se um ator", diz um de seus colaboradores, Heinz Herald, de quem obtivemos esta anedota, "precisa levantar o braço inteiro no *Grosses Schauspielhaus,* tem apenas que mover a mão no *Deutsches Theater*, e nos *Kammerspiele* um gesto com o dedo basta".

✶

ESCADA DE SERVIÇO, filme de Leopold Jessner, diretor de teatro, é um *Kammerspielfilm avant la lettre*. Paul Leni colaborou na *Bildgestaltung*, isto é, na composição da imagem, e seu talento se aplicou na criação de uma atmosfera que se tornou sedutora graças aos cenários. O célebre pátio interno de O ÚLTIMO HOMEM parece quase anódino comparado ao que, perto da escada de serviço, compõe o quadro do triste drama da criada que se acredita abandonada pelo amante, porque o carteiro, apaixonado por ela, intercepta sua correspondência.

Este drama intimista se desenvolve muito lentamente, se arrasta, dentro de um estilo muito "alemão", cheio de justificativas, apesar do uso de algumas elipses inspiradas pelo teatro. Por exemplo, não é mostrada a cena do assassinato, do qual vemos apenas, quando a porta trancada enfim cede, uma espécie de "quadro vivo": contra a parede, o assassino está paralisado numa postura oblíqua — a atitude expressionista por excelência —, brandindo ainda o machado por cima da vítima.

O que choca hoje no filme é a enorme ruptura de tom entre os estilos utilizados. Já a escada principal, sobrecarregada de ornamentos num estilo "pequeno-burguês", destoa da escada de serviço escangalhada, equívoca de propósito, em suma, "encaixada" nos moldes expressionistas. Do mesmo modo, o alojamento sórdido do carteiro contrasta com o salão "1900", mobiliado com poltronas de pelúcia, num estilo do gênero "Levitan", piorado com palmeiras artificiais.

O trabalho dos atores reflete esse contraste: Henny Porten, muito fornida, transbordando de sentimentalidade, interpreta à maneira naturalista de um filme de Carl Froelich. Por outro lado, Wilhelm Dieterle, muito diferente da personagem bem-alimentada do jovem padeiro que encarna em FIGURAS DE CERA, é aqui enigmático, sóbrio e em todos os pontos conforme às regras expressionistas, com seus gestos mecânicos e bruscos. Já Fritz Kortner, melhor ator, sabe adaptar seu papel às exigências do expressionismo. Nele, tudo é motivado: as reações lentas de um pobre coitado, indeciso e medroso diante do amor, as hesitações de um deserdado que, tendo conquistado a felicidade por meio de astúcias, não quer mais acreditar nela. Tenazmente agarrado à bilha de vinho, consegue tornar plausível sua postura fixa. Este ator, instintivamente expressionista, funde-se com o cenário, afina-se com o tom da atmosfera.

Burgueses grosseiramente maquiados como bonecos de pimpampum aparecem para assistir ao drama, com gestos mecânicos de robôs.

Nova elipse: vemos a princípio a criada no telhado, desesperada. Depois os vizinhos, num gesto de piedade muito "naturalista", se inclinam de repente para o chão onde se adivinha, estendida, a forma desfeita daquela que acaba de se matar.

Seria a antinomia fundamental entre o *Kammerspiel,* intimista, psicológico, e os procedimentos do expressionismo que faz esta obra, superestimada pelas histórias do cinema (cujas opiniões são copiadas umas das outras), parecer hoje tão decepcionante?

Paul Leni está desperdiçado neste filme. Basta ver suas outras obras para compreender o quanto é estranho à realização desta, a cargo de um homem de teatro como Jessner.

O *Kammerspielfilm,* tal como Lupu Pick, que foi seu criador, o concebia já em 1921 em DESTROÇOS (*Scherben*) *, é o filme psicológico por excelência; contém de preferência um número limitado de personagens, que se movem num ambiente cotidiano. Assim, Pick vai deliberadamente de encontro a todos os princípios expressionistas que justamente condenam a psicologia explicativa e a análise interior de um drama individual. Pick persistirá nesta atitude antiexpressionista, mesmo já tendo o expressionismo terminado há muito tempo. Na época do falado, ao evocar retrospectivamente um filme de Carl Boese — diretor de filmes sobretudo comerciais —, O ÚLTIMO FIACRE DE BERLIM *(Die letzte Droschke von Berlin,* 1926), em que fazia o papel de um cocheiro sentimental que luta contra o progresso, ou seja, o automóvel, Pick dirá que o filme era "um bofetão naturalista aplicado nos esnobes expressionistas".

O roteirista de DESTROÇOS, Carl Mayer, que foi o de CALIGARI, tem um achado no filme: querendo que os espectadores de elite, capazes de apreciar tal experiência, adivinhem o que se passa na alma dos heróis, ele suprime os subtítulos.[1]

A entrevista de Lupu Pick concedida a um jornalista de *Cinémonde,* em 1930, é significativa; ele nota que sempre esteve inclinado a se opor à moda do momento: de início, com DESTROÇOS,

1. Este procedimento não fez escola senão em certa medida: apenas alguns cineastas compreenderam o que a continuidade de um relato, sua fluidez ótica, sua tendência dramática ganhariam com isso. Robison, por exemplo, não utiliza subtítulos em SOMBRAS; se hoje eles existem é porque foram acrescentados por um distribuidor "zeloso". Em outros filmes, evidentemente, os subtítulos constituem pausas rítmicas absolutamente necessárias, o que não é o caso dos filmes de tendências psicológicas e cujas peripécias, que são as de um drama interior, se aproximam do *Kammerspiel.*

* Este filme foi apresentado no Brasil também sob os títulos de A ESTRADA e DESPOJOS. O título original — *Scherben* — significa "cacos de vidro". *(N. da T.)*

provocara a "avalanche de filmes psicológicos", e em A NOITE DE SÃO SILVESTRE, tinha tentado "ultrapassar a psicologia para alcançar a metafísica".

DESTROÇOS é um filme mais simples. Pick, extremamente sensível às atmosferas, consegue dar realce a este melodrama, em que vemos a filha de um ferroviário seduzida por um inspetor; o ultraje será vingado pelo pai, que ousa matar seu superior, o que para um alemão, naturalmente imbuído do respeito pela hierarquia, constitui uma verdadeira proeza.

Solidão, paisagem triste, trilhos luzidios que se misturam de forma alucinante como em A RODA (*La Roue*), de Abel Gance, trens que desfilam com seus passageiros anônimos e insensíveis, luzes de faróis que brilham no veludo da noite, uniformidade de uma existência morna sobre um fundo de aventuras e de longínquas viagens, todo este peso de nostalgia e de desejos abortados que marca os filmes "de despedida" torna quase suportável a enfadonha tendência de Pick ao simbolismo.

Mas este romeno estabelecido na Alemanha foi, apesar de sua resistência à moda, engolido pelas vagas da *Weltanschauung* alemã. "Quando li o roteiro de SYLVESTER", declara no prefácio do roteiro de Carl Mayer, publicado em 1924, "tocou-me o aspecto *eterno* dos motivos. E quis transmitir ao espectador os sentimentos que experimentava nessa leitura. Mas durante a realização, novas perspectivas se abriram; dei-me conta de que estava tratando de um assunto eterno e vasto como o mundo, magistralmente restrito a acontecimentos que se desenvolvem em uma hora (a última hora do ano, precisamente) que, em vez de se destinar à reflexão, à volta para si mesmo, é apenas ocasião de festa e algazarra."

Mayer escolheu com objetivo puramente simbólico — o que entusiasmou Pick — a noite de São Silvestre e o espaço entre onze horas e meia-noite, quando o ano que finda cede lugar ao novo, aquela hora cheia de promessas e ameaças, cuja ambigüidade (o choque do presente com o *Werden,* o devir) já seduzira os românticos. "Para a noite de São Silvestre", escreve Hoffmann, "o Diabo me reserva sempre alguma surpresa particular. Ele sabe, no momento oportuno e com uma ironia horrível, enterrar-me no peito sua garra afiada, para saciar a vista com o sangue que jorra do meu coração".

Não foi também a ironia de um destino absurdo que Mayer e Pick quiseram sublinhar?

Qual era o objetivo destes diretores alemães que desejavam realizar filmes artísticos? "Este livro", declara Pick, "preenche as condições de um roteiro porque, à leitura, sugere sensações e sentimentos que nos comovem e não é composto somente de elementos visuais. Ao *vermos* as três personagens, confinadas num quadro estreito, ferindo-se mutuamente, *experimentamos* com cada uma delas sua dor particular, que advém do fato de desejarem manifestar bondade com relação ao outro — e isto ser impossível. *Ao vermos a bebedeira,* a explosão de júbilo, a celebração da *Umwelt* (o mundo ao redor), *sentimos* essas criaturas, tão distantes umas das outras, se empenharem, falharem e se perderem. Em suma, *sentimos* a maldição que pesa sobre a humanidade: estar submissa à condição de animal e ser capaz de pensar. Tomamos consciência de tudo isto, se queremos *sentir* e não unicamente *ver*".

Com exceção da cozinha, da sala de jantar, do cabaré, acrescenta Carl Mayer, no prólogo, todas as outras cenas, todos os demais lugares são apenas *Umwelt.* Esta *Umwelt,* impregnada de uma espécie de magia, adquire um sentido singular: "A composição desse 'jogo de luz' ", diz Pick por sua vez, "parece-me nova, porque encerra a ação num quadro restrito, conferindo à *Umwelt* um papel preponderante, sem imiscuí-la na ação em si, o que seria banal. A *Umwelt* deve constituir a base e o fundo sinfônico de um destino particular e tornar-se, assim, o emblema de uma idéia principal".

Bom número de planos desta *Umwelt* desapareceram das cópias que se conservam hoje no estrangeiro. O mar eterno e infinito, o céu sem limites, um cemitério onde galhadas esqueléticas e cruzes violentamente iluminadas ressaltam contra o céu negro, uma lande vasta e deserta que se estende a perder de vista, uma floresta em que cada tronco compõe uma sombra negra na sufocante opacidade; e tudo isso parece tornar-se ainda mais ilimitado quando a câmera recua para revelar o conjunto, num plano geral.

Essa *Umwelt* participa "sinfonicamente" do drama: uma tempestade se desencadeia, o mar arrebenta em ondas gigantescas sobre a falésia, as árvores se curvam. E no fim, depois do suicídio banal de um ser humano ao qual a natureza não se digna a dar atenção, tudo retorna à ordem, tudo se acalma, tudo reencontra o equilíbrio dos elementos eternos.

"A *Umwelt* alterada por um simples incidente", acrescenta Ernst Angel, "se intercala, não como ação ou reação acessória, mas como um ritmo acessório, no compasso ou no contratempo, como símbolo que reforça e amplia os dados do drama: interpõe-se de tal sorte que, em certas partes, em momentos decisivos, a ação fica aparentemente paralisada e não prosseguirá senão passivamente, de forma quase subterrânea, por meio de uma intensificação da *Umwelt;* esta não é realmente independente, mas desinteressada, poderíamos dizer, e se atenuará de novo na retomada da ação em si."

✶

O roteiro de Carl Mayer merece ser analisado a fundo, porque contém uma abundância de outros elementos, que ajudam na compreensão do cinema clássico alemão. Nas cinqüenta e quatro "imagens" que compõem o roteiro, não há, por assim dizer, nenhuma em que Mayer não defina com muita precisão as iluminações destinadas a criar a atmosfera. Já no começo, quando a imagem do cabaré se abre em fusão, encontramos a indicação: "O cabaré. Pequeno, de teto baixo. Cheio de *fumaça espessa.* E! Na *luz vacilante:* mesas!" Depois, no fim da imagem em que um conviva brinca com a moça: "Ela ri cada vez mais. E todo mundo se põe a rir com ela. Em meio à *fumaça, luz e clarões baços".* Diversas vezes, ao descrever os gestos das personagens, Mayer intercala uma pequena frase do tipo: "enquanto todo esse '*Betrieb*' (essa movimentação) se passa numa *atmosfera enfumaçada*", ou "O homem. Está atarefado. No '*Betrieb*' *flutuante envolto em luz baça*".

Cada apresentação do cabaré traz indicações sempre idênticas: *"Cabaré. Eflúvios densos. Fumaça. Luz baça",* enquanto seu contraponto, o estabelecimento elegante situado em frente, tem as indicações: *"Fumaça.* Danças. Música. *Luzes",* e se abre *"in Glanz und Licht",* quer dizer, em luzes e esplendor. A apresentação do cabaré enfumaçado é, aliás, bem melhor que a do recinto elegante. Madame de Staël já notava: "os fogões, a cerveja e a fumaça do tabaco compõem ao redor das pessoas do povo, na Alemanha, uma espécie de atmosfera pesada e quente, da qual não gostam de sair".

A cozinha, onde se prepara o famoso ponche da São Silvestre, é descrita como "preenchida por uma violenta iluminação a gás"; a sala de jantar está mergulhada na penumbra porque diminuíram o gás, ou, num outro momento, o clarão da lâmpada suspensa é suavizado porque a moça velou a lâmpada com uma folha de papel, para atenuar seu brilho e evitar que perturbe o sono da criança no carrinho. Haverá neste cômodo uma porta envidraçada, mas o vidro será despolido para que a luz se difunda do outro lado, num plano da cozinha. Deste modo, perguntaremos com Mayer, durante a briga das duas mulheres: "A luz lá dentro se apagou? Diríamos. . .", e ele poderá mostrar as silhuetas dos dois corpos se apertando contra esse vidro diáfano, que se quebra com o furor. O primeiro gesto do homem, ao entrar no cômodo para intervir, é aproximar-se da lâmpada "para que a luz se projete novamente".

No que concerne às fachadas, emprega-se o mesmo jogo de luz do café "noturno e negro", enquanto no interior flutua "uma luz quente e opaca", que percebemos através das janelas embaçadas. A fachada do estabelecimento elegante é mostrada numa panorâmica: as janelas altas estão fortemente iluminadas, e a porta giratória "gira sempre na luz". A câmera segue o movimento da porta pela qual vemos um *hall* "iluminado"; nos espelhos altos do vestiário se reflete *in Glanz* (com esplendor) a clientela elegante, e uma outra porta envidraçada faz supor a existência de uma sala "cheia de lustres e luzes".

É com este mesmo aspecto que aparece a rua, assumindo aquela "função metafísica" de A RUA *(Die Strasse),* de Grune. As indicações de Mayer a este respeito valem para todos os filmes em que a rua desempenha um papel freqüentemente trágico: "Uma praça se desenha. Como uma sombra! Em meio a reflexos de numerosas luzes. E o trânsito! Automóveis! Bondes! Carros! Homens! Placas luminosas! Uma só massa misturada. Cujos elementos mal se distinguem". Nesta praça, reluz o mostrador iluminado de um grande relógio que, sob a câmera que se aproxima, se tornará finalmente, alguns minutos antes da meia-noite, "grande como o Destino", e quase fará explodir o quadro da tela. (Tem a mesma "função dramática" o pêndulo que bate num ritmo estranho de vida artificial, no quarto do enforcado; o balanceiro se move, e o martelo dará os doze golpes definitivos.)

Os efeitos luminosos vão num *crescendo,* conforme se aproxima a meia-noite: na praça, a multidão se concentra; um rojão estoura. Todas as janelas repentinamente se enchem de luz, e vemos silhuetas fazendo brindes. Simetria simbólica: após a meia-noite e o suicídio, o *diminuendo* das iluminações. Veremos de novo a lande onde oscila um lampião solitário; uma outra imagem mostra a tempestade no mar, que vai se apaziguando. Na rua, na praça mergulhada em penumbra, o tráfego diminui, depois desaparece; algumas luzes se apagam, uma após outra. No escuro, a porta giratória pára de virar. Pelas janelas altas do estabelecimento elegante infiltra-se uma luzinha frágil, mostrando as cadeiras e mesas empilhadas. Igualmente, no cabaré, arde apenas uma chama tênue, e em sua fachada nada brilha além desta única luz.

Depois, na praça, as últimas luzes se apagam. Rua e praça na escuridão; só o mostrador do relógio ainda reluz; a câmera recua, o mostrador se adelgaça até se tornar apenas um ponto luminoso nas trevas.

*

A leitura do roteiro revela, mais que as cópias atuais do filme, privadas de inúmeros planos da *Umwelt,* a função da câmera em carrinho; ele está repleto de indicações como esta: "deslizar lentamente para trás fazendo uma curva para a esquerda, virar de novo para trás em panorâmica", ou esta: "deslizar para frente, em viés", indicações, aliás, utilizadas geralmente para a *Umwelt,* limitando-se a planos mais corriqueiros na ação principal. Pois, para Mayer, a impressão da *Umwelt* recebida pelo espectador deve ser aumentada com o movimento da câmera nas tomadas, com o que o diretor faz o espectador perceber que está sendo mostrado um universo particular. Por outro lado, sempre segundo Mayer, esses movimentos devem avançar em profundidade e em altura no decorrer dos acontecimentos, a fim de representar a vertigem que se apodera do ser humano no seio da natureza e do mundo em que vive.

Essas notas, bem como uma ilustração de um carrinho conduzindo duas câmeras — "carro de tomadas" especialmente construído para a realização deste filme, para permitir a execução de movimentos combinados —, provam que Pick foi o primeiro a utilizar num estúdio alemão a *entfesselte Kamera* — a "câmara desvencilhada". (Contudo Boese — ver apêndice III — afirma que Wegener já se servira, para os fantasmas de O GOLEM, de uma câmera móvel.)

Certamente Murnau, em O ÚLTIMO HOMEM, utilizará com mais sabedoria que Lupu Pick as indicações de Carl Mayer, que são a base de suas proezas óticas e suas penetrantes explorações no domínio do visual. A câmera rolante não lhe basta: Murnau prenderá o aparelho no corpo do *cameraman* com uma espécie de armadura, obrigando-o a seguir Jannings passo a passo, a se dobrar, inclinar e contorcer para fazer tomadas sob os ângulos mais complicados.

No entanto, Pick percebe muito bem o alcance das anotações técnicas de seu autor: "os novos movimentos da câmera", explica, "são ricos em significados e inseparáveis do roteiro. Como o filme é essencialmente uma imagem em movimento, as sugestões do autor são para que a cena onde se desenrola a ação apareça banhada pela *Umwelt,* como uma ilha no meio do mar". (É seu apego ao símbolo, mais que à imagem, que o impede de atingir, no manejo da câmera móvel, um domínio igual ao de Murnau.)

*

A linguagem de Carl Mayer, de frases curtas, inacabadas, muitas vezes truncadas, com sua construção expressionista de verbos invertidos, é curiosamente escandida, articulada com cortes imprevistos. Os "E!", os "Agora!", os "Portanto!", jogados aparentemente ao acaso entre as frases e sempre isolados numa linha, repetindo-se para acelerar a ação ou retardá-la, revelam o sentido agudo do ritmo em Mayer.[2]

Em *Expressionismus und Film*, Kurtz ressaltou a divergência entre os dois objetivos estilísticos: um escritor expressionista não pode entrar em acordo com um diretor que procura os desenvolvimentos psicológicos, mesmo que estilizados, de uma atmosfera burguesa, a não ser que aceite algumas modificações em seu estilo pessoal. Mayer se esforça — acrescenta Kurtz — em minimizar as atitudes corriqueiras de seus heróis, para torná-las, segundo as leis expressionistas, "elementos de composição". Pick, com seu gosto pela metafísica, encontra-se a meio caminho desta concepção.

Não é unicamente a linguagem de Carl Mayer que faz com que este filme fique muito menos distante da ideologia expressionista do que acreditava Lupu Pick: o expressionismo, querendo evitar as armadilhas e tentações do "detalhe", valorizado pelos naturalistas, cai no domínio do objeto.[3] Por isso encontramos em Mayer e Pick esse exagero do objeto que representa o elemento essencial da engrenagem do Destino: em A NOITE DE SÃO SILVESTRE, por exemplo, a mesa com uma toalhinha estreita, posta apenas para duas pessoas, é mostrada com insistência. Em M, quando Lang nos mostra, com uma montagem rápida, a cadeira vazia e o prato sem uso da

2. Estas inserções, diz ainda Pick, fazem sentir, como numa partitura musical, o *"tempo"* dos ritmos que o autor deseja concretizar no filme.
3. O espírito meticuloso dos alemães sempre gostou de acentuar os detalhes — lembremos as digressões loquazes de seus autores, de Jean Paul a Thomas Mann, passando por Theodor Fontane; nunca o fazem à maneira de um Stendhal, para quem os detalhes não têm outro fim senão aumentar a autenticidade. Os predecessores imediatos de Max Reinhardt puseram em evidência os detalhes realistas das peças de Gerhart Hauptmann ou de Sudermann, como outrora o duque de Meinigen, que espalhou "cor local" em seus dramas históricos.

garotinha assassinada, o espectador sofre um choque imediato. No filme de Pick, o procedimento exige, da parte do espectador, maior vigilância: supõe que este olhe longamente, junto com a jovem (avisada da intrusão iminente da sogra pela sombra que se perfila na janela embaçada), a mesa onde a intimidade a dois vai ser destruída. Depois a jovem põe, a contragosto, um terceiro prato no lado onde não há toalha. Mayer e Pick se estendem o quanto podem, a jovem vai e vem. Finalmente, nos é mostrada, após a inserção de planos detalhados da *Umwelt* (inclusive do cabaré), a reconciliação passageira das duas mulheres que exageram sua pressa feliz em pôr a mesa, para três desta vez.

Juntamente com Mayer, Pick se prende aos subterfúgios da alma: enquanto a nora dorme, a velhinha desocupada irá vagar entre o carrinho de bebê no qual não ousa tocar e o fogão que atiça timidamente. Pick roda quantidades de metros de película antes de revelar o ponto culminante dessa tragédia pequeno-burguesa: dois retratos de família — um deles, a foto do filho celibatário junto à mãe inchada de orgulho, o outro mostrando o filho com a noiva que soube arrancá-lo à devoção filial — desencadearão uma cena de ciúmes entre a sogra e a nora. Finalmente, elas levarão o homem, dividido entre os dois amores egoístas, com o raciocínio perturbado, embrutecido à custa de copadas de ponche, ao suicídio.

Ao longo de todo o filme, o objeto impera: o fogão em que se agarra a velha, quando o filho se vê obrigado a expulsá-la, torna-se o emblema do próprio lar. Seu gesto maquinal, que faz rodopiar na sala de jantar (onde o vazio deixado pelo morto já se faz sentir) o carrinho do bebê, agora órfão, torna-se intolerável por estar carregado de sentido. As serpentinas, pisoteadas e varridas de manhãzinha, nas ruas, ou que pendem, emaranhadas e arrebentadas, das cadeiras e mesas do cabaré vazio, a última folha de um calendário que antes da partida dos fregueses um homenzinho bêbado observa longamente por cima de seu grande nariz de papelão à guisa de máscara de carnaval, decidindo finalmente arrancá-la e amassá-la (cena que não se encontra no roteiro de Mayer) — tudo isto faz parte do simbolismo das "relações psíquicas" de que fala Lupu Pick.

As cenas da rua em festa, o estabelecimento de luxo com os convivas elegantes, a bebedeira ingênua e ruidosa do cabaré, a invasão dos foliões fantasiados e bêbados no quarto do enforcado, o vagabundo notívago retardatário que bate em vão na porta trancada do cabaré semi-iluminado penetrado pelo desespero, todas estas passagens, dominadas pelo triste *fait divers* de um suicídio miserável, se entrechocam por meio de uma decupagem e uma montagem elaboradas, e revelam o gosto pelos contrastes violentos procurados pelos expressionistas. O despojamento extremo das personagens, em torno das quais se apagam os figurantes dessa tragédia condensada no espaço de uma hora, está conforme às regras expressionistas, segundo as quais as pessoas não devem encarnar senão "princípios".

Pois Mayer fala de *Gestalten*, isto é, "formas, figuras", e indica: o homem, *sua* mulher, *sua* mãe — privando as duas mulheres, com o pronome possessivo, de toda existência individual. Por outro lado, indica que apenas essas figuras principais devem aparecer em planos aproximados, "já que a atmosfera geral do *réveillon* compõe somente o fundo sobre o qual se desenrolam os acontecimentos da ação". Os aposentos e a cozinha devem ser pequenos e de teto baixo, para que mesmo tomadas em sua totalidade as figuras preencham "intensamente" o espaço.

Notamos um curioso retorno a um naturalismo ultrapassado, em que transparece o expressionismo. A interpretação de Klöpfer do homem exangue é muito reveladora, em seu jeito de ficar com o peito jogado para trás e enviesado; seu riso, um pouco longo quando se debate como uma grande forma ao mesmo tempo mole e rígida entre os dois seres amados, prefigura o aspecto com que o veremos nos planos do enforcado já sem a corda, com sua máscara rígida e inchada como de um afogado.

A maneira insinuante do *Kammerspiel* intensifica o peso da ação, aumenta sua lentidão arrastada. É de fato possível que a nora, ao perceber a sogra na janela, hesite antes de avisar o marido; mas que este, embora seus reflexos estejam evidentemente entorpecidos, deixe passar tantos intermináveis minutos antes de mandar entrar a mãe que espera no frio, parece pouco convincente.[4]

✶

Não nos deixemos enganar: Lupu Pick, com suas tragédias do cotidiano, não introduz o realismo no cinema alemão. Se complica a

4. A lição que Pick aprenderá com o *Kammerspiel*, e que servirá para os demais cineastas, é que as personagens, cuja intensidade de expressão se aproxima da pantomima, não precisam mais mexer os lábios em diálogos mudos tornados inúteis, e nos quais os subtítulos nunca tinham passado de um fraco *Ersatz*. As raras vezes em que, desesperadas, as personagens do *Kammerspielfilm* parecem gemer e como que deixam escapar dos lábios sons incoerentes, a emoção do espectador chega ao auge.

ação com a elaboração de uma psicologia aprofundada, suas personagens não são para tanto despidas da abstração nebulosa à qual se devotam todas as figuras saídas do ideário expressionista. E os mendigos autênticos, cujas silhuetas dispõe aqui e ali, depois de tê-los devidamente maquiado a ponto de se parecerem com os mendigos fabricados por Peachum, na *Ópera dos Três Vinténs,* perdem todo o significado social na vaga de símbolos simplistas e sentimentais.[5]

Tomemos, em A NOITE DE SÃO SILVESTRE, a passagem da porta giratória do estabelecimento de luxo — bastante insignificante em si, mas que anuncia algumas cenas essenciais de O ÚLTIMO HOMEM. Carl Mayer, roteirista dos dois filmes, sem dúvida previu o que poderia tirar desta porta giratória, mas Lupu Pick, espírito menos flexível e menos rico, ainda não consegue compreender. Se compararmos os efeitos visuais dessa passagem com os dos planos tomados através da porta giratória ou das portas do restaurante e do *hall* obtidos por Murnau, acreditaremos que Pick, de início escolhido para rodar O ÚLTIMO HOMEM, poderia realmente ter feito o mesmo?

É aí que se revelam os limites de um diretor, perfeitamente sincero, sem dúvida, mas não genial.

★

Paul Czinner tira melhor partido da ambigüidade do *Kammerspiel,* à qual se adapta bem Elisabeth Bergner, sua companheira e atriz espantosamente talentosa. Em NJU — MARIDOS E AMANTES (*Nju, eine unverstandene Frau*), já mostra personagens voltadas uma para outra, em silêncio, e o espaço é todo preenchido por este silêncio. A sutileza de Czinner ganhará em qualidade quando, em seus últimos filmes, inserir primeiros planos: interpretará então a atmosfera latente, apresentando rostos, tomados de perto, nos quais se reflete a passagem de uma emoção como uma nuvem que percorre um céu límpido.

Ou então, como em O VIOLINISTA DE FLORENÇA (*Der Geiger von Florenz*), utilizará a câmera lenta, e Bergner, segurando o violino, desliza como em sonho pelo salão, como um acorde musical que vai se extinguir.

5. Será por causa da "eternidade dos motivos", realçada por Pick, e na qual se misturam a *Weltanschauung* e o pitoresco, que o realismo alemão sempre sofrerá, forçosamente, a alteração artística de uma estilização maior ou menor?

No entanto, é preciso fazer algumas ressalvas no que concerne ao talento de Czinner e de Bergner: por exemplo, em AMOR — A DUQUESA DE LANGEAIS (*Liebe — Die Herzogin von Langeais*), Bergner, atriz muito nervosa e freqüentemente contraída, torna-se francamente insuportável, sobretudo quando quer interpretar a alegria: ela ignora a graça.[6] No que se refere a Czinner, quando sai do encantamento do *Kammerspiel*, revela-se bastante medíocre.

Num filme alemão, a preocupação em compor uma atmosfera que sugira "as vibrações da alma" se une ao jogo de luzes. Em outras palavras, a *Stimmung* flutua em torno tanto dos objetos quanto das personagens: é uma consonância metafísica, uma harmonia mística e singular em meio ao caos das coisas, uma espécie de nostalgia dolorosa também, que, para o alemão, se mescla ao bem-estar, uma nuança imprecisa da *Sehnsucht*, saudade colorida pelo desejo, volúpia do corpo e da alma.

No mais das vezes, é uma paisagem "velada", melancólica, que espalha esta *Stimmung*, um interior onde o clarão estiolado de uma lâmpada suspensa, de um candeeiro, de um castiçal ou mesmo de uma janela penetrada por um raio de sol cria a penumbra. É assim que Lang procura sugerir a atmosfera incerta do claro-escuro na cena do asilo dos velhinhos em A MORTE CANSADA; em M, a fumaça dos cigarros se mistura às vibrações luminosas do lustre de um salão. Em O ÚLTIMO HOMEM, Murnau cria a atmosfera sufocante acumulando nos espelhos dos lavatórios os reflexos de objetos que brilham no vapor, a luz das lâmpadas, a reverberação das ripas sombrias de uma espécie de pérgula na rua vizinha. Arthur von Gerlach, em CRÔNICA DE GRIESHUUS, aumenta a intensidade da atmosfera pela utilização de luzes veladas, pelo jogo de reflexos nas rugas de uma roupa de veludo, pela sugestão de uma aparição espectral em sobreimpressão.

Pensamentos cuja presença é quase tangível parecem planar em toda parte, como almas penadas, privadas de repouso; são as "lembranças longínquas" de que fala Novalis, "desejos da adolescência, sonhos da infância, breves alegrias e vãs esperanças acumuladas ao longo de uma vida, que se aproximam, vestidas de cinza, como a névoa da noite". (O poeta observa, aliás, que a noção de *Stimmung*

6. AMOR — A DUQUESA DE LANGEAIS permite constatar que não é indispensável ao *Kammerspielfilm* possuir um número restrito de personagens, nem que estas pertençam a um meio simples e cotidiano. Neste filme, o silêncio e a reserva característicos dos dois tímidos amantes balzaquianos chama a atenção.

faz alusão a "condições musicais da alma, e que inclui uma acústica psíquica e uma harmonia de vibrações".)

Talvez existam ainda algumas pessoas que se lembrem de uma bela passagem do filme perdido de Murnau TERRA EM CHAMAS: num cômodo mergulhado na penumbra, a luz do dia penetra em dois longos fachos vindos do fundo, à direita; eles se detêm antes de tocar duas formas humanas, um homem e uma mulher, em pé, igualmente à direita, vestidos de negro e quase se confundindo com a semi-obscuridade que reina: um dos fachos luminosos passa não longe dos pés do homem, aumentando de forma singular o dramático e misterioso silêncio.

Ou ainda, por trás das frestas de uma persiana, adivinhamos uma luz esfumada diante da janela, que difunde no assoalho a rede oscilante onde o estudante de Praga, ajoelhado aos pés da bem-amada, goza de um momento de paz; no espelho alto, que alguns instantes mais tarde trairá seu funesto segredo, reflete-se a reverberação da janela quadriculada.

Um toque último da *Stimmung*: o estudante de Praga, depois de atirar no duplo, jaz no chão diante do espelho quebrado. Na penumbra, paira como uma aura a paz reencontrada.

Evocar atmosferas com a sugestão de sentimentos vagos, revelar pouco a pouco o segredo de almas sensíveis com toques insinuantes é em si muito germânico. Lang já adotara este estilo em OS NIBELUNGOS, na famosa cena em que Kriemhild e Siegfried se aproximam um do outro, muito lentamente, num *retardando* típico (*Ausspielen*, interpretação intensificada, cara à profundidade alemã). Kriemhild traz a taça de boas-vindas que oferece a Siegfried, como o Santo Graal. Nem Kriemhild, nem Siegfried abandonam a hierática rigidez. Trata-se aqui do *Kammerspiel* transposto para uma ópera wagneriana. O grupo heráldico formado por Gunther e Siegfried, que bebem da taça para selar sua fraternidade de sangue, é mostrado com menos religiosidade que aquele primeiro encontro dos amantes.

Essa *Stimmung* às vezes se inclina, sem qualquer transição, para o terror: por exemplo, a irrupção da tempestade em O ESTUDANTE DE PRAGA, com nuvens que laceram o céu, árvores que se sacodem, galhos que se vergam, acompanhamentos orquestrais de extrema violência que marcam o ritmo da luta interior do herói; ou o açoite dos relâmpagos, associados ao desespero de Fausto ao invocar o demônio; ou ainda a cintilação flutuante de uma tromba d'água, com os ricochetes de galhos esparsos de contornos brancos e esqueléticos nas trevas, acentuando a forma frágil de Nju (heroína de MARIDOS E AMANTES), que se deixa ir à deriva para um suicídio solitário, como uma pequena forma patética, arrastada pelos ventos que agitam as pregas de seu vestido.

Como sabemos, a alma germânica passa facilmente do sublime para o ridículo: se algumas passagens hoje nos fazem sorrir, se o ritmo dos filmes alemães parece às vezes de uma lentidão intolerável aos espectadores franceses, é que os realizadores alemães se empenham em geral em esgotar toda a *Stimmung* de uma situação, em vasculhar as últimas dobras da alma.

"Os alemães nada exigem", já dizia Madame de Staël a respeito do teatro alemão, "além de se estabelecer tranqüilamente no espetáculo e dar ao autor todo o tempo que quiser para preparar os acontecimentos e desenvolver as personagens: a impaciência francesa não tolera tal lentidão."

É o peso dos diálogos mudos da alma, é essa atmosfera incomunicável do *Kammerspiel* que se torna sufocante.

XII

MURNAU E O "KAMMERSPIELFILM"

Quando eu passava por ti, em menino,
Surgias com uma segurança infinita, no portão,
Teu tricórnio parecia tocar o emblema das
[estrelas,
Tua barba descia toda-poderosa, ó homem do
[bastão!

WERFEL, *O Divino Porteiro* (ciclo de poemas "Somos", 1913).

Uma porta giratória. Que gira perpetuamente na luz. E diante dela: Um porteiro! De estatura alta. Rígido como um lacaio (...).

Carl MAYER, roteiro de *Sylvester,* publicado em 1924.

O ÚLTIMO HOMEM (1924).

A câmera móvel.

Mais uma vez, a ausência de subtítulos dá lugar a uma sucessão de planos cuja ação progride por meios unicamente visuais. De novo e mais ainda, o filme se opõe aos preceitos expressionistas. Edschmid não denunciara com veemência o drama da ambição social e as tragédias mesquinhas inspiradas pelo uso do uniforme, *"das Leid der Atrappe, des Kleides"*?

Mayer e Murnau[1] se empenham nessa tragicomédia que é o destino de um porteiro de hotel, orgulhoso de sua libré engalanada, admirado pela família e pelos vizinhos do pátio interno como se fosse um general. Tendo ficado muito velho para carregar bagagens pesadas, ele é removido e encarregado dos lavatórios dos homens; precisa, pois, trocar sua roupa de gala por um simples avental branco. A família sente-se desonrada, ele se torna motivo de escárnio dos vizinhos, que descontam assim a adulação que lhe prodigalizaram outrora. Trata-se de uma tragédia alemã por excelência, que não se compreende senão na Alemanha, onde o uniforme é rei, é Deus. Um espírito latino tem grande dificuldade em conceber seu alcance trágico.

1. Como já assinalamos, um desentendimento entre Pick e Mayer pôs fim ao projeto de fazer uma trilogia de *Kammerspielfilme*, espécie de tríptico de que DESTROÇOS e A NOITE DE SÃO SILVESTRE teriam sido as partes laterais. O ÚLTIMO HOMEM, que devia ser a parte central, foi a seguir filmado por Murnau.

O poder de Murnau extrapola os limites do *Kammerspielfilm*, e não somente porque o filme contém um número maior de personagens que o geral dos filmes do gênero. Salvo a personagem principal, que devia ser interpretada pelo próprio Lupu Pick, e que Jannings encarna com toda a sobranceria de cabotino inspirado que o caracteriza (aqui, no entanto, é menos sofrível que no mais, já que sua pomposa fatuidade coincide com a do papel), as demais personagens permanecem curiosamente desprovidas de brilho: parecem estar ali apenas para compor uma réplica ao patético porteiro de hotel. Seria um último vestígio da concepção expressionista, segundo a qual todas as personagens com quem o herói entra em conflito ficam privadas de vida pessoal, não passando (como observou um crítico de teatro contemporâneo a respeito da peça expressionista *O Filho*, de Hasenclever) das *Ausstrahlungen seiner Innerlichkeit*, isto é, das "irradiações de sua essência íntima"? Fantoches imprecisos, semelhantes às personagens anônimas do hotel, os vizinhos do "último homem" existem apenas para espiar o herói, não adquirindo vida senão quando este aparece. Assim que o porteiro sobe para casa, pode-se apagar o lampião da escada, e se de manhã toda essa gente se põe nas janelas e sacadas para sacudir os lençóis e bater as colchas, seus gestos não parecem ter outro fim senão sublinhar, com um acompanhamento modesto e quase mecânico, a ação maior, que é a escovadela do uniforme sagrado.

Murnau acentua deliberadamente este efeito nas tomadas: o porteiro, ao se dirigir para o hotel em seu esplendor engalanado, é filmado de modo a parecer muito maior do que os transeuntes que se cruzam com ele; durante a cena do casamento, ele aparece no centro da imagem com mais relevo e precisão e muito maior que os convivas que o rodeiam e permanecem desfocados.

Não obstante, os procedimentos expressionistas têm pouco espaço no filme. Se Murnau os utiliza nas passagens do sonho, é apenas porque o alcance fantástico do estilo lhe permite obter os efeitos que julga necessários naquela parte. Naturalmente, tendo, como todos os seus compatriotas, um fraco pelos símbolos, não se cansa de realçar (incitado por Carl Mayer), sempre que a oportunidade aparece, o significado "metafísico" de um objeto: o guarda-chuva do porteiro torna-se de alguma forma seu cetro, e ele não o cede aos *grooms* do estabelecimento a não ser em raras ocasiões e com uma magnanimidade cuja extensão se faz perceber. O botão, arrancado da libré que tomam ao porteiro, é filmado pela câmera durante a queda; este detalhe faz a espoliação equivaler a uma degradação militar. Porém o símbolo, numa obra de Murnau, jamais transmite aquela falsa profundidade sob a qual tantos alemães escondem um vazio pomposo; manipulado por Mayer e Murnau, o símbolo adere à ação: a falta do botão, por exemplo, obrigará o porteiro a se lembrar, contra a vontade, da humilhação que precedeu seu sonho de triunfo. E o símbolo reveste ao mesmo tempo o caráter implacável do destino: quando o porteiro desce para os lavatórios, é a descida aos infernos, as folhas da porta se fecham atrás dele, sem remissão. Lubitsch, cujo espírito vaudevilliano aprecia os qüiproquós artificiais, manipula portas múltiplas que, sem cessar, se abrem e fecham — mas estão longe de assumir o significado que adquirem com Murnau. Em NOSFERATU, o portão fechado por mãos invisíveis acentua o fato de que o jovem não poderá mais doravante se libertar da maldição, que vai se espalhar por uma cidade inteira.

O movimento da porta giratória — cujo domínio deixa tão orgulhoso o porteiro, que assim dirige as entradas e saídas — torna-se o turbilhão da vida onde entram e saem os seres humanos. Mais uma vez, confere-se ao inorgânico, a um objeto absolutamente necessário à ação, um sentido transcendental, indicado solenemente, à moda alemã. Mas Murnau, ao contrário de Pick que cai facilmente num simbolismo árido, consegue dar vida à porta giratória.

O objeto pode igualmente determinar ou acelerar as peripécias trágicas: o movimento da porta que conduz aos lavatórios revela à vizinha a decadência do porteiro. As folhas da porta se agitarão ainda quando o cliente rico, que se ofende por não ter sido atendido de imediato, sai bruscamente para procurar o diretor; a câmera capta este movimento, escondendo e mostrando alternadamente a forma acabrunhada do "último homem". E a porta que oscila obstinadamente lembra-nos o balanço da lâmpada da qual percebemos apenas os reflexos, na cabine deserta do navio-fantasma de NOSFERATU.

Murnau aprofunda seus contrapontos simbólicos à maneira lenta de seus compatriotas, e é neste domínio que melhor sentimos a influência de Carl Mayer: nos lavatórios, o cliente abastado ajeita o orgulhoso bigode, escova os cabelos que partem de uma risca empastada, executando exatamente os mesmos gestos, marcados pela fatuidade, do porteiro nos tempos de glória. Ou então a tensão extrema da atmosfera corresponde novamente a um estado de espírito: o porteiro desesperado entra na sala vazia onde os objetos trazem a desolação de uma festa acabada, janelas entreabertas com tristes cortinas esvoaçantes, cadeiras viradas em desordem, copos sujos, bafios do banquete que não passam do reflexo visível de seus tormentos. (Pabst serviu-se de um efeito análogo com uma elipse mais marcada, em O AMOR DE JEANNE NEY, ao mostrar o reverso dos fatos ao jovem casal que olhara com uma vaga inveja o casamento dos ricos; fá-los perceber, de novo pela janela, a tristeza do dia seguinte.)

Murnau aumenta o alcance dos símbolos, multiplicando os ângulos das tomadas: o porteiro resplandecente em seu uniforme e inchado de fatuidade é filmado de baixo para cima, ostentando orgulhosamente a barriga, massa enorme, ridícula e incômoda, semelhante à de um general do czar ou um capitalista, tais como os representam os russos. O porteiro rebaixado, ao contrário, é tomado em *plongée* nos lavatórios, esmagado pela decadência.

✶

A câmera dirigida por Karl Freund detalha incansavelmente os dissabores do porteiro, penetra em todos os cantos, segue-o ao longo das paredes, lança-se com ele nos corredores do hotel, jogando com os reflexos da lanterna elétrica do vigia noturno, que avança, circula, se aproxima. Os cineastas alemães cultivam os efeitos do deslizamento da luz nas paredes, que dão profundidade ao espaço.

É um efeito desse tipo que sublinha o gesto do inventor Rothwang, em METRÓPOLIS, ao acuar Maria, esgotada pela perseguição do raio luminoso. Em O AMOR DE JEANNE NEY, com as oscilações da lanterna elétrica que guia o assassino na escuridão, Pabst nos faz descobrir, a cada passo, os móveis miseráveis e o ambiente sórdido no qual viveu o detetive. Enfim, em O ANJO AZUL (*Der blaue Engel*), o círculo luminoso de uma lanterna vasculhará lentamente o poço de uma escada sombria.

Supervisada por Murnau, a câmera "desvencilhada" (é assim que os alemães chamam a câmera móvel) nunca se presta a jogos artificiais. Por isto, cada movimento, mesmo quando deixa perceber a alegria que o diretor experimenta em libertar a câmera de seus entraves, tem um fim preciso, claramente definido. Assim, em TABU, Murnau multiplicará as partidas das embarcações indígenas que se lançam em direção a um veleiro: acentuará a diversidade dos planos, fará com que os barcos se cruzem por uma montagem animada, em que vemos o herói retroceder sob o pretexto de ir à procura de um irmãozinho que se atrasou; fica-lhe assim assegurado todo o vagar para saborear o fluxo e refluxo das canoas estreitas que navegam na água límpida.

O êxito do admirável começo de O ÚLTIMO HOMEM se deve

exclusivamente ao manejo da câmera: através dos vidros do elevador que desce, abarcamos, com um único olhar, todo o *hall* do hotel com o parapeito dos andares, e percebemos de imediato a atmosfera particular que agita a onda ininterrupta de visitantes que entram e saem sob as luzes cintilantes, vibrando num movimento incessante; os contornos se quebram e se refazem a seguir, num encadeamento de visões que nos rouba o fôlego.

Com a câmera sob a supervisão de Murnau, todos os recursos do visual são explorados: ela põe a nu, devagar, habilmente, ponto por ponto, o lamentável estado do porteiro que, alguns minutos antes, ainda víamos bem abrigado sob a segurança suntuosa e pesada de sua libré. Desvela impiedosamente a gola amarrotada de um avental lastimável, o desgaste de um agasalho de lã, e desce aos poucos, para que nada nos escape, pelas pernas encolhidas dentro das calças sanfonadas.

Murnau gosta de juntar a mobilidade da câmera aos efeitos das tomadas através de vidraças, assim como tomou, já no início do filme, o *hall* do hotel através dos vidros do elevador durante a descida. A cena que desencadeia o drama — o diretor anunciando ao porteiro sua designação para uma função mais modesta — é vista de longe, através de uma porta envidraçada. A câmera móvel se aproxima, fixa o embaraço do porteiro e o dorso indiferente do diretor. Vemos, do mesmo modo, por uma outra porta envidraçada, aproximar-se de Jannings a governanta encarregada de conduzi-lo ao novo posto; ela simboliza, pela rigidez de seu comportamento, o "destino inexorável", enquanto no armário reluz, simbolicamente, o esplendor perdido do uniforme. É pelo mesmo procedimento que Pabst mostrará através dos vidros de uma porta, em DIÁRIO DE UMA PECADORA, a cena decisiva entre Louise Brooks, e Fritz Rasp, seu sedutor; e que surpreenderemos, em A ÓPERA DOS TRÊS VINTÉNS, Mackie Messer pedindo a Polly Peachum para acompanhá-lo para sempre.

Murnau aprecia a lisa superfície dos vidros, que tantas vezes substitui para os cineastas alemães uma outra superfície lisa, a dos espelhos. Sua câmera se deleita com essas superfícies opalescentes, por onde se derramam reflexos, chuva ou luz: vidros de automóvel, folhas envidraçadas de uma porta giratória que refletem a silhueta do porteiro recoberto por um impermeável reluzente, a massa sombria das casas com janelas iluminadas, o pavimento molhado com poças d'água espelhadas. É um modo quase "impressionista" de evocar a atmosfera: sob sua direção, a câmera sabe fixar a penumbra velada que à noite emana dos candeeiros iluminados, brinca com as irradiações que no impulso do movimento se tornam vibrações ou ranhuras luminosas; tenta também captar, no espelho dos lavatórios, o reflexo de objetos de toalete brilhantes ou de um tapume negro montado na rua.

*

O sonho do porteiro bêbado é o resultado imanente de todas as impressões que teve, ao longo de sua vida consciente. As folhas da porta giratória, que ficam gigantescas e alongadas à maneira expressionista, batem na cabeça do sonhador, cortando-a: imagem concreta, que significa o estado esquizóide do sonho. Os contornos das folhas se acentuam à medida que sua forma real se esfuma: logo, nada mais resta senão as molduras, depois, bruscamente, apenas os ângulos agitados por um movimento perpétuo. Serão estes ângulos os sinais gráficos pelos quais se encontra representada a porta giratória imaginária? Ou estarão indicando a oscilação da porta do banheiro, que por instantes se superpõe à da porta giratória? A arte de Murnau remexe, entremeia, faz encavalar os elementos, as visões, o começo e o fim de um destino, assim como condensa no *hall* do hotel, com sobreimpressões vaporosas, com subidas e descidas do elevador-fantasma, a impressão de pressa, de impessoalidade, de mudança incessante, de passagem que não deixa traço. O significado dos figurantes anônimos em torno de Jannings, sempre apresentado em relevo, aparece finalmente com toda a clareza: sua tragédia nos é mostrada tal como se passa dentro dele.

Murnau fizera o porteiro ser chamado no escritório do diretor num momento crítico, por não conseguir erguer sobre o dorso enfraquecido uma mala pesada demais, e a montagem rápida nos permitia perceber quase simultaneamente o novo porteiro, vivo e vigoroso, manobrando com um gesto soberano uma grande mala. Agora, no *Wunschtraum* (sonho compensatório), Jannings rejuvenescido e triunfante faz o que quer com uma mala enorme, que toda a equipe de rapazes do hotel fora incapaz de erguer. O expressionismo leva a melhor nesta representação do sonho: da roda de empregados, larvas de máscaras lívidas e idênticas, de cabeça raspada, que se alvoroçam ao redor da mala pesada demais para sua pouca energia, emana poderosamente a "expressão mais expressiva", objetivo raramente atingido pelos expressionistas.

A câmera "desvencilhada" domina totalmente este sonho de

bêbado: movimento e visão se confundem de maneira a se tornar um único fator dramático e conduzir a ação que, fora do sonho, permanece estática. Na passagem que indica o começo da embriaguez do porteiro, quando ele não sabe mais se a cadeira na qual está sentado paira no espaço ou se é o espaço que gira ao redor dele, o contraponto dos movimentos é magistralmente composto: a câmera acompanha o deslizamento atordoante da cadeira, assim como filma a deformação dos objetos nos olhos do porteiro. É certo que Murnau, em seus filmes, sempre esgotou com volúpia todas as possibilidades de uma panorâmica, de um *travelling,* de uma tomada em *plongée,* mas aqui a câmera torna-se o ponto de partida de um extraordinário turbilhão visual, sem que haja o mínimo empastamento na composição da imagem. Ele embaralha os planos, toma uma direção por outra através da montagem, brinca com as proporções, até que a vertigem do herói se apodere também de nós, arrastando-nos para o redemoinho. Nunca o subconsciente foi evocado com tal violência construtiva.[2]

Murnau já tentara, no filme FANTASMA, captar, como diz Balazs, "a realidade submersa pelo sonho": no caos dos objetos, uma mesa põe-se a girar, num "dia hesitante" passam ruas arrastadas num *maelström* fantástico, os degraus sobem e se afundam sob pés que, a despeito de sua imobilidade, parecem desarraigados.

Em algumas passagens do filme, além da do sonho, descobrimos traços de um expressionismo evoluído. Para que seu público, ainda acostumado aos transes e desvarios dos atores do teatro extático, pudesse compreender o desespero do "último homem", Murnau mostra-o prestes a fugir, com a libré nos braços, mas paralisado por um instante, inclinado para o lado, como um navio que naufraga. Sua silhueta trágica alonga-se em viés sobre a tela, junto ao muro diante do qual passava todos os dias, com a complacência afetada de homem uniformizado.

Os expressionistas já exploraram essa postura oblíqua do corpo com a finalidade de acentuar o dinamismo exaltado que acompanha o desvario dos gestos; foi assim que Wiene mostrou seu médico diabólico, cheio de emoção diante do livro que lhe revela o segredo da hipnose; por meio de um jogo de planos, Caligari, tornado gigan-

2. Que são, comparativamente, as paredes que se fendem ao redor da efígie de cera de Jack, o Estripador? Nem as sobreimpressões do sonho psicanalítico em SEGREDOS DE UMA ALMA, aquelas barreiras, aqueles andaimes simbolizando os obstáculos contra os quais se choca o desejo têm o mesmo poder dramático.

tesco, se posta em viés, paralisado numa espécie de paroxismo que se via freqüentemente no teatro, na interpretação dos atores dirigidos por Karl Heinz Martin, Jürgen Fehling ou mesmo Piscator. Assim também nos é mostrado Nosferatu, ao dar o último suspiro. Lembremos ainda as palavras de Kurtz, que afirmava que a diagonal desencadeia, por sua violência expressiva, uma reação insólita na alma do espectador; Hans Richter explica, igualmente, que uma diagonal pode por si exprimir o grau extremo de uma emoção.

Do expressionismo vem ainda aquele efeito de riso gargantuesco: enormes bocas abertas, imensos buracos negros, retorcidos numa gargalhada infernal que parece inundar o pátio junto à casa do "último homem".[3] A UFA não deixará de perceber o alcance desses risos em massa e utilizará seus efeitos com múltiplas variantes, chegando a mostrar numa mesma imagem uma dúzia de personagens telefonando ao mesmo tempo.[4]

Hoje criticam o *retardando* de O ÚLTIMO HOMEM. Mas se Murnau se deteve em cada detalhe, se ampliou o menor gesto ou sugeriu com uma minúcia excessiva as fases de cada expressão do herói, é que, afora a interpretação demasiado forçada de Jannings, a *Stimmung* do *Kammerspielfilm* exige pausas. É igualmente — por contraditório que possa parecer — porque o uso da câmera móvel, conferindo ao relato despojado de subtítulos maior fluidez, permite pesquisar longamente personagens e objetos. Aliás esta história, pequeno *fait divers* da vaidade humana, acontecimento cotidiano que mergulha até as raízes num mundo germânico, exige essa lentidão rítmica, esse peso estático — os únicos que podem lhe dar sentido.

3. Mostrar, após o sonho de embriaguez, o rosto de uma vizinha anamorfoseado por um espelho deformante é também um efeito expressionista, que será retomado por Metzner em ATAQUE. Na cena do riso no pátio, Murnau, misógeno, não nos poupa nenhum detalhe de suas horrorosas megeras de peitos balouçantes.

4. Já em METRÓPOLIS, a cobiça dos espectadores olhando a dança do robô é expressa por uma fileira de olhos ávidos.

XIII

A DIREÇÃO DE MULTIDÕES

> *A cultura fáustica é uma cultura da* vontade *(. . .). É o "Eu" que surge na arquitetura gótica; o pico das torres e os contrafortes são "Eus", e toda a* ética fáustica *é uma ascensão.*
>
> Oswald SPENGLER, *A Decadência do Ocidente.*

METRÓPOLIS, de Lang (1926).

Influência dos coros expressionistas e de Piscator.

Muitas passagens de METRÓPOLIS hoje nos parecem ultrapassadas e até vagamente ridículas, principalmente nas partes em que o sentimental se une ao monumental.[1] Lang ainda não chegou à simplicidade de M, onde a realidade, de modo muito natural, adquire ressonâncias estranhas.

Para distinguir a beleza plástica e luminosa dos planos de METRÓPOLIS é preciso, como para com tantos filmes alemães, saber ir além dos obstáculos que o entravam.

★

A simetria de A MORTE DE SIEGFRIED produz um ritmo lento, inexorável, como a fatalidade que paira sobre esta epopéia

1. As cenas que se passam no imenso escritório, com alguns atores perdidos na grandeza do cenário, não têm o mesmo poder que a das massas operárias. O jardim demasiado suave onde brincam os filhos dos ricos e o estádio muito hitlerista onde se exercita a juventude dourada, bem como a casa de prazeres onde evolui a falsa Maria contrastam com a sobriedade da cidade subterrânea. Da mesma forma, a reconciliação superficial dos operários de mãos calejadas com o patrão insensível, obtida graças à intervenção do filho deste, colocada sob o *slogan* "coração mediador entre o cérebro dirigente e o braço laborioso", vem diretamente da UFA e de Thea von Harbou, então colaboradora infelizmente demasiado preponderante de Lang. Seu sentimentalismo, seu gosto deplorável pela falsa grandeza a farão naufragar rapidamente nas trevas da ideologia nazista.

bárbara. Mas quando se trata de dirigir as multidões de METRÓPOLIS, o ritmo torna-se dinâmico. Além do espírito de observação, Lang tem o dom de assimilar o que viu de modo muito pessoal: Max Reinhardt dirigindo suas tropas de figurantes na ampla arena do *Grosses Schauspielhaus*, as manifestações do teatro expressionista e do teatro de Piscator — a aglomeração dos corpos, a *Ballung* dos *Sprechchöre* (coros falados) e os desdobramentos das massas nos inúmeros andaimes da cena.[2]

A multidão dos *Sprechchöre* tornava-se uma massa compacta e escura, muitas vezes quase amorfa, submissa a um movimento pesado e automático do qual, a intervalos ritmados, se destacava uma personagem, uma espécie de corifeu de coro, como nas tragédias gregas. Para Piscator, imbuído da encenação russa, o homem anônimo dos expressionistas fazia parte de uma coletividade, seu corpo exprimia uma vontade palpitante e contida. Diretor por excelência num século devotado à técnica e a uma concepção essencialmente construtiva, Piscator chegava mesmo a transformar o figurante em elemento arquitetônico antes de projetá-lo de novo num arremesso de preferência cuneiforme, sozinho ou junto com a massa dos outros corpos. Primava em fazer o figurante ficar inclinado, em mantê-lo numa postura de tensão exaltada, semelhante à que almejavam os diretores expressionistas, dos quais se distinguia sobretudo por não evitar absolutamente os movimentos transitórios.

Seu filme A REVOLTA DOS PESCADORES (1934), rodado na URSS, conserva alguns traços desse patético expressivo: a personagem principal, por exemplo, ao descer uma passarela em companhia dos grevistas, pára por um momento, com os ombros enrijecidos, o peito inflado, as pernas separadas numa atitude heróica de descanso ao mesmo tempo enérgico e tenso — como vemos ainda hoje nos cartazes alemães de publicidade, enaltecendo um medicamento qualquer para devolver o vigor aos neurastênicos. Kurtz já dissera: as figuras dos filmes alemães estão sempre *in geistiger Fechterstellung*, isto é, espiritualmente na postura de ataque do esgrimista.

2. Lang estava menos próximo de Karl Heinz Martin — cuja encenação explosiva provocava o rompimento das formas, graças a um jogo de iluminações violentamente contrastadas, e que utilizava arcadas e pontes que terminavam abruptamente sobre abismos. Ao escolher para A MORTE DE SIEGFRIED uma arquitetura monumental, estava sob a influência de Leopold Jessner, que costumava coordenar ou subordinar em sóbrias simetrias as diferentes partes de uma cena sobre um palco em desníveis harmoniosos.

No que concerne à manipulação de multidões na tela, Lang tivera contudo um predecessor: Otto Rippert, que dirigiu em 1916 o famoso HOMUNCULUS. Aqueles para quem o cinema alemão começa em CALIGARI deveriam ver um episódio desse filme notável, que passou quase despercebido. Contém, além do claro-escuro, todos os elementos daquilo que será o cinema alemão nos quinze anos seguintes. As atitudes de Olav Foenss no papel de Homunculus, aqueles gestos bruscos, aquela máscara de esgares prenunciam a interpretação adotada por Kortner em ESCADA DE SERVIÇO ou SOMBRAS, bem como a de Klein-Rogge em METRÓPOLIS. Mas a influência de HOMUNCULUS sobre METRÓPOLIS se revela principalmente em certos movimentos de massa, que lembram com muita precisão a multidão excitada que se levanta contra Homunculus e depois se desdobra em triângulo, numa corrida rumo à escada. As semelhanças entre Rippert e Lang saltam aos olhos: Lang, aliás, trabalhou algum tempo com Rippert, compondo os roteiros de seus filmes.

Para descrever as massas dos habitantes da cidade subterrânea em METRÓPOLIS, Lang utilizou com felicidade a estilização expressionista: seres privados de personalidade, com ombros arqueados, acostumados a baixar a cabeça, submissos antes de lutar, escravos vestidos com roupas sem época. Notemos a estilização extrema durante a troca de turnos e o encontro de duas colunas que andam num passo ritmicamente marcado. Ou ainda o bloco de operários amontoados nos elevadores, sempre de cabeça baixa, sem existência pessoal.

Os cubos das casas, dispostos em ângulos, as fileiras uniformes de janelas ou algumas portas oblíquas, diante das quais há sempre o mesmo número de degraus, reforçam a monotonia da cidade subterrânea; as *Mietkasernen* (habitações populares semelhantes a casernas) compõem um fundo perfeitamente adequado à distribuição mecânica das massas sem individualidade. As câmeras de Freund ou de Rittau irão tomá-las enquanto atravessam o pátio onde se dará, a seguir, a célebre cena da inundação. E eis que as massas se desdobram num escalonamento que segue as regras dos coros expressionistas: evoluem em várias divisões, retangulares ou romboidais, cuja absoluta nitidez de contorno nunca será perturbada por um movimento individual.

É com a mesma perfeição mecânica que se desdobra o cortejo das vítimas do Moloch: a grande fachada da central das máquinas se transforma e ganha a fisionomia do deus devorador (reminiscência de CABIRIA); o desfile de divisões retangulares dispostas com igual distância entre si — desdobramento regular que já havíamos notado entre os guerreiros de SIEGFRIED [3] — será arrastado para a boca voraz.

*

Os habitantes da cidade subterrânea são autômatos, muito mais que o robô criado pelo inventor Rothwang. Suas pessoas se coadunam inteiramente com o ritmo das máquinas complicadas: os braços se tornam raios de uma roda imensa, os corpos, aninhados nos buracos na superfície da fachada da central, representam a agulha animada por um movimento de relógio. A estilização transforma o humano em elemento mecânico: nos compartimentos dos dois andares, a diagonal de cada corpo aponta sempre para uma direção oposta à do vizinho. As leis da "formação do espaço" aplicam-se também ao corpo, esclarece Kurtz, pois é antes de tudo o corpo humano que confere sua plástica à estrutura cênica.[4]

Além desses homens-máquina, Lang procura cada vez mais encaixar um grupo de figurantes num quadro geométrico. Em A MORTE DE SIEGFRIED, o corpo humano era muitas vezes um elemento do cenário; em METRÓPOLIS, torna-se fator básico da arquitetura em si, fixado junto com outros corpos num triângulo, numa elipse, num semicírculo.

Porém esta estilização geométrica, último vestígio da estética expressionista, nunca conduz o diretor a uma obra rotineira. Suas multidões, mesmo "arquiteturadas", permanecem vivas, como a pirâmide de braços que se elevam em súplica durante a inundação, ou a penca de crianças agarradas ao corpo de Maria, na última ilhota de concreto ainda não submersa pela inundação. Esse agrupamento em pirâmide (que reaparece na mistura cuidadosamente uniformizada das mãos ávidas estendidas para a aparição da falsa Maria, montada na besta apocalíptica, ou no auto-de-fé do robô) é às vezes substituído por um grupo triangular que, por um efeito de perspectiva, tem a ponta alongada na tela, como na cena de revolta num episódio de HO-

3. E que reencontramos em O TRIUNFO DA VONTADE, filme de Leni Riefensthal, sobre uma reunião do partido nazista em Nuremberg.
4. Os alemães não tentam criar um tipo, mesmo que seja para exagerá-lo, e sim atingir com a estilização uma forma estereotipada. Nisto diferem dos diretores soviéticos, mais sóbrios.

MUNCULUS. Lang emprega repetidamente essa técnica: por exemplo, as crianças que afluem para a ilhota, os operários que se arrojam para destruir a central ou para capturar o robô. Assinalemos enfim o cortejo de operários, que marcha para o portal da catedral, encabeçado pelo contramestre (ponto culminante do triângulo), encarnado por Heinrich George.[5]

Há momentos em que a estilização extrema dos agrupamentos se distende um pouco: nas catacumbas, quando os operários escutam a falsa Maria, é a primeira vez que estas personagens tomam um aspecto mais individualizado, apesar da violenta deformação expressionista dos rostos. Acontece também dos grupos cristalizados se animarem até se tornarem parte integrante da ação, como na cena em que os operários da Torre de Babel avançam em cinco filas convergentes pelos canteiros em meia-estrela. Na mesma passagem, o aspecto dos revoltosos que se arremessam para o alto da escada onde o eleito se mantém em êxtase, com os braços para o céu, evoca o choque das massas dirigidas por Piscator.[6]

*

Em METRÓPOLIS, como em todos os seus filmes, Lang manipula admiravelmente a iluminação: a cidade do futuro aparece como uma soberba pirâmide, um acúmulo de arranha-céus que lançam paveias de luzes. É um maravilhoso artifício de projetores e trucagens, onde se desenham, como os quadrados brancos e pretos de um tabuleiro de xadrez, as janelas iluminadas e as faces sombrias dos muros; radiações luminosas irrompem por toda parte, cintilantes e

5. O semicírculo formado pelos operários em revolta ao redor das ruínas fumegantes das máquinas faz parte da ação; já a tomada em *plongée* da praça, onde os operários formam um círculo ao redor do pai angustiado e onde se posta a forma rígida de Rasp como um acusador anônimo, é concebida de modo mais intencional. (Notemos aqui o empréstimo tomado a CALIGARI: Rothwang, ao se tornar louco, carrega Maria por cima do telhado, imitando César.)

6. A geometrização das multidões é, às vezes, sustentada por uma similaridade de gestos, acentuada ainda pela montagem. Maria, tentando forçar uma lucarna, faz contraponto a Freder, que esmurra a porta da casa misteriosa onde Maria é mantida prisioneira. (Ver igualmente, em FIGURAS DE CERA, o gesto do vizir afiando o sabre, que, graças à montagem, se prolonga no do padeiro batendo a massa. Em O ÚLTIMO HOMEM, o movimento que faz a noiva para adoçar o bolo será associado ao do porteiro escovando os cabelos.)

vaporosas, ou agrupadas em fina chuva de raios. As maquetes da cidade, com suas estradas e pontes que se projetam no vazio, tornam-se imensas. Com a ajuda da *Spiegeltechnik* (técnica de espelhos) de Schüfftan, as casas operárias, das quais somente uma parte da altura total é edificada sobre o tablado, refletem na tela suas fachadas prolongadas.

A luz chega mesmo a dar uma impressão de sonoridade: o assobio da sirene da fábrica é representado por quatro faróis, cujos fachos luminosos se ejetam como gritos. A luz desempenha igualmente um papel essencial na criação do robô, assim como na sinfonia das máquinas, derivada dos filmes abstratos de Leger e Ruttmann. Nesta *féerie de laboratoire,* aqui tão útil, alambiques se enchem de uma luminosidade fluorescente, tubos de vidro reluzem subitamente, ziguezagues de relâmpagos ou faíscas fulguram, círculos de fogo sobem, e as rodas de motores e as alavancas parecem se transformar em brenhas fosforescentes. Graças à iluminação e às sobreimpressões, o turbilhão das máquinas, misturado aos fantasmagóricos arranha-céus espigados, arrasta para um pesadelo febril Fröhlich-Freder, que perde a consciência.

Nas raras vezes em que se distende a atenção permanente que Lang dedica aos efeitos de luz, percebemos de repente que as máquinas não têm praticamente nenhuma razão de ser; compõem apenas uma espécie de fundo movimentado, um acompanhamento, uma espécie de barulho de bastidores; na ruidosa orquestração visual de METRÓPOLIS — filme mudo — quase escutamos essas máquinas, assim como as sirenes da fábrica.

Fumaça luminosa subindo da fogueira, vapores das máquinas destruídas, jatos de gêiser e cascatas de água onde a luz se infiltra sob os arcabouços de ferragem, eflúvios nevoentos da fábrica cuja espessura as silhuetas dos operários mal conseguem perfurar, nácar dos círios ao redor das cruzes erguidas na penumbra da igreja subterrânea, caverna sombria das catacumbas onde a lanterna elétrica do inventor espiona a silhueta fugitiva de Maria e onde, aqui e ali, se arreganha sob o cone luminoso a cara branca de um morto: Lang se serve de tudo isso para aumentar a intensidade da atmosfera, e o pitoresco dá lugar a um *crescendo* dramático.

XIV

A AVENTURA EM FRITZ LANG

(. . .) Depois que o filme policial abandonou o gênero "romance de folhetim", precisou encontrar uma fórmula que tivesse condições de agradar tanto ao público cultivado quanto aos espectadores atraídos unicamente pelo lado instigante da ação. Foi assim que a psicologia criminal se introduziu no filme policial (. . .).

Fritz LANG (no livro de Luc Moullet, Edições Seghers).

AS ARANHAS (1919).

DR. MABUSE, O JOGADOR *(Dr. Mabuse, der Spieler,* 1922).

ESPIÕES *(Spione,* 1927).

A MULHER NA LUA *(Frau im Mond,* 1928).

Em AS ARANHAS, Lang revela um outro aspecto de seu gênio. Este seriado inacabado, do qual foram rodados apenas dois episódios, apresenta uma proliferação, uma superabundância mesmo de incidentes variados que extrapolam e embaraçam a ação; pois suas aventuras complicadas, múltiplas, repletas de cores, se encavalam, se entrecruzam, desafiam a compreensão. Na cópia que nos resta, os subtítulos, na época tidos como indispensáveis à compreensão, estão ilegíveis, não ajudando em nada.

É surpreendente que já no terceiro filme (os dois primeiros desapareceram) um jovem diretor demonstre tal domínio na direção de determinadas seqüências. As cenas filmadas num trem de verdade — naturalmente sem transparência —, as perseguições com todo seu suspense e seus detalhes calculados um a um, realizadas com aquela lógica e precisão que admiramos em suas obras posteriores, a atmosfera que criam graças à grande habilidade em sua utilização, as iluminações e os cenários, todas essas provas do talento de Lang já estão presentes para aqueles que sabem *ver*.

Hoje é fácil notar apenas o antiquado, ou mesmo o ridículo de algumas situações ou da interpretação afetada e artificial de uma atriz como Ressel Orla, de seios abundantes. Ela nos faz preferir Pearl White, mais esportiva, ou a Musidora, mais esbelta, de OS VAMPIROS (*Les Vampires*).

Contudo, em certos atores secundários, sentimos a mão de Fritz Lang; com alguns toques, ele confere presença a suas personagens, como o pequeno *groom* no trem, que devora uma banana com gulodice.

Se Lang enfatiza ainda com peso demasiado a comicidade do despenseiro e dos domésticos que degustam o bom vinho antes de servi-lo aos convidados, evoluirá sensivelmente a seguir para uma maior sobriedade, quando mostrar, por exemplo, em A MORTE CANSADA, a mesa dos ilustres. (Lembremos, a este respeito, a *gag* muito forçada e bem alemã do porquinho e o despenseiro em AURORA, de Murnau.)

Às vezes o cômico adquire contornos quase fantásticos, como no caso do professor esquisito a quem recorre o herói para traduzir os caracteres incas; ele prefigura o professor louco de A MULHER NA LUA. E o antro repleto de livros empoeirados onde vive em companhia de uma pega inteligente preludia o misterioso laboratório do pequeno boticário de A MORTE CANSADA.

O gosto pelo decorativo fantástico marca a aparição das silhuetas de capuz negro no *hall* suntuosamente exótico do herói; parecem provir dos entrelaçamentos da rampa com clarabóia: elas se multiplicam, se superpõem.

Atrás dos múltiplos braços de bronze de uma deusa hindu, adivinha-se um capuz cujas aberturas deixam perpassar a mirada brilhante de olhos estranhos, semelhantes aos do robô de METRÓPOLIS. No instante seguinte, Lang deliberadamente põe termo a este efeito ornamental: o capuz é retirado, descobrindo o rosto envergonhado de Georg John, o chefe das "Aranhas".

Assim as figuras encapuzadas, que descendem diretamente de OS VAMPIROS de Feuillade — este as utilizava com sobriedade, obedecendo ao escrúpulo documental da "vida tal como ela é" —, têm um duplo papel: embora engajadas na ação do filme, são igualmente elementos do cenário. Lang não alcança ainda a perfeição dos "guerreiros-coluna" de OS NIBELUNGOS.

Se o herói de capuz, confortavelmente instalado em sua caixa no fundo do porão do navio, evoca FANTOMAS com suas proezas de acrobata, é que Lang foi seduzido sobretudo pelo movimento da ação na mastreação aérea, onde as cordas da enxárcia constituem em si um fundo ornamental.

Como no primeiro MABUSE, a hipnose desempenha um importante papel; a aparição de um faquir descarnado num cenário de luxo oriental lembra O IOGUE, de Paul Wegener. Lang tira proveito de tudo: como em Feuillade e nos seriados em geral, os raptores levam a vítima amarrada.

Por alguns instantes, o filme vira um *western,* o herói parece emprestar a máscara impassível de William S. Hart. No ataque à cabana, ele sobe no telhado, salta sobre um cavalo e, perseguido pelas "Aranhas", agarra no último minuto a corda de um balão providencial.

Os alçapões secretos, os elevadores complicados vigiados por um chinês com um sabre afiado, o chão que se abre, os subterrâneos inquietantes onde sinistros *gentlemen* de cartola mantêm terríveis conciliábulos, as abóbadas blindadas, as divisórias que deslizam, as covas que se enchem de gases asfixiantes, todos esses acessórios são evidentemente herança do filme de suspense.

Lang os utiliza com conhecimento de causa, e como nada se perde nas mãos deste diretor "consciente e consciencioso", para quem "todos os filmes, quaisquer que sejam, pedem muitos cuidados e reflexões",[1] ainda se servirá deles nos filmes posteriores.

Assim, o espelho que, em AS ARANHAS, "televisiona" as cenas que se desenrolam no subterrâneo diante dos olhos da bela vampe Lio Shah prefigura os múltiplos televisores de OS MIL OLHOS DO DR. MABUSE (*Die Tausend Augen des Dr. Mabuse*).

O arrombamento do banco pelas "Aranhas" prenuncia em parte a intrusão dos arrombadores no prédio, em M. Não falta sequer o guarda amarrado que tenta se soltar.

Por um instante, se destaca a contraluz, no navio de AS ARANHAS, a forma de um homem com um amplo casaco e um grande chapéu desabado, e este figurante, que não toma parte na ação, esboça a aparição da "Morte cansada".

No segundo MABUSE, Lang retomará, com refinamentos, para a cena dos dois amantes ameaçados pela inundação, aquela das ondas invadindo o porão onde está trancafiado o herói.

Lang teve desde sempre uma espécie de predileção — quase uma obsessão — pelas covas fantásticas no coração do mistério dos subterrâneos. A abertura na rocha que conduz à cidade fabulosa dos últimos incas (que, com seus templos cuidadosamente reconstituídos, é uma reminiscência das construções grandiosas do primeiro TÚMULO HINDU, do qual Lang não pudera fazer senão o roteiro, a seguir realizado por Joe May), ou as grutas de estalactites no episó-

1. Afirmação feita numa entrevista (ou num artigo) de Fritz Lang, publicada em 1946 e citada na obra de Luc Moullet, na página 104, sem outra indicação da origem.

dio dos piratas prefiguram a caverna luminosa dos tesouros de Alberich, em OS NIBELUNGOS, ou a caverna lunar que descobrirá o professor louco, em A MULHER NA LUA.

Lang dá continuidade a suas invenções, que encontram ressonância na caverna onde dançará Debra Paget no último TÚMULO HINDU, ou nos subterrâneos tenebrosos de onde brotará a onda terrível de leprosos.

Ora, a cidade dos incas em AS ARANHAS é igualmente o esboço da catedral subterrânea de METRÓPOLIS.

E quando o herói de AS ARANHAS desce pelo alçapão para as covas de Chinatown, não espanta que lá já encontre o tigre de Echnapur.

✶

Lio Shah, a vampe enigmática, sempre impassível, tece como uma aranha a trama de crimes múltiplos, cujo móvel ignoramos. Age por gostar de aventura ou por lucro?

Em DR. MABUSE, O JOGADOR, Lang já introduz alguns traços psicológicos; tenta aprofundar o *master mind of crime* à Edgar Wallace, autor em voga, cujos romances policiais, na época, todo mundo — inclusive Brecht — devorava.

O Doutor Mabuse cai em depressão nervosa quando erra o golpe; embriaga-se quando pensa triunfar. Em resumo, é um ser humano, não um monstro. Está submetido a bruscas mudanças de humor e é devorado pelo desejo de governar através do dinheiro (no Doutor Caligari, personagem estilizada, esta sede de poder permanecia sempre abstrata).

A bela e tentadora mulher que Mabuse envia ao jovem biliardário apresenta as mesmas nuanças psicológicas; como Gerda Maurus em ESPIÕES, ela fraqueja e se enamora de sua vítima.[2]

Lang utiliza a riqueza de seus cenários de um modo totalmente diferenciado. Não nos deixemos enganar: o cenário de DR. MABUSE, O JOGADOR, apesar de algumas características que lembram o expressionismo, principalmente nas seqüências do cabaré, não foi criado no estilo expressionista, evocado só em alguns momentos pelas iluminações violentas. Hermann Warm, o cenógrafo, inspirou-se so-

2. Isto já deve ficar por conta do sentimentalismo de Thea von Harbou.

bretudo no artesanato de arte muniquense, espécie de *modern style* alemão, vago eco, por sua vez, do *Jugendstil*.[3]

Não são apenas os tons sutis e a plástica luminosa de uma cópia tirada do negativo original (ao contrário da cópia de AS ARANHAS, contratipo de um contratipo) que conferem ao primeiro MABUSE o valor de suas nuanças. Como já em A MORTE CANSADA, os cenários criam aqui a atmosfera, realçam-na, fazem vibrar o claro-escuro sedutor da *Stimmung*. Por exemplo, enquanto Mabuse medita diante de uma lareira em brasa, destaca-se sobre ele, curiosamente iluminado, o imenso retrato de um Lúcifer gigantesco que se assemelha a ele. Ou a ampla sala da suntuosa residência do conde — Alfred Abel —, que à noite vaga desesperado, ébrio, com um castiçal na mão, por entre as obras de arte que acumulou. Aqui e ali brilham com insistência, de um modo expressionista, os objetos, anônimos, mas como que animados por uma vida insidiosa, latente. Uma enorme estátua primitiva, fluorescente, atrai o olhar, os cristais de um lustre cintilam, uma máscara imensa parece fazer a tela explodir. Todos esses objetos preciosos não são mais, como em AS ARANHAS, elementos do cenário, e tampouco os arabescos ornamentais de uma espécie de pano de fundo. Sua presença luminosa torna o silêncio cada vez mais opressor, e são como hieróglifos de uma solidão, de um desespero indizíveis.

✱

O Lang de A MORTE CANSADA já sabe controlar o poder das sobreimpressões. No primeiro MABUSE, cria, graças a elas, visões alucinantes: assim, o conde hipnotizado repete, junto com seus próprios fantasmas, duplo protoplásmico de seu ser igualmente espectral, os gestos miseráveis do trapaceiro.

O fantástico, em Lang, aproxima-se sempre do real. Mabuse vê suas vítimas surgirem do fundo do delírio em que naufraga; o mecanismo complicado de um portão se transforma em monstruosas garras de aço (da mesma forma, a gigantesca entrada da central em METRÓPOLIS se tornará a boca voraz do Moloch, como em CABIRIA, de Pastrone).

Notamos outras influências das quais o jovem diretor, com total domínio, tira novos efeitos: quando Mabuse travestido de

3. Ao verdadeiro *Jugendstil* corresponde na França o estilo *nouille* ou *métro*.

velho foge da taberna porque o intendente von Wenck resiste a seu poder hipnótico, Lang o filma de costas, como Wiene filmou o Doutor Caligari, vestindo-o com uma capa semelhante à deste e fazendo-o andar com o mesmo passo irregular.

Quando Mabuse, durante uma conferência, hipnotiza os ouvintes, aparece um deserto com oásis e uma caravana, lembrando curiosamente aquele que faz surgir o rabino Loew no segundo GOLEM. E quando Mabuse, disfarçado de operário, excita a multidão para levá-la a atacar o cordão da polícia, Lang tem em mente uma seqüência semelhante de HOMUNCULUS.

A aparição de uma dançarina sobre a imensa mesa de jogo, no círculo de camarotes todo preenchido pela orquestra, prefigura a dança do robô de METRÓPOLIS na residência do inventor Rothwang.

Como nos filmes precedentes, Lang multiplica os breves toques cômicos que dão relevo a suas personagens. A megera da ruela suspeita que coça a cabeleira gordurosa com suas agulhas de tricô, o velhinho entusiasta que recobre de flores a dançarina em cena (tomando até as de uma espectadora), o secretário burlesco, degenerado, drogado, acometido de múltiplos tiques, o pequeno-burguês que está "de ressaca" no quarto 112, a gorda com seu gigolô à mesa de jogo, ou mesmo uma personagem que percebemos apenas por um instante no grande *hall* do hotel — o marido que sucumbe sob o peso dos pacotes que sua mulher acaba de comprar —, todos esses seres são criações de uma palheta extremamente variada.

Lang se preocupa com cada detalhe: mostra-nos longamente, após a explosão da máquina infernal na casa do intendente von Wenck, o teto de seu escritório ainda escorado por um andaime provisório.

A precisão de Fritz Lang, seu gosto pelo *fait divers* e o desejo de uma autenticidade rigorosa manifestam-se desde as primeiras seqüências — por exemplo, o atentado contra o portador do contrato no trem. Por três vezes, três pessoas consultam em três lugares diferentes os ponteiros de seus relógios. Passo a passo, com engenhosa meticulosidade, a intriga avança rigorosamente, e a montagem sublinha a quase simultaneidade dos acontecimentos. Se ainda hoje podemos apresentar por quatro horas seguidas os dois episódios de MABUSE (outrora apresentados em duas sessões), sem cansar o público, é graças à precisão da montagem. Sabemos que o jovem Eisenstein, deslumbrado, havia escrutado, analisado, desmontado e remontado os planos deste filme, a fim de compreender toda a sua força propulsora.

É que tudo foi previsto nessa montagem inventiva, em que uma imagem puxa a outra, dando sentido à única que pode sucedê-la. Assim se fecha a cadeia de aventuras, que leva o suspense ao ápice.

*

Depois do primeiro MABUSE, um filme como ESPIÕES nos decepciona. Não tem o rigor que tanto admiramos nos dois episódios de MABUSE.

Será porque Lang tentou introduzir pequenos traços psicológicos em demasia? Não seria antes a influência sobrepujante de Thea von Harbou e seu gosto pelo melodrama empolado?

Thea von Harbou sempre se estende demais nos sentimentos e reações de suas personagens, que transbordam em efusões. A ação torna-se lenta, emaranhada, e a vigorosa montagem de Lang sofre com isso.

Por uma espécie de lealdade, Lang refuta tais acusações contra Thea von Harbou. "É preciso lembrar", explica, "que a própria época transbordava em efusões, que reinava um sentimentalismo sem limites. Por outro lado, o filme mudo era forçado a se exprimir pela pantomima. Que mais podíamos fazer quando, por exemplo, em A MULHER NA LUA, Gerda Maurus precisava exprimir seu amor, além de nos rebaixarmos a alguns gestos que hoje parecem ridículos, como os de tocar o coração e os lábios, enviando beijos ao amado?"

Diga Lang o que quiser, suas explicações são pouco convincentes, pois Gerda Maurus, apesar dos olhos de gata, não passa de uma atriz muito medíocre, e Willy Fritsch é ainda mais insípido que Gustav Fröhlich.

Mesmo Rudolf Klein-Rogge, o ator preferido de Lang nos papéis de super-homem do crime, perde a força em ESPIÕES. Lang só reencontra seu poder visual na aparição dos três emissários, vítimas de sua missão perigosa, que surgem, à maneira expressionista, rodeados de um halo nevoento como um remorso atroz, diante de Lupu Pick, o diplomata japonês ridicularizado, que Lang mostrará a seguir com um poder convincente, fazendo o haraquiri.

São ainda puro Lang as sombras que, adiantando-se à ação real, invadem a tela repetidamente por uma espécie de magia negra, ou ainda quando o realizador mostra o avanço metódico dos policiais com seu cuidado habitual com a autenticidade, dando ênfase ao lado *fait divers* do *thriller*. Certas passagens (como o acidente provocado no trem) lembram igualmente o suspense do primeiro MABUSE.

A influência de Thea von Arbou é evidente em A MULHER NA LUA. Nas vastas extensões de areia branca das paisagens lunares, a falsidade dos sentimentos empolados hoje destoa ainda mais; o grandioso do fantástico muitas vezes cede lugar ao ridículo.

Em toda essa bazófia sentimental, o gênio de Fritz Lang não se revela senão nas cenas do lançamento do foguete, muito precisas como antecipação — por exemplo, as cenas preliminares da decolagem do foguete, cujo tom de "reportagem" consegue convencer mais que as invenções da ficção científica pura.

XV

AS TRAGÉDIAS DA RUA — O SOCIAL DECORATIVO

*Que necessidade há do tratamento romântico? A vida real é demasiado romântica, demasiado fantasmagórica.**

G. W. PABST (numa entrevista *a Close up*, dezembro de 1927).

* No original, *What need is there for romantic treatment? Real life is too romantic, too ghostly. (N. da T.)*

Os filmes de Grune (1923), Pabst (1925), Rahn (1927) e Joe May (1928).

A visão metafísica dos artistas de língua alemã, trate-se de Ludwig Tieck, Kubin ou Meyrink, faz com que a rua tal como a imaginam, abarrotada de tentações e emboscadas, não tenha nenhuma relação com a realidade. Nos filmes alemães, a rua representa o apelo do Destino, principalmente à noite, com seus becos desertos onde mergulhamos como num abismo, o tráfego fulgurante, os lampiões acesos, os luminosos, os faróis dos automóveis, o asfalto brilhando com a chuva, as janelas iluminadas nas casas misteriosas, o sorriso das moças de rosto pintado; é a isca enigmática, a sedução voluptuosa para os pobres coitados que, cansados do tedioso lar e da monotonia da vida, procuram a aventura e a evasão.[1]

Para Kurtz, a rua pode ser tanto uma superfície completamente plana, como uma mancha escura de bordas recortadas, vibrando numa luz "frenética" onde se desenham figuras espectrais, esfumadas. Pode-se também, explica ele, destacar um setor de uma dessas ruas inexistentes para banhá-lo numa luz brilhante e em sombras agudas, que o

1. A propósito de um quadro de Umberti Boccioni, *O Poder da Rua*, em que essa capacidade sugestiva da rua é simbolizada por raios e triângulos, o escritor alemão Sörgel explica, em seu livro *Im Banne des Expressionismus (Sob o Fascínio do Expressionismo)*, que o pintor não quis pintar a própria rua, mas suas *Kraftlinien*, isto é, "as linhas de força que os objetos irradiam no espaço". E é na rede de *Kraftlinien* que o homem da rua fica preso inapelavelmente. Os filmes alemães parecem seguir os mesmos preceitos.

fazem surgir das trevas; ou ainda iluminar, mas com muita violência, apenas o perfil resumido das linhas e captar essa rede deslumbrante.

O pequeno pátio de ESCADA DE SERVIÇO já corresponde bastante bem a esta descrição, embora aqui a visão esteja acentuada pela junção de noções arquitetônicas novas. Kurtz, aliás, sabe muito bem que se o cenário deste filme não chega a ser totalmente expressionista, não poderia contudo ter sido o que é se o expressionismo não lhe houvesse preparado o caminho. A construção do espaço com contrastes abruptos de sombras e luzes, arestas luminosas que decompõem ou unem determinados elementos arquitetônicos, tomou-o como base. Esse "contraponto" exerce também sua magia pungente nos interiores: um plano de ESCADA DE SERVIÇO mostra a criada desesperada (na interpretação da sentimental Henny Porten, ídolo do público alemão) embaixo, na penumbra, enquanto em cima explode numa iluminação violenta a virtuosa hipocrisia dos burgueses.

*

No filme intitulado A RUA, de Karl Grune, a rua desempenha um papel mais complexo, entrando resolutamente na ação. De início ela se insinua numa sala de jantar burguesa apenas como uma tentação luminosa, apelo que a vida faustosa lança pela janela sob a forma de raios vacilantes à meia-luz, imprimindo no teto uma renda furtiva. E o reflexo ligeiro se torna nostalgia, solicitação provocante para Eugen Klöpfer, o burguês meticuloso.

Depois, na rua, é aquele redemoinho vertiginoso de impressões que arranca do chão, um pouco como em FANTASMA, de Murnau, os pés hesitantes; é a aventura que escapa de mãos demasiado inábeis para segurá-la. A fascinação do objeto entra em jogo: a placa de uma óptica transforma-se num par de olhos de demônio, enormes e vigilantes. E uma vitrina reflete, ao mesmo tempo, como uma miragem, o navio que promete uma fuga e a silhueta igualmente promissora da mulher enigmática. (Esse perpétuo espelhamento dos objetos ou pessoas desejados numa superfície envidraçada encontra-se em M e UM RETRATO DE MULHER — *Woman in the Window* —, de Fritz Lang, assim como em A ÓPERA DOS TRÊS VINTÉNS, filme de Pabst.)

Segundo Kurtz, o cenógrafo Ludwig Meidner transpõe para o cenário de A RUA o dinamismo brutal da artéria de uma grande capital em visões luminosas, cujos detalhes pitorescos distribuem, aqui e ali, toques de vivacidade. A arquitetura é reduzida ao claro-escuro: as ampolas luminosas das lâmpadas de arco ampliam o espaço, formas evolucionam, uma escada mostra seu contorno recortado, portas se movem com uma oscilação misteriosa. Grune cria "o dinamismo de um espaço corroído pelo movimento", sua vontade construtiva forja o "espírito" de uma capital mundial vivamente iluminada. Este "espírito", diz ainda Kurtz, não pode ser captado pela objetiva se a imagem não for moldada conscientemente pela "vontade construtiva". O expressionismo será, pois, utilizado sempre que se tratar de produzir efeitos que não os propostos pelo objeto real tal como se apresenta ao olho físico — isto é, efeitos para serem experimentados intelectualmente.

No entanto, Kurtz não compreende que a visão da rua neste filme nem sempre é unicamente expressionista, e que às vezes se trata de um expressionismo evoluído, transposto, que emprega elementos quase impressionistas para criar uma atmosfera. O expressionismo permaneceu mais puro no que concerne aos interiores: por exemplo, um salão preenchido pela luz crepuscular, onde o brilho da lâmpada suspensa não realça senão as formas das personagens situadas no centro; ou o plano de uma daquelas escadas que partilham luzes e trevas, já tornadas clássicas no cinema alemão, por onde se derrama o clarão espectral de um lampião de gás preso a uma abóbada, caixa de escada sempre equívoca, da qual Pabst mostra uma das variantes em A RUA SEM ALEGRIA.

O burguês com o tradicional guarda-chuva encarnado por Klöpfer, ator pomposo de corpo pesado e gestos frouxos, passa pela rua na esperança confusa de ser por ela arrancado de sua opaca honestidade de homem casado, assentado para sempre. "Esta manhã, saí à procura de não sei quê", dirá o caixeiro na peça de Georg Kaiser, *Da Aurora à Meia-Noite.* "Algo me impelia"... Este algo para o alemão será sempre o Destino.

A fuga do caixeiro é definitiva, enquanto o burguês bonzinho de A RUA sairá no final da falaciosa aventura, que em última análise não passa de abjeção e assassínio. Volta para casa, para a sopa cotidiana e a morna esposa — a rua noturna, deslumbrante, se afastará dele. Que a tragédia aqui não seja total, que o Destino não dê a última palavra, não será um sinal de que a obsessão pelo expressionismo começa a ceder o passo?

A RUA SEM ALEGRIA, de Pabst, representa a quintessência das visões germânicas da rua, das escadas e dos corredores mergulhados na semi-obscuridade; é também a consagração definitiva da arquitetura *Ersatz* de estúdio, derivada do expressionismo. Nas cenas de miséria de A RUA SEM ALEGRIA, o clichê domina — tudo é muito estudado, muito composto, muito enfático. As ruas são suspeitas demais, a caixa de escada excessivamente enigmática, os contrapontos de sombra e luz demasiado contrastados e evidentes. A caracterização do rosto de Werner Krauss (o açougueiro de bigodes retorcidos) é muito marcada, seus cabelos repartidos muito oleosos e sua brutalidade excessiva; as moças na esquina da ruela, o burguês nobremente decaído, a insinuante alcoviteira, toda essa gente faz muito uma imagem de Épinal que ilustra a legenda "miséria e baixeza humana". O pitoresco prevalece sobre o trágico, eis por que várias passagens desse filme hoje decepcionam; o patético de uma época em que todos os destinos se encontravam conturbados quase não nos comove mais.

Lembremos um filme que, ao contrário, pinta com sobriedade, com humanidade os desastres do pós-guerra: A VIDA NÃO É MARAVILHOSA? *(Isn't Life Wonderful?),* onde o grande Griffith, este gênio do cinema, soube fazer uma verdadeira epopéia do desespero e da fome, sem jamais cair na facilidade sentimental. As tristes filas de cidadãos que a miséria impele a comprar, comprar, antes que a mercadoria falte, antes que o marco se desvalorize mais, que se empurram, se invejam, furam a fila, se espionam para impedir que o vizinho ocupe um lugar mais vantajoso, são bem mais verdadeiras, mais vivas que as filas decorativas do filme de Pabst, compostas de figurantes muito conscientes de seu valor simbólico.

Não obstante, forçando ao extremo o pitoresco, Pabst consegue às vezes efeitos arrebatadores, como aquela mão do açougueiro espancado que se eleva contra a vidraça, crispando-se no vazio. Este plano é, aliás, mais convincente que aquele em que aparece seu rosto ensangüentado — reminiscência da passagem anterior, quando seu rosto, cheio de complacência e voracidade, surgia à mesma janela, antes que ele abrisse a porta para as moças prestes a se vender por um pouco de comida.

O contraste durante as cenas de motim (sobretudo teatrais), entre os planos da massa revoltada que se precipita rumo à casa de tolerância, e os dos traficantes do mercado negro que correm desvairados para a saída, procurando escapar ao furor público, revelam as técnicas hábeis que doravante irão caracterizar os filmes de Pabst. Numa entrevista de 1927 freqüentemente citada, publicada em *Close Up,* Pabst declarava a propósito de O AMOR DE JEANNE NEY: *"every shot is made on some movement. At the end of one cut somebody is moving, at the beginning of the adjoining one the movement continues*". O que significa que ele corta um plano no lugar onde uma pessoa está em movimento, para montar um outro plano onde o movimento prossegue: "assim o olhar, preocupado em seguir o movimento, não distingue os cortes". A intenção de Pabst é evitar desse modo os choques de planos no decorrer da montagem — efeito contrário ao que procurava o cinema soviético — para chegar a uma fluidez perfeita da ação.

Às vezes somos surpreendidos por um plano revelador, prenunciando o que Pabst será capaz de fazer ao chegar à maturidade: por exemplo, o plano em *plongée* de Werner Krauss, o açougueiro, na casa de tolerância, que nos mostra a feiúra de sua cabeça empastada, a nuca gorda posta em destaque, os ombros altos; a câmera acompanha suas atitudes, sua maneira afetada de se sentar, as abas do paletó cuidadosamente erguidas, a mão enluvada pegando um pedaço de bolo cujo açúcar lambuza o couro; toda a vaidade do novo-rico, constrangido em sua roupa de festa, torna-se visível.

Pabst utiliza ainda os procedimentos algo gastos do simbolismo expressionista: a mão enorme do vidraceiro avança em sobreimpressão para exigir o pagamento da dívida a uma Greta Garbo abatida, a quem nada resta senão aquela soma irrisória. Ou então o busto de Garbo permanece *flou* sob o olhar do açougueiro endomingado, e este *flou* significa que o desejo dele, naturalmente atraído por formas mais generosas, se desvia daquela fragilidade. E o plano brevíssimo que mostra, pendurados em dois ganchos vizinhos, o casaco surrado da miséria e o cinza delicado e suntuoso que deverá ser pago "em espécie", será assim tão isento de simbolismo como Kracauer nos queria fazer acreditar?

Pabst, que mais tarde procurará a objetividade realista, por diversas vezes manifestou sua satisfação por já ter apresentado o assassínio da bela adúltera como um *fait divers:* a forma do cadáver fica vaga, ganhando com isso algo de anônimo, de impessoal, de muito distante, sob a luz difusa que emana das persianas semicerradas. (Esta atmosfera particular será retomada na cena de A CAIXA DE PANDORA, em que a heroína em fuga volta por um instante ao apartamento deserto do marido que ela matou.)

✶

Como tantos diretores germânicos, Pabst aprecia os planos refletidos em espelhos: a assistente da alcoviteira obriga Greta Garbo a vestir um traje de noite que a deixa quase inteiramente nua. Vemos a jovem em pé, diante de um espelho onde se reflete só a imagem da mulher que a importuna.[2] A seguir, Garbo, assim trajada, reflete-se num espelho de três faces, onde aparece, igualmente três vezes, a silhueta de um homem ébrio cuja presença real não se revela senão por uma mão ávida estendida para a jovem. Pabst tem uma predileção por essa mão enorme na borda da tela: o rico traficante que se aproxima da pobre moça encarnada por Asta Nielsen se anuncia também por uma grande mão que sobe na tela. Quando Asta Nielsen tenta explicar a cena ao traficante aturdido, Pabst mostrará apenas os gestos de suas finas mãos emaciadas. O mesmo assassinato, contado ao policial, será evocado mais uma vez apenas pelas mãos de Asta Nielsen, que se parecem com pássaros agitados.

Pabst consegue em O AMOR DE JEANNE NEY jogos de reflexos mais refinados: por exemplo, o espelho onde se reflete por um momento a orgia dos oficiais russos e que, quebrado por uma garrafa, reflete ainda em um de seus fragmentos o amontoado de corpos; e a cena em que os amantes decidem passar a noite no hotel aparece refletida no vidro do automóvel que eles tinham parado e que parte rapidamente.

✶

A RUA SEM ALEGRIA já revela que Pabst dá maior destaque às atrizes que aos atores: é verdade que, para este filme, dispõe de duas mulheres excepcionais, e uma delas, Greta Garbo, embora muito jovem e inexperiente, acabava de representar de forma inesquecível o papel da condessa em A LENDA DE GÖSTA BERLING, de Stiller. A objetiva capta o contorno perfeito de seu rosto, onde se desvela suavemente sua temerosa tristeza, e nas raras vezes em que arrisca um frágil sorriso em presença do oficial americano fica infinitamente mais cativante que a "Garbo que ri" lançada em NINOTCHKA! Estas hesitações, provocadas em parte pela insegurança, serviram ao papel. Harmonizam-se com a arte consumada de Asta Nielsen, que aparece de início, antes do assassinato, submissa e quase infantil, animada apenas por um pequenino desejo de felicidade; mas aos poucos sua passividade vai se impregnando de sofrimento e sua máscara de Pierrô agonizante adquire um poder extraor-

2. Note-se também o emprego particular de um espelho de mão, quando o joalheiro põe o colar ao redor do pescoço de Asta Nielsen, imóvel, inteiramente passiva; ela ergue o espelho num gesto mecânico, e sobre seu rosto como que privado de volume aparece por duas vezes o círculo luminoso projetado pelo espelho.

dinário. Quando, por um instante, se fecham suas pálpebras carregadas de experiência, quando uma de suas mãos, que sempre parecem trazer uma ferida invisível, erra pela tela, seu destino patético nos toca o coração. Seu andar é infinitamente lasso e desajeitado, como se suas pernas fossem de pau; ela parece vencida de antemão, vítima eleita de todas as desgraças da terra. Várias cenas do filme que não passam de banalidades da miséria humana adquirem vida graças a sua presença.

Em suma, Pabst é bem mais hábil ao pintar esse mundo horrendo nascido da inflação, do desejo de prazeres fáceis, todo esse descaramento, essa feira de traficantes, do que ao fazer uma descrição cinematográfica válida do cinza morno da miséria. Cederá sempre à tentação de arrebicá-la, de enfeitá-la com algum arremate pitoresco.

Pabst romperá finalmente com essa arquitetura demasiado luminosa de estafe e *papier mâché*, esse amontoamento de cenários e sentimentos artificiais, e rodará algumas cenas de O AMOR DE JEANNE NEY num bairro de Paris. Mesmo se volta ao estúdio para fazer a Londres de A CAIXA DE PANDORA, o que aprendeu ao rodar O AMOR DE JEANNE NEY deixa marcas. Como mais tarde em O DELATOR (*The Informer*), de Ford, toda uma cidade é edificada pela névoa, e o poder de evocação dos cenários de Andreiev é tal que não se sente nem mesmo a falta de realidade; percebemos, ao contrário, uma renúncia motivada, sobriamente consentida.

Mas podemos realmente qualificar Pabst de "realista", como o fizeram a seguir? Iris Barry me parece ter acertado ao dizer que Pabst dispôs seus planos numerosos e diversos de tal sorte que a ordem reforça a "ilusão realista".

Não obstante, mesmo se Pabst deseja que digamos "como é verdadeiro!", em vez de "como é belo!", não saberá jamais rejeitar um plano onde o pitoresco se aproxima do dinâmico.

✶

A TRAGÉDIA DAS RUAS (*Dirnentragödie*) é uma realização de Bruno Rahn, diretor muito desigual, que fez filmes ditos "de costumes" e antes de tudo comerciais, para chegar, de uma hora para outra, a esta obra áspera e violenta. É inegável que a qualidade extraordinária deste filme se deve principalmente à presença de Asta Nielsen. Seu semblante penetrado de emoção quando olha o homem que lhe faz tanto mal é inesquecível, assim como seu gesto lasso, ao se maquiar na esperança de reconquistá-lo, embora sabendo-se de antemão vencida pela juventude da rival. Será o único filme de valor de Rahn, e nisto consiste a tragédia! Aliás, decepcionado em suas ambições e ferido em seu orgulho, o diretor acabou morrendo jovem.

Bruno Rahn atuou na época da *féerie de laboratoire*; encontramos, assim, em seu filme a luz de um lampião que vasculha os recantos obscuros de uma ruela, desliza sobre um pavimento incerto, avança furtivamente no vestíbulo de uma casa de má fama; encontramos também o claro-escuro de um café equívoco, freqüentado por moças que expõem seus atrativos sob a luz de uma lâmpada suspensa, e a mancha branca do rosto de uma delas explode como um grito sobre o fundo escuro; como em A RUA, os braços nus transformam-se aos olhos dos homens em tentáculos nacarados e fosforescentes, nascidos da podridão.

Mas o "fantástico social" de que fala Mac Orlan, e que chamaríamos com mais exatidão de "social decorativo", não está mais em primeiro plano. A rua não passa agora de um fragmento do pavimento irregular, juncado de buracos, onde pés incontáveis saltitam sobre saltos altos demais e um tanto gastos, ou então deslizam arrastando os chinelos, ou ainda marcham pesadamente em grandes sapatos, prosseguindo, detendo-se, retomando o passo, representando a sedução a preço vil, o rufião, a lassidão de uma "peripatética" que espera, perfazendo os cem passos. Esta rua há tempos devorou as almas. Assim, é impossível evocá-la com rostos e corpos; eis por que, por metros e metros de película, Rahn seguirá, nas calçadas e nos degraus profanos de uma escada, esses movimentos de pernas e pés, cujo anonimato é de uma eloqüência surpreendente.

Os alemães, mesmo depois de ultrapassar a abstração expressionista, sempre gostarão de fazer evoluir elementos impessoais, de pôr em ação os símbolos e princípios em vez de seres humanos. E mesmo se acontece, no decorrer da ação, desses pés anônimos se adaptarem a um corpo, a um rosto determinados, seu dono não perde aquele quê automático, continua movido como que por uma mola escondida.

Será possível que Rahn, nessas passagens, tenha sofrido a influência do cinema abstrato, do *absoluter Film* dos cineastas de vanguarda? BERLIM, SINFONIA DA METRÓPOLE (*Berlin, Symphonie einer Grossstadt*), de Walter Ruttmann, INFLAÇÃO (*Inflation*) e O FANTASMA DA MANHÃ (*Vormittagsspuk*), de Hans Richter, datam do mesmo ano de A TRAGÉDIA DAS RUAS.

★

A influência desses cineastas de vanguarda é inegável em FLOR DO ASFALTO *(Asphalt)*, filme rodado um ano mais tarde pelo hábil diretor Joe May. É um exemplo que comprova a utilização, pelo cinema comercial da UFA, das conquistas da pesquisa artística. May não perde nenhuma delas: o claro-escuro sugestivo da madrugada, que mostra os operários espalhando o asfalto, e os planos que não deixam ver senão pernas, pés e ferramentas martelando a massa ainda líquida poderiam pertencer a um documentário realizado por alguém que tivesse preocupações artísticas. A fumaça que sobe, a engrenagem de um rolo compressor que avança lentamente, os detalhes das rodas em sobreimpressões variadas se originam da sinfonia das máquinas de METRÓPOLIS. Eis que aparecem igualmente visões misturadas, sobreimpressões simultâneas que se entrecruzam em diagonal; as distorções se confundem, encandeiam, completam, como em BERLIM, de Ruttmann, ou SINFONIA DA CORRIDA *(Rennsymphonie)*, de Richter, filmes em que se tentava captar o significado da rua, representando-a por um turbilhão, quintessência abstrata do tráfego. May, desejando realizar o cântico dos cânticos da rua indiferente, onde se esboçam ligações trágicas, onde se tramam encontros fatais que o tráfego ignora e cujas ternuras enganosas esmaga, intercala tais planos repetidas vezes em seu filme. Infelizmente, esse desdobramento da arte abstrata permanece completamente exterior à luxuosa rua de estúdio no estilo da UFA, que não hesita em contratar, quando preciso, alguns ônibus e uma centena de figurantes a mais. Esta pretensa ousadia não faz portanto parte integrante da ação — uma história de amor totalmente convencional.

Acontece que ao longo dessa ação insípida, Joe May se lembra de suas ambições artísticas. Assim, esboça-se aquela tomada em *plongée* da rua onde o jovem Fröhlich, *Führer* de cruzamento de ruas, policial de serviço, domina o tráfego — plano em que transparece de novo o gosto alemão pela ornamentação ordenada.[3]

3. Um plano semelhante de *Schupo* (policial) aparece já no roteiro de Carl Mayer para A NOITE DE SÃO SILVESTRE:

"Como sombras: Tráfego. Automóveis.
Transeuntes. Carros. Automóveis.
E
Um policial que
se posta como se fosse de bronze. Sempre apitando. E continuando sempre a orientar. Erguendo o braço. Organizando assim o tráfego. Que se divide para um lado e para o outro".

Para indicar o embaraço de Fröhlich, que se sente pouco à vontade no salão de uma mulher à-toa, Joe May mostrará apenas duas pernas separadas, moldadas por polainas de couro grosso por cima de enormes sapatos. Mas os movimentos hesitantes da câmera são incapazes de criar a atmosfera, de descrever a elegância amaneirada do salão. Aquele plano de um pedaço de tapete fofo que aparece antes da entrada do casal, e que deveria nos informar sobre o gênero de vida que se leva ali, permanece ineficaz.

A película é, por outro lado, um *pot-pourri* de todos os acertos dos filmes anteriores: no antro parisiense o *gentleman*-larápio, que se transforma de repente em trabalhador da Companhia de Gás, é mostrado apenas como uma sombra gigantesca na parede. É também um jogo de sombras fácil aquele na caixa de escada, quando o jovem policial cambaleante volta para casa, após o assassinato involuntário; e o próprio assassinato não escapa à tradição cinematográfica alemã: é visto num espelho.

Em suma, as pretensões de Joe May a uma arte de vanguarda, sua hábil imitação resultam apenas na imagem muito simbólica de sua própria insignificância: como o pássaro na gaiola, atacado pelos quatro cantos da tela por quatro bondes em sobreimpressão, este diretor parece ter sido ultrapassado por meios cujo poder excede seu pequeno talento. (Basta lembrar a mestria de Stroheim ao jogar com uma insistência cruel com o motivo do pássaro na gaiola, emblema também da paz familiar, da solidez da vida burguesa, em OURO E MALDIÇÃO.)

Será preciso ressaltar que os filmes *noirs* dos alemães nunca serão mais que filmes em preto e branco?

XVI

A EVOLUÇÃO DO FILME DE COSTUMES

A arte, a arte autêntica é simples. Mas a simplicidade exige o máximo de arte. A câmera é o lápis do diretor. Ela deveria ter a maior mobilidade possível, a fim de registrar o mais fugitivo acorde da atmosfera. É importante que o fator mecânico não venha se interpor entre o espectador e o filme.

F. W. MURNAU (segundo Ludwig Gesek, *Gestalter der Filmkunst,* Viena, 1948).

TARTUFO (*Tartüff*, 1925), filme de Murnau.

É de se temer que este avatar de uma comédia de Molière, gênio essencialmente francês, não consiga agradar os espectadores latinos. Dorine, a aia que se imaginaria ágil e graciosa nos surpreende ao ser encarnada pela imponente e gorda Lucie Höflich; sua constituição corpulenta conviria de preferência à *Minna von Barnhelm* de Lessing — papel freqüentemente representado por Lucie Höflich no teatro de Reinhardt.

O prólogo e o epílogo moralizantes, acrescentados ao roteiro, são vagamente ridículos: é a história de uma governanta hipócrita que maltrata um velhinho caduco, cuja herança espreita. O sobrinho do velho desvela essa hipocrisia ao tio, passando para ele o filme feito segundo a peça de Molière. Este começo e o fim são perfeitamente inúteis, mas planos maravilhosos os resgatam. Para Murnau, como mais tarde para o Pabst de A CAIXA DE PANDORA, o rosto de um ator torna-se uma espécie de paisagem que o olho inquiridor da objetiva explora incansavelmente até nos recantos mais secretos, descobrindo sem cessar ângulos novos, imprevistos e surpreendentes, novas superfícies a iluminar. A câmera de Karl Freund vasculha para ele todas as sinuosidades e desigualdades dos rostos sem cremes, todas as rugas, os movimentos dos lábios, o piscar dos olhos, revelando, com as sardas e os dentes estragados, os vícios dissimulados: montanhas e abismos na superfície de um rosto adquirem relevo na penumbra, enquanto a iluminação modela as curvas e arestas.

Mais tarde, em 1928, numa entrevista a *Close up*, Karl Freund dirá: "No que se refere ao trabalho da câmera, TARTUFO era bastante interessante. Filmei o prólogo e o epílogo num estilo moderno, proibindo qualquer maquiagem nos atores e utilizando ângulos de tomadas inesperados, enquanto a ação, mantida de ponta a ponta num '*flou* artístico', aparecia como que velada por uma gaze".

Isto anuncia certos planos esfumados de FAUSTO (realizado logo em seguida), em que Murnau desenvolverá a plástica nova descoberta no decorrer da execução do prólogo e do epílogo de TARTUFO.

*

Notemos a mobilidade da câmera ao acompanhar uma personagem na ação principal: o dorso de Tartufo, que vemos avançar lentamente para o fundo e mostrar-se cada vez maior, preenchendo todo o quadro da porta, ao transpor a soleira toma proporções gigantescas graças à aproximação progressiva. Notemos ainda o encontro de Orgon e Tartufo na escada, o choque de dois movimentos opostos magistralmente obtido pela câmera. De início são apenas duas paralelas: Tartufo espia Orgon que não o percebe; de repente o primeiro plano do rosto enorme de Tartufo se apresenta como uma ameaça para Orgon e para o espectador, que vê o recuo deste, e a seguir, num outro plano, Tartufo, desta vez de costas, avançando de novo para Orgon que recua no mesmo passo. Esses dois planos (na técnica de "campo-contracampo") constituem uma advertência visual de um poder notável: o domínio exercido pelo falso devoto sobre o crédulo Orgon torna-se de uma evidência gritante, comprovada pelo primeiro plano final que mostra o imenso rosto de Tartufo, preenchendo, quase em diagonal, toda a tela e inclinado sobre Orgon, completamente submisso, de quem só aparece o perfil na margem. Cada plano, cada contraponto de ângulos de tomadas são dosados com vistas à sua participação eficaz na ação, sendo o primeiro plano do início uma espécie de tomada de contato, enquanto o último apresenta a conclusão.

Em simetria com o prólogo e o epílogo, um único primeiro plano revela a abjeção da personagem: a câmera expõe à luz a hipocrisia do homem com crânio em forma de pão-de-açúcar, onde uns fios de cabelo duros e grudados acrescentam-se à ignomínia.

*

Os finos contornos de uma arquitetura simples e despojada prestam-se muito bem aos jogos da câmera: as curvas suaves das caneluras, a forma elegante de uma pilastra, a grade rendada de uma rampa Luís XV trazem um frescor cheio de encanto. Murnau busca neles o contraste animado pelas diversas nuanças do negro, do cinza e do branco nacarado. Cada elemento do cenário desempenha um papel determinado no drama: um enorme castiçal posto diante de uma parede clara e lisa torna-se o contraponto da grande silhueta negra de Tartufo, que vai e vem diante desta parede; o lance de um corrimão de escada sustentará o relevo de uma crinolina que se estende sobre as volutas dos degraus.[1]

A câmera fixa por um momento a arquitetura elegante dos três andares; no último, uma porta se abre para deixar passar Tartufo, que se precipita rumo ao térreo. Logo se abre uma outra porta que dá passagem a Dorine, a câmera se inclina com ela e vemos, através do corrimão, o lajedo preto e branco, sobre o qual aparece furtivamente uma raia luminosa embaixo de uma porta entreaberta. Murnau e Carl Mayer não precisam mostrar mais nada para nos fazer compreender que Tartufo, preso na armadilha, entrou no quarto de Elmire. Eis que Dorine, por sua vez, desce, tendo à mão uma vela cuja luz indecisa oscila na escada; a aia corre para avisar Orgon; Carl Mayer e Murnau não deixam escapar este pretexto para abrir mais uma porta que dá para a claridade de um quarto melhor iluminado. Esta breve passagem do filme constitui uma verdadeira sinfonia de iluminações e revela de súbito o tema secreto: o *allegretto* das portas que se abrem e fecham com precipitação; de ponta a ponta do filme, as idas e vindas sobre a gama suave de degraus, evocando um *andantino;* o deslizamento de um estore transparente, de cortinas que revelam e dissimulam alternadamente as personagens.

O *Tartufo* de Molière, disfarçado de comédia alemã e lembrando de modo singular a *Minna von Barnhelm,* adquire então ressonâncias de *intermezzo* mozartiano; a gorda Dorine prussiana parece menos pesada e possui, não se sabe como, o atrativo de uma figura de Chardin.

✶

1. Murnau mandou executar estes cenários com um cuidado extremo. A modelagem dos ornamentos foi feita à mão, e o ferro forjado do corrimão foi trabalhado a martelo por especialistas, à moda antiga. (Cenários de Herlth e Röhrig.)

Murnau sabe realizar admiravelmente a combinação das personagens em costumes de época com o cenário. Às vezes, sobre fundos amplos e lisos, vemos mover-se a vestimenta negra de Tartufo ou o leve brilho de um vestido de tafetá enfeitado com rendas de cor escura. Ou então o veludo das cortinas de pregas arredondadas e flexíveis, a filigrana de uma colcha de cama sobre a qual cintila a seda tênue de um *déshabillé*; o encanto de todos esses elementos é ainda mais eficaz quando o pesadão Jannings, personagem à Brouvers, resfolega, insultando a fragilidade deles. Todos os contrastes provocados por uma intimidade forçada são valorizados: magra e altiva, a bela Lil Dagover/Elmire se apresenta diante da hilaridade rústica de Jannings/Tartufo, que chafurda em seu leito de rendas.

Reproduzir o nácar voluptuoso de um decote feminino e todas as nuanças de um vestido de seda sob uma profusão de sombras e luzes — reminiscência distante de Watteau — entusiasma Murnau, em quem esse dom se desenvolveu ao longo da evolução do claro-escuro. O filme de costumes libertou-se do verismo que marcava determinadas obras cinematográficas. Em MANON LESCAUT e em CINDERELA (*Der verlorene Schuh*), Robison e Ludwig Berger mostram o reflexo estiolado do veludo e o farfalhar fluido da seda. Sem falar de Lubitsch que, desde cedo, nunca deixará escapar a oportunidade de fazer vibrar as superfícies da seda ou de desdobrar deslumbrantes drapeados. Os cineastas alemães, obsedados pelo desejo de forçar as profundidades da tela e da vida com a manipulação das sombras, conseguiram animar as superfícies.

É preciso destacar ainda em TARTUFO o jogo das formas que se confundem, quando, por exemplo, o hipócrita, num confronto com Elmire, percebe, no espelhamento da chaleira redonda, o rosto decomposto de Orgon, que ergue a cortina atrás da qual se esconde.[2] Encontramos uma passagem análoga em ATAQUE, de Ernoe Metzner, cuja qualidade permite avaliar ainda melhor a diferença de concepção e de estilo. Como Gance em A LOUCURA DO DR. TUBE (*La folie du Dr. Tube*), Metzner não busca senão a distorção estranha, enquanto para Murnau a menor superfície espelhada é o receptáculo do impressionismo do jogo das formas cambiantes, que se fundem com anamorfoses.

2. Murnau, historiador da arte, lembrou-se de novo de um quadro: o rosto de Krauss, semi-escondido pela cortina, se parece com o de uma personagem que se esconde da mesma maneira em *O Inferno*, de Hieronymus Bosch.

As transposições para o alemão das comédias de Molière dão curiosos resultados. Heinrich von Kleist deixou sua marca na adaptação de *Anfitrião*: a comédia espiritual de um adúltero divino torna-se a história perturbadora e quase trágica de uma mulher dividida entre dois amores, e de um deus, no fundo muito pobre e muito miserável em sua nostalgia de uma existência humana que o leva a invejar Anfitrião, marido enganado, mas nem um pouco ridículo.

O mesmo vale para TARTUFO: o filme tornou a comédia mais pesada, está certo, mas distinguimos além disso uma estranha inquietação, e temos a impressão de que, mesmo sem Tartufo, as coisas não estariam melhor entre Orgon e Elmire. Não há, na realidade, *happy ending* nesta tragicomédia de Murnau.

Grabbe, escritor alemão, torturado como manda o figurino, intitulou uma de suas peças *Ironie, Scherz und tiefere Bedeutung* (*Ironia, Brincadeira e Significado mais Profundo*). *Tiefere Bedeutung* poderia ser o título de diversas obras alemãs, trate-se de escritores como Kleist, ou de cineastas como Murnau; pois esta outra face das coisas será sempre a obsessão de seu desespero.

XVII

O OLHO DA CÂMERA EM E. A. DUPONT

Os espectadores, homens que tudo ignoravam um do outro, que em ondas sucessivas haviam invadido o circo, estavam sentados agora, cada qual mergulhado na esfera absoluta de sua estupefação (. . .). As mãos superexcitadas que se agarravam às balaustradas das fileiras de poltronas produziam o efeito de motivos decorativos, as lâmpadas de arco balançavam suas tinas de leite energético (. . .).

Carl EINSTEIN, *Bebuquin ou os Milagres do Diletante* (Romance expressionista).

BARUCH *(Das alte Gesetz,* 1924).

VARIEDADES (1925).

Se os filmes falados de E. A. Dupont nos decepcionam desde o primeiro, ATLÂNTICO *(Atlantik),* não faltam razões: o falado afeta Dupont mais que os outros cineastas, pois se ele sabe dispor os atores, não sabe tirar deles o máximo de expressão. Sua força está em outra parte.

Uma velha cópia de BARUCH, por felicidade encontrada pela Cinemateca Francesa, permite-nos notar qualidades reais em Dupont, que sabia dar nuanças requintadas ao material das imagens e variar ao infinito sua palheta. Ele não procura a imobilidade da forma ornamental nem a estilização decorativa à moda alemã, e sim colocar valor contra valor, destacar, aqui com um agasalho escocês ou um paramento listado, ali com um vaso florido ou um pedaço de tapeçaria estampada, a ondulação do claro-escuro. Faz vibrar nos interiores a atmosfera adequada à situação, casando o veludo das sombras com a seda das iluminações tênues. Sem acentuar demais a preconcepção, dispõe os atores com uma nobreza, uma sensibilidade infinitas, como, por exemplo, a jovem apaixonada por Baruch, que, desesperada, esconde o rosto na cama, numa atitude que faz ressaltar sua fragilidade sob as grandes pregas do vestido. Ou então, diante da janela, Dupont compõe uma autêntica cena de *Kammerspiel* entre Henny Porten e Ernst Deutsch, com reflexos no vidro onde discernimos o brilho atenuado de um vestido de tafetá mesclado à penumbra do salão silencioso.

As vestimentas de época não têm mais nada de disfarce, são

daguerreótipos que se animam; as crinolinas deslizam sobre o assoalho, agitam-se suavemente sobre o frescor da relva. A riqueza luminosa das impressões entremeadas é encantadora.

E mesmo nas cenas do gueto camponês de tons escuros, com que arte Dupont — auxiliado pelo *cameraman* Theodor Sparkuhl — sabe evitar os contrastes bruscos, as iluminações forçadas, manter ao mesmo tempo o vigor e o *sfumato* de uma gravura da escola de Rembrandt! Basta comparar essas passagens com as cenas de O PROCESSO (*Der Prozess*), de Pabst, filme que se desenrola igualmente num meio judeu ortodoxo, para avaliarmos o tato e o gosto extraordinários de Dupont.[1]

✶

Em VARIEDADES, a intuição puramente estética de Dupont irá ainda mais longe. Ele se serve com muito acerto dos últimos vestígios do expressionismo, o que se comprova, por exemplo, com a tomada em *plongée* de um pátio de prisão de muros oblíquos e escuros, mais intoleráveis que os de METRÓPOLIS; o pátio aparece como um poço de mina no fundo do qual se inscreve, em branco sobre preto, o círculo formado pelos prisioneiros que giram eternamente.[2]

Ou ainda o dorso impessoal de um condenado que não é mais que o número 28; suas costas preenchem quase toda a tela, enquanto é mostrada como que vista de muito longe, apagada mesmo por um momento num *flou,* a pequena forma luminosa do diretor de barba branca, meio Papai Noel, meio Nosso Senhor da imagem de Épinal. A seguir, não persistirá na tela senão o círculo abstrato da cifra enorme. Dupont usa uma variação desta técnica quando faz a câmera

1. A famosa cena tão elogiada entre o jovem Baruch, ator estreante, e Heinrich Laube, o diretor de teatro de modos rudes mas com o tradicional coração de ouro, mostra os limites de Dupont. Era, certamente, uma grande novidade na época apresentar o teste de Baruch mostrando-o por um segundo apenas, e a seguir apontando a câmera unicamente para o indiferente diretor que engole a refeição. Dupont dá aqui de forma muito elítica, apenas pelo comportamento do diretor que pára bruscamente de comer, estampando-se de repente em seu rosto uma atenção extrema, um indício do grande talento do jovem que o espectador não vê. Todavia, é preciso notar o que hoje há de artificial nessa técnica.

2. Trata-se aqui de uma técnica expressionista, naturalmente, mas que deriva de um quadro de Van Gogh.

de Karl Freund apontar para Jannings, enquanto este tira a desforra: a câmera mostra apenas uns ombros fortes e um chapéu visto de trás, e, por cima desses ombros, o sedutor desconcertado, trêmulo, bêbado e amedrontado. Diante da paixão elementar do vingador, o rival — no entanto bastante alto, e aumentado ainda por sua magreza — parece pequeno e lastimável sob um ângulo que lhe é desfavorável, quando se inclina para apanhar com a mão incerta a faca que será obrigado a utilizar num combate desigual.

Dupont tem tato suficiente para não mostrar essa luta, enquanto inúmeros cineastas alemães teriam se deleitado com suas várias fases. A câmera fixa por alguns instantes, sem muita insistência, a cama para onde foi levada a filha permissiva, depois só vemos o fim da luta: um braço erguido segura a faca, e a mão se abre, inerte e frouxa, deixando cair a arma.

O mesmo fará Pabst em A CAIXA DE PANDORA: veremos, como único indício da morte de Louise Brooks, sua mão deslizar e tombar frouxamente sob o abraço assassino de Jack, o Estripador.

*

Os críticos da época falaram muito, e com grandes louvores, do modo convincente como Jannings "interpreta de costas". Mas, embora Jannings encarne com uma sobriedade notável — levando-se em conta seu talento naturalista — o acrobata enganado pela vampe, o espectador logo se cansa dessa "interpretação de costas" que se repete com demasiada freqüência: são as costas de Jannings prisioneiro, caminhando ao lado das do policial por um daqueles famosos corredores alemães mergulhados em sombra crepuscular, logo antes da grande cena das costas no escritório do diretor. São também as costas reluzentes de vigor do saltimbanco entre os inúmeros aparatos de uma feira. São ainda, após a famosa cena com a bela intrusa, Lya de Putti, as costas de Jannings que vemos enquanto caminha pesadamente, presa de um amor semiconsciente, em direção às cortinas do leito conjugal. A câmera tomará por sobre as costas de Jannings — que observa longamente, na mesa do café, a caricatura denunciadora — suas mãos dolorosamente crispadas. E é enfim Jannings mais uma vez de costas que passa, após o assassinato, por um corredor do hotel, arrastando até a escada a vampe, agarrada a ele. Estes planos das costas, tomados nas situações mais diversas, desgastam no conjunto o poder visual da imagem. (Torna-se muito menos eficaz que em TARTUFO, de Murnau, onde as costas de Jannings só raramente aparecem.)

Ao atrativo das feiras, Dupont tenta acrescentar a atmosfera do *Kammerspiel:* quando Jannings sob a luz de uma lâmpada se demora em meditação em seu camarim de artista, onde está sentado a uma mesa de café, a luz oscila suavemente sobre a superfície dos copos.

Gotas de água pingam de uma torneira com uma regularidade atroz. Mas enquanto em A MÃE, de Pudovkin, as gotas que caem representam por si só todo o surdo desespero de uma existência morna, Dupont estraga seu símbolo: dá-lhe, como contraponto cômico, a imagem das gotas pingando sob o berço do bebê.

Como tantos de seus conterrâneos, Dupont tem um fraco pelos símbolos contrastados: Jannings, por exemplo, devora com os olhos as costas de Lya de Putti que está dançando, depois se volta com repugnância para o dorso arqueado de sua mulher ao piano. Da mesma forma, compara as pernas da dançarina voluptuosamente guarnecidas de seda com as meias de lã remendadas e empapuçadas sob a saia grosseira da pianista.

A entrada em cena da vampe é igualmente um símbolo, o do destino: ao subir os poucos degraus do carro-reboque, Lya de Putti mostra, de início, apenas a fronte e os olhos imensos, depois, lentamente, como uma aurora, seu rosto inteiro aparece. Assim, o *fait divers* de feira parece se transformar em parábola metafísica.

Certamente, às vezes o simbolismo é um pouco mais discreto: o sedutor, à espreita da mulher desejada, abre a janela para poder, quando ela chegar, fechar a porta sob o pretexto de uma corrente de ar. Com a presa nas mãos ele baixa as persianas e — contraponto breve, mas eloqüente — as suspende após a cena decisiva.

✶

Se comparamos a atmosfera do Luna Park de VARIEDADES com a da feira de CALIGARI ou ainda com a de FIGURAS DE CERA, artificial a seu modo, discernimos enfim o segredo do talento de Dupont: ele possui o dom de captar e fixar formas flutuantes, que variam sem cessar sob o efeito da luz e do movimento. Sempre e em toda parte, tem por objetivo o redemoinho luminoso — que acentua ao apresentar, por trás do rodopio de um ventilador, a cena de uma festinha animada por artistas de *music-hall,* ou ao mostrar rapidamente o rosto de Jannings por trás do movimento do guardanapo com que este abana a parceira esbaforida.

Trata-se muito nitidamente de um "impressionismo" que traz as marcas de sua passagem pela abstração expressionista; isto se torna patente quando, por exemplo, ele mostra, por baixo do corpo grotescamente encolhido de um acrobata enrodilhado sobre o trapézio, a multidão tal como a vê o acrobata enquanto balança, miscelânea reduzida a inúmeras manchas flutuantes, a seqüências de imagens semelhantes às produzidas por foto automática, ou em muitos outros planos onde a disposição geométrica da massa compõe um mosaico que varia de acordo com o vaivém. O teto tão vulgarmente salpicado de estrelas do *Wintergarten,* célebre *music-hall* berlinense, aparece como uma chuva de faíscas. Um plano nos mostra que todas essas impressões se confundem, turbilhonam ao redor de Jannings em pé sobre o trapézio, tomado de vertigem ao avistar o rival feliz.

Dupont utilizará igualmente visões animadas por uma espécie de redemoinho para pintar a emoção da personagem principal: Jannings, ao descobrir a caricatura no mármore da mesa, não se mexe, não vacila, mas é o mundo ao seu redor que cambaleia, e diante de seus olhos errantes — portanto, dos olhos dos espectadores — as imagens desfilam numa panorâmica rápida e indistinta.

Todos estes efeitos visuais "impressionistas" derivam do caos tradicional de um expressionismo absoluto; ganharam em vigor e se libertaram de um esquematismo puramente expressionista. A impressão de uma saída do *music-hall* para a rua noturna é fascinante e mesmo mais alucinante que as transposições com contrastes forçados dos filmes anteriores. Aqui, o tráfego, os luminosos que acendem e apagam, os clarões dos lampadários cujas refrações fazem vibrar a escuridão nada têm em comum com o labirinto abstrato das linhas geométricas luminosas que se opõem às escuras formas cúbicas. Do mesmo modo, o ambiente do Luna Park — aquela mistura de estacas e postes, de barras de roda-gigante, de cabos com lampiões dependurados — preserva aquela fluidez "impressionista" que as transições rápidas conferem.

Eis por que o branco e preto de Dupont tem tal intensidade visual, uma vivacidade tão próxima da cor. No grande *music-hall,* exibem-se as figuras brancas de três acrobatas diante de um mar tumultuoso e fosforescente, composto pelas densas fileiras de espectadores. Sobre o fundo escuro, seus corpos são moldados pelo facho luminoso de um projetor ao qual se juntam outros fachos luminosos, que acompanham a ascensão das criaturas aéreas dispersas nas escadas. A câmera, por um momento colocada sob um desses corpos, segue quase que amorosamente todos os movimentos, surpreendendo a forma contraída num encolhimento fantástico, que se apresenta afinal sob o aspecto de um caranguejo branco meramente ornamental.

Dupont realizou uma transposição visual espantosa do potencial de tensões que fermenta numa atmosfera de *music-hall*. Sentimos palpitar em suas imagens a loucura coletiva que se apodera de uma arena no momento do lance mortal; a multidão tomada por um frenesi cego se torna um monstro de mil cabeças, sedento de sangue e à espreita dos saltos mortais. (Assim que os espectadores voltam a ser personagens vistas de perto, a alucinação do *music-hall* chega ao fim, dando lugar a uma caricatura naturalista absolutamente banal.)

Num dado momento, a multidão, sob os filetes de uma chuva de faíscas, é mostrada como uma maré viscosa de inúmeros olhos, uma espécie de lamaçal lodoso de onde brotam bolhas, como de um chão de lava. Aqui, ainda, Dupont se empenha em captar o movimento, enquanto Lang, por meios análogos, fará uma apresentação estática (as dúzias de olhos ávidos que devoram a aparição da falsa Maria, em METRÓPOLIS).

A câmera do grande operador Karl Freund acompanha voluptuosamente as formas ágeis, os corpos que se lançam e voam através do espaço, revirando-se em cambalhotas audaciosas, ou mergulhando subitamente, arrebatados numa queda quase certa, e depois planando novamente na filigrana de cabos e cordas. Nem o *music-hall* de QUATRO DIABOS, filme realizado por Murnau em 1928 nos Estados Unidos, tem tal brio visual.

Nesse redemoinho de luz e movimento, o do amor-paixão passa para um segundo plano: trata-se apenas da história fosca e trivial de um eterno triângulo, ao qual se acrescenta o elemento melodramático do "jovem audacioso do trapézio voador".

XVIII

O APOGEU DO CLARO-ESCURO

Já é ato de uma temeridade bastante espantosa lançar-se em disputa com tal poeta, mesmo com meios de igual natureza; empresa tanto mais perigosa se as armas são desiguais. Possuía o glorioso mestre todo o arsenal da palavra (...). Eu escrevi apenas um fino libreto, onde indico o mais sumariamente possível a pantomima dos dançarinos e dançarinas, com a música e os cenários, tais mais ou menos como meu espírito os representa. Ousei — sofrendo e mesmo realmente doente — lutar com o grande Wolfgang Goethe, que de antemão me arrebatara a primazia do tema. Foi-me necessário, muito a contragosto, sem dúvida, respeitar as exigências de meu esquema (...).

Carta de Henrich HEINE, por ocasião de seu balé *Dr. Faust.*

O FAUSTO de Murnau (1926).

O início deste filme apresenta o que o claro-escuro alemão criou de mais notável, de mais arrebatador: a densidade caótica das primeiras imagens, aquela luz que nasce das névoas, aqueles raios que cortam o ar opaco, aquela fuga orquestrada visualmente como que por órgãos que ressoam em toda a extensão do céu nos roubam o fôlego.

A forma luminosa de um arcanjo perturbador se opõe ao demônio cujo contorno, a despeito das trevas, tem um relevo grandioso. O próprio Jannings, que encarna esse demônio, renuncia à cabotinagem, despe-se de seus artifícios naturalistas habituais e, por uma vez, se deixa adestrar; o demônio aparece verdadeiramente primordial, como se fosse no dia da criação do mundo. (Isso não impede que Jannings, enquanto demônio descido à terra, volte a arvorar suas mímicas cheias de fatuidade e a exasperar como de costume o espectador não alemão.) [1]

1. Não é de espantar que este filme, inteiramente baseado na história de amor entre Fausto e Gretchen, como a ópera de Gounod (poderíamos aplicar a ele a crítica irônica de Stendhal, segundo a qual Goethe teria posto em ação um surpreendente aparato de feitiçaria demoníaca para seduzir uma mocinha fácil), seja apesar disso desprovido de erotismo. A grosseria vaudevilliana do flerte esboçado entre Mefistófeles e Marthe é ainda mais sofrível. De Camilla Horn, Murnau soube fazer uma mocinha comovente, mas Gösta Ekman, efebo equívoco e adocicado, destoa neste filme consagrado ao amor de um homem por uma mulher.

Nenhum diretor, nem mesmo Lang, soube fazer surgir tão magistralmente o sobrenatural em pleno estúdio: será ainda a capa do demônio que cobre a cidade toda com suas enormes pregas, ou já uma nuvem gigantesca que paira pesadamente sobre ela? As trevas demoníacas irão devorar a claridade divina? Onde estarão os limites desses fenômenos grandiosos?

*

A câmera de Carl Hoffmann irá conferir à parte terrestre deste filme aquela plástica extraordinária, capaz de impregnar de diabolismo até mesmo o tecido de uma vestimenta. Em vez de transformar seu Mefistófeles em cavaleiro espanhol recoberto de sedas, o artista sutil que é Murnau se divertiu em confrontar o infeliz diabo, espécie de vilão medieval de camisolão franzido, com o rico burguês Fausto, vestido com um amplo casaco recamado, cujos reflexos abundantes brincam nas grandes pregas aveludadas. Em alguns momentos, a cota de Mefistófeles produz o efeito de uma crosta despedaçada, carcomida pelas sombras, e esta roupa, como que forjada em argila, priva-o de toda a aparência humana. (O pequeno camponês aparece subitamente, da mesma forma que Scapinelli em O ESTUDANTE DE PRAGA, como uma criatura infernal.)

Como Paul Wegener e Arthur von Gerlach, Murnau tem a habilidade de evitar, graças à iluminação, que os vestuários de seus filmes tenham aquela aparência de roupa usada vinda diretamente da casa de aluguel (salvo no caso do Fausto rejuvenescido, belo demais e um pouco insípido, bem como no de Jannings, cavalheiro obsequioso do baile a fantasia).

Na *Studierstube*, o gabinete de trabalho de Fausto, a luz nebulosa e flutuante do início ainda subsiste. Nenhum contraste arbitrário, nada daqueles contornos acentuados em demasia, nem daquelas sombras artificialmente recortadas às quais tendem tantas vezes os cineastas alemães. As formas saem das brumas suavemente luminosas, opalescentes. Se Murnau guarda a lembrança da luz que banha Fausto na gravura de Rembrandt, interpretará à sua maneira o papel da iluminação. Os contornos imprecisos se opõem agora à evocação do sobrenatural do início; e os acordes se estabelecem como emanados de um cravo cujo pedal invisível prolonga as ressonâncias. No auditório, o velho Fausto ergue-se imenso diante do hemiciclo dos discípulos: aqui as massas e os valores se equilibram numa transformação perpétua, as formas se esfumam, uma barba penetrada por raios trêmulos torna-se espuma, os alambiques reverberam suavemente nesse *sfumato.*

Mesmo o movimento de uma quermesse, desprovida aliás de toda alegria, esboça-se apenas indistintamente, só aparece amortecido; nenhum raio de sol se infiltra pelas barracas de feira, e as cabriolas e cambalhotas dos saltimbancos, puramente mecânicas, não são mais alegres que o cortejo dos foliões. Tudo não passa do prelúdio do desastre que vai se abater sobre a cidade. De súbito, se desencadeia o pânico: a peste varre toda aquela gente, a tempestade derruba os andaimes, rasga as tendas miseráveis. No campo visual, jaz, em diagonal e paralelamente a uma tira de lona que se infla num último esforço, o cadáver contorcido do malabarista. A extrema elaboração desta composição não é pesada como na cena da jovem em TORGUS, por exemplo, pois o ritmo particular de Murnau domina o filme. E este ritmo se torna ainda mais sensível na passagem em que, ao deter a onda de foliões ávidos por seus últimos prazeres, o monge cai. O arabesco decorativo é substituído pelo incidente cuja dinâmica aumenta a intensidade da ação.

Ao longo de todo o filme, reencontramos aquela plástica sutil e rica, particular a Murnau, que deriva de uma espécie de fascinação pelo visual: ela está presente na visão dos corpos dos pestíferos, na da máscara marmórea tão patética da mãe morta, na do monge que agita a cruz diante da multidão delirante. Do grupo que rodeia o pelourinho onde Gretchen está amarrada, ficam-nos na memória os traços grosseiros de um camponês que mastiga lentamente e os rostos das crianças do coro, com a boca aberta, inocentes, inconscientes, semelhantes aos belos e ambíguos anjos de Botticelli. (Dreyer, aparentado a Murnau sob muitos aspectos desde seu VAMPIRO — *Vampyr* —, lembrou-se ainda dessas imagens em seu DIA DE CÓLERA — *Dies irae.*) A essa roda de rostos de relevo pronunciado, opõe-se o de Gretchen, estranhamente vazio, golpeado pelos flocos de neve, imagem que lembra Lilian Gish — esta, porém, mais comovente — no filme ÓRFÃS DA TEMPESTADE *(Orphans of the Storm).*

Por instantes, a luz ondula nos rostos; sobre a máscara do monge agonizante se projetam as sombras dos que fogem dele e permanecem invisíveis. A luz flui por toda parte: sobre Fausto que queima grossos volumes empoeirados, sobre o fantasma enegrecido de Mefistófeles que conjura as chamas, sobre a névoa de uma encruzilhada onde se eleva uma cadeia de círculos luminosos, cujo clarão oscila sobre o rosto de Fausto invocando o demônio. Labaredas, letras de fogo se inscrevem por toda a tela, prometendo a Fausto, como outrora ao Dr. Caligari, o poder e a grandeza. No interior de uma igreja, brotam ondas de luz suave e tênue, que se elevam nas abóbadas com os cânticos, saindo pelo portal aberto onde se condensam numa espécie de muro, contra o qual se chocam os que se consagram às trevas. Estas nuanças de iluminação participam do drama; os clarões das tochas erram e se entrecruzam na cidade noturna, quando a forma aumentada de um Mefistófeles tornado demoníaco se ergue e conclama ao crime; ou então é em meio aos eflúvios da fogueira que Gretchen, demente lúcida, se inclina para Fausto, reconhecido por ela sob os traços envelhecidos. As chamas invadem progressivamente todo o céu, um globo luminoso suspenso para sempre torna-se o símbolo da graça eterna, da apoteose de uma redenção alcançada.

✶

O movimento da câmera móvel evolui com menos desenvoltura que em O ÚLTIMO HOMEM: no curso dos dois anos que se passaram depois deste filme, Murnau aprendeu a dosar as profundidades do *travelling* e as extensões das panorâmicas, a subordinar seu ímpeto ao ritmo total do filme que liga os planos entre si. O terreno acidentado da cidade medieval se presta às tomadas em *plongée,* mas Murnau sabe evitar abusos. Se a câmera de Carl Hoffmann põe em evidência a fenda profunda de uma rua de degraus íngremes, é que nela surgirá para Gretchen, entre os tetos de bordas cortantes, o destino trágico encarnado por seu amante e o conselheiro deste, o diabo. Se Murnau nitidamente desfruta de um grande prazer visual com a célebre panorâmica, é porque essa viagem áerea possui um fim preciso. Aliás, preferimos a ela aquele *travelling* de montes e vales em sobreimpressão que é o grito de agonia de Gretchen, lançado do fundo de sua miséria a Fausto, e que se traduz por sua boca aberta.

✶

As histórias do cinema não cessam de repetir que Dupont, em VARIEDADES, foi o único capaz de, colocando a câmera por cima do ombro do ator, filmar uma cena como se fosse vista por este. Mas Murnau não precisou absolutamente da lição de Dupont: já em NOSFERATU a câmera, e por conseguinte o espectador, vê pelos olhos do louco que se agarra no telhado as pequenas formas móveis que se agitam na ruela.

Em FAUSTO, a técnica de Murnau é envolvida por uma tal discrição, que passa, por assim dizer, despercebida, mas não obstante um crítico americano já apontara aquela cena em que a imagem de Gretchen perseguida por Fausto é fixada tal como vista por Mefistófeles, o qual, pelo simples fato de ser invisível, torna manifesto o sarcasmo com que acolhe esses primeiros passos rumo ao fracasso.

O movimento das imagens se completa com contrapontos rítmicos: o claro cortejo das crianças galgando lentamente os degraus que conduzem à catedral, trazendo lírios nas mãos como velas brancas, se opõe por um efeito de montagem à multidão de lansquenetes com mastros e bandeiras eriçados, que avançam para o portal.[2]

Murnau varia com muita arte os planos de ruas que não passam de degraus de escadas: homens envoltos em capuzes sobem por elas conduzindo caixões numa noite carregada de miasmas, uma multidão traz para as ruas os doentes. Se prestarmos atenção nesta ondulação incessante de massas, logo perceberemos a que ponto Lubitsch tornou mecânicos seus movimentos de multidões; aqui, os corpos são impelidos incansavelmente segundo um ritmo ondulado e preciso em direção à figura de Fausto, curandeiro por graça do diabo.

Os telhados em íngreme declive, de telhas lineares em composição ornamental, são os únicos elementos que parecem ter restado de uma arquitetura semi-abstrata criada para Murnau por Herlth e Röhrig, os cenógrafos de A MORTE CANSADA. Esta arquitetura está bem longe daquela da cidade autêntica que vemos em NOSFERATU e mais aparentada, apesar da precisão do traçado, ao cenário que Poelzig mandou construir para O GOLEM. Se a rua de telhados em declive íngreme que leva à casa de Gretchen evoca muitos aspectos da arquitetura expressionista, a cena do duelo, à noite, na pequena praça onde o andar superior avarandado reforça a impressão de espaço fechado, indica uma evolução. Aqui, nada é excessivo, nem as sombras que minam a fachada, nem a porta como que transformada na abertura de uma caverna misteriosa; por lento que seja o ritmo de Murnau, a fluidez fascinante que consegue obter com a câmera elimina todo o peso estático e ornamental dos cenários.

2. É uma montagem de planos em campo-contracampo, como a do reencontro de Tartufo com Orgon. A mesma técnica sublinha, numa outra seqüência, a oposição entre a multidão e o monge que tenta detê-la.

XIX

PABST E O MILAGRE DE LOUISE BROOKS

Ao apresentar Lulu, eu tinha sobretudo a intenção de pintar o corpo de uma mulher com a ajuda das palavras que ela pronuncia. A cada uma de suas frases, eu me perguntava se era uma fala de mulher jovem e bela.

Frank WEDEKIND, Prefácio de *A Caixa de Pandora.*

Apesar do advento do "falado", continuo convencido de que no cinema o texto em si vale muito pouco. O que conta é a imagem. Por isso, ainda afirmo que o criador de um filme é bem mais o diretor que o autor do roteiro ou os intérpretes.

G. W. PABST em *O Papel Intelectual do Cinema,* Paris, 1937.

A CAIXA DE PANDORA (1928).

DIÁRIO DE UMA PECADORA (1929).

O caso de Pabst é extremamente curioso: trata-se de um diretor ao mesmo tempo espantoso e decepcionante. É de se perguntar como o autor de A CAIXA DE PANDORA ou de A ÓPERA DOS TRÊS VINTÉNS pôde fazer um filme tão sofrível como O PROCESSO.

Pabst apresenta muitas contradições, que os críticos seus contemporâneos apontaram desde antes de 1930. Alguns louvam sua intuição, sua perspicácia, seu conhecimento perfeito dos fatores psicológicos e do subconsciente, que fazem com que se sirva da câmera como de um aparelho de raios-X. Há quem o considere um escrutador apaixonado da alma humana, que se deixa conduzir por suas descobertas; outros, como Pasinetti, vêm nele um observador guiado por cálculos frios.

Potamkin, por sua vez, lamenta que Pabst não aprofunde os problemas cinematográficos e só toque de leve nos temas. O que há de fundamentado em asserções tão diversas?

Num número de 1937 da revista italiana *Cinema*, um crítico declara que, se Pabst gosta de tratar de determinado tema psicológico, o faz de maneira a torná-lo o mais popular possível. Eis o que se me afigura justo e explica o que nos parece um pouco fácil na maneira com que ele representa a inflação e a derrota da burguesia, em A RUA SEM ALEGRIA, e o emprego superficial que faz da psicanálise em SEGREDOS DE UMA ALMA — isto a despeito de seu grande talento visual.

Qual é então o fator que interveio a partir de O AMOR DE

JEANNE NEY e lhe permitiu atingir a mestria que admiramos em A CAIXA DE PANDORA? Em *Close up,* revista inglesa que se consagrou com tanto ardor aos filmes de Pabst, um crítico sustenta que "Pabst procura o outro lado de toda mulher", ou seja, que sabe extrair e desenvolver de maneira extremamente convincente a vida latente que há em toda mulher. Este dom é evidente quando se trata, por exemplo, de Brigitte Helm, fria e rígida no papel das duas Marias em METRÓPOLIS, de Lang, e tão comovente em O AMOR DE JEANNE NEY, de Pabst. Mas como é que, em DESCAMINHOS *(Abwege)* ou em ATLÂNTIDA *(Die Herrin von Atlantis),* Pabst não conseguiu animar a impassível beleza desta atriz, que neles está tão pouco sensível quanto em seu papel de Alraune, nos dois MANDRÁGORA?

A CAIXA DE PANDORA e DIÁRIO DE UMA PECADORA não nos mostram antes o milagre de Louise Brooks, cuja profunda capacidade de intuição é meramente passiva aos olhos do espectador ingênuo, mas que soube estimular ao extremo o talento de um diretor ademais desigual? A notável evolução de Pabst se verá reduzida, nestes filmes, ao encontro de uma atriz que bastava deixar se desenvolver na tela, sem que fosse necessário dirigi-la, e que realizava com sua simples presença a essência da obra de arte. Louise Brooks existe com uma insistência desconcertante, ela atravessa esses dois filmes sempre enigmaticamente impassível. Sabemos hoje que Brooks é uma atriz espantosa, dotada de uma inteligência fora de série, e não somente uma criatura deslumbrante.

A CAIXA DE PANDORA, filme mudo, dispensa muito bem aquelas frases que Wedekind — autor das peças *Erdgeist* e *Die Büchse der Pandora,* condensadas por Pabst num só filme — julga indispensáveis para acentuar o poder erótico dessa singular "criatura terrestre", dotada de beleza animal mas privada de todo senso ético, que faz o mal inconscientemente.

✱

Em O AMOR DE JEANNE NEY, a câmera de Pabst explora lentamente a cena, começando pelo bico dos sapatos do vadio encarnado por Rasp, para depois subir ao longo das pernas e descobrir o que está imediatamente ao seu redor: papéis ensebados em desordem, tocos de cigarro amontoados, em suma, toda a sordidez de um quarto de hotel de terceira; desse modo, revela gradualmente a miserável existência de um escroque sem envergadura.

Pabst encontra daí por diante, e particularmente em DIÁRIO DE UMA PECADORA, ênfases mais violentas graças a um método mais direto: concentra, por exemplo, a atenção da câmera no rosto duro, desconfiado e dissimulado da nova governanta que não se deixará seduzir como a anterior. Um outro plano mostrará essa governanta diante do patrão numa atitude de humildade, mas o espectador já fora prevenido anteriormente. Ou então nos mostra o rosto cruel de Valeska Gert, a vigilante da casa de correção, que vemos a seguir bater ostensivamente com a baqueta num gongo; a câmera recua e mostra a longa mesa à qual estão sentados os pensionistas, que engolem compassadamente a sopa magra.

A montagem de A CAIXA DE PANDORA é mais fluida, talvez porque Pabst se deixe levar pelo seu fraco por uma atmosfera flutuante ou pelo claro-escuro de contrastes violentos (o navio iluminado na noite, por exemplo). A fusão de duas peças de teatro faz com que, a despeito dessa fluidez estilística, certas passagens do filme se isolem do conjunto, como já notava um crítico de *Close up*. Cada uma delas compõe um drama em si, cujas peripécias próprias, o ritmo e o estilo se distinguem do resto: por exemplo, a cintilação impressionista das cenas de revista, o bar do navio iluminado à maneira expressionista e as imagens nebulosas da miséria em Londres.

Ninguém como Pabst soube fixar a febre que reina nos bastidores numa noite de estréia de uma grande revista, a pressa atordoante, o vaivém sem objetivo aparente, a promiscuidade dos corpos enquanto os cenários são transportados para lá e para cá, o palco que parece enviesado quando são mostradas, no meio de uma atração, uma entrada ou uma saída, a presteza dos artistas em ir se curvar diante dos aplausos, a rivalidade, a complacência e o humor, aquela mistura estonteante de atividade dos acessoristas e eletricistas, aspiração artística, pitoresco e volúpia fácil. Nem o famoso RUA 42 *(42nd Street)* reproduz esse deslumbramento, essa atmosfera quente, essa sensualidade submersa em ondas de luzes que reverberam nas cortinas de lamê, que brilham nos cascos e armaduras, que nacaram os corpos de mulheres seminuas. Pabst dirige esse corre-corre com uma destreza impressionante; tudo está previsto, cuidadosamente regulado: a intervalos calculados com precisão, algumas figuras cruzam a tela vindas de todos os lados e passando pela frente ou por trás do grupo principal, dando assim uma impressão de efervescência, de dinamismo. Tudo oscila na vaga do plano de fundo onde Lulu aparece como uma espécie de ídolo pagão, tentadora, cintilando em plumas, paetês, penduricalhos e falbalás.

Toda a atenção se concentra em Lulu, e Pabst sabe variar ao infinito as cenas de sedução que a valorizam — por exemplo, quando o Dr. Schön entra no apartamento de Lulu, sem saber como confessar à amante que vai se casar. A câmera filma seu desconcerto enquanto caminha de um lado para outro no cômodo; as cinzas de seu cigarro queimam uma toalhinha, sua mão brinca nervosamente com um bibelô, como a de Jannings em VARIEDADES com um copo de licor. A decupagem, a montagem habilidosa em campo-contracampo mostra Lulu que observa aquela irritação crescente. Ela se enfia nas almofadas, agita-se, deita-se de bruços com o corpo semi-erguido numa postura de esfinge, enquanto Kortner aproxima-se dela e senta-se. A câmera, de cima para baixo, escruta o rosto impassível de Lulu; a objetiva se demora, acompanha o perfil perfeito do rosto, o nácar luminoso da pele, a franja dos cabelos com laquê, o arco nítido das sobrancelhas, a sombra fremente dos cílios.

Uma outra passagem oferece uma variante sutil: no recinto do acessorista, Lulu se joga no divã, a câmera se aproxima de sua nuca branca e desliza ao longo de suas pernas que se debatem no ar com impaciência. Os dois amantes lutam e se perdem num longo abraço. Estas cenas são de um erotismo extremo, sem sombra de vulgaridade.

Pabst fixa repetidas vezes os traços de Lulu, tomando seu rosto em diagonal: a expressão é tão voluptuosa, de uma volúpia tão animal, que ela parece quase privada de individualidade. Na cena com Jack, o Estripador, este rosto, disco liso como um espelho virado obliquamente na tela, se esfuma, as superfícies luminosas se atenuam; parece então que a câmera se inclina sobre o rosto de Lulu como sobre uma paisagem lunar, cujas curvas descobre e ilumina. (Será ainda um ser humano, uma mulher? Não seria antes a flor de alguma planta venenosa?) Ou ainda Pabst mostra, na borda da tela, apenas o queixo, um fragmento da maçã do rosto de quem está perto dela, personagem com a qual o espectador se identifica automaticamente.

Finalmente Pabst nos faz vê-la em seu casebre londrino, mirando-se no refletor da lâmpada e desenhando a curva dos lábios com o resto de um velho batom vermelho. É um reflexo desta lâmpada brilhando na lâmina de uma faca de pão que dará a Jack, o Estripador, a idéia de usá-la. Assim, de imagem em imagem as iluminações se fundem com o objeto.

O rosto de Jack, o Estripador, surge da penumbra em pleno relevo, fazendo um contraponto trágico com a máscara lisa de Lulu apaixonada. Por um breve instante, a boca do homem acuado sorri, um véu parece apagar o desespero dessa *facies* subitamente apaziguada. Logo depois a câmera revela novamente todas as desigualdades da pele, cada poro torna-se visível com seu suor, sobre os músculos contraídos.

São os primeiros planos que determinam o caráter deste filme, que acentuam de algum modo a plástica do conjunto; a atmosfera flamejante ou fosforescente e, por fim, as névoas luminosas de Londres não perduram no decorrer da película senão como uma espécie de acompanhamento desses primeiros planos, realçando seu significado.

Assim que introduz uma personagem, Pabst explica seu caráter, e isto por meio de um único plano: a objetiva escruta o acrobata Rodrigo que espera na rua, fixa seus ombros quadrados, seu peito avantajado e inflado; neste plano, sua cabeça se torna um acessório; imediatamente adivinhamos que o homem não passa de força física, é como que privado de cérebro.

Assim que o pai adotivo de Lulu aparece no patamar, Pabst nos mostra o dorso de sua silhueta encarquilhada, que acentua o sórdido de sua vida de velho artista debochado.

Às vezes basta a Pabst um único plano para indicar todo o drama: Lulu vestida de noiva mira-se no espelho; inclina-se para pôr o colar de pérolas e, enquanto faz este gesto e sua imagem deixa o espelho, a do Dr. Schön nele se insere, ameaçadora. Lulu se endireita, sua imagem encontra a do Dr. Schön, decidido a matá-la. A seguir, num outro plano a luta pelo revólver é mostrada por um instante: vemos Lulu de costas; do tiro que sai percebemos apenas um pouco de fumaça. Depois vêm todos os detalhes da agonia de Schön, mostrada sob ângulos "dramáticos".

Jogando com os planos tomados em *plongée,* principalmente quando quer mostrar a beleza de Lulu, Pabst fixará algumas vezes rostos de homens vistos de baixo, tomados em *contre-plongée,* aumentando assim a parte inferior do rosto; o pescoço e o queixo tornam-se como que um enorme inchaço e dominam a imagem. É graças ao efeito de uma tomada desse tipo que o rosto do Dr. Schön moribundo adquire um quê cadavérico, impessoal, evocando um objeto. Com o uso desse ângulo, Pabst varia as expressões: quando a forma graciosa de Lulu balança, suspensa nos braços de Rodrigo, a fatuidade do acrobata orgulhoso de seus músculos aumenta, e é sob esse ângulo ainda que a objetiva o apanhará quando, ébrio, erguer uma cadeira para desancar o Dr. Schön. O mesmo efeito é às vezes igualmente atingido por uma tomada em *plongée:* a máscara de Rodrigo, assassinado, torna-se uma massa amorfa, fosforescente na cabine onde os policiais o descobrem.

Para resumir os componentes da técnica de Pabst: ele procura "ângulos psicológicos ou dramáticos" que revelem, ao primeiro olhar, o caráter, as relações psíquicas das personagens, uma situação, a tensão de uma atmosfera, o momento trágico. Quase sempre prefere este tipo de tomadas à técnica de Murnau, que se delicia em acompanhar longamente uma cena, com o auxílio de uma câmera que se move por deslizamento. Para Pabst, pois, é finalmente a montagem que constrói a ação.

Já em A RUA SEM ALEGRIA, acontece de sermos surpreendidos por um ângulo revelador, por planos que prenunciam as possibilidades futuras de Pabst. Ele mostrará, por exemplo, apenas a metade inferior do rosto de Werner Krauss, o açougueiro, em primeiro plano, com o bigode retorcido, e a casa na qual a mão da alcoviteira (que não vemos) introduz um cravo. Mas, na maioria das vezes, Pabst ainda não consegue, com uma montagem mais refinada, integrar tais planos à ação, como fará mais tarde em DIÁRIO DE UMA PECADORA.

✶

Em DIÁRIO DE UMA PECADORA, a técnica é muito diferente. Aqui e ali, vemos ainda primeiros planos do rosto de Louise Brooks, tão reveladores e provocantes como aquele em que Rasp, o sedutor, a olha, enquanto anota o encontro fatal no caderno do diário ainda imaculado que a jovem acaba de ganhar. Mal se percebe o rosto de Rasp, tomado de perfil, na borda extrema da tela onde se oferece, qual uma pétala de flor, o rosto puro de Louise Brooks.

O símbolo também entra em jogo: no leito onde Thymiane/ Louise Brooks cede sem compreender, o homem, por descuido, derruba um copo de vinho tinto. O inspetor calvo da casa de correção, cujas mãos invadem a tela enquanto o restante de sua pessoa permanece invisível, simboliza a autoridade.

Este filme atesta uma sobriedade nova e quase documental. Pabst não procura mais o claro-escuro expressionista, em que os objetos brilham subitamente, nem a cintilação impressionista, e a beleza da intérprete parece exaltá-lo menos.

Se comparamos as cenas do bordel de DIÁRIO DE UMA PECADORA com as do bar em A CAIXA DE PANDORA, distinguimos claramente os progressos de Pabst, principalmente no que concerne à cor local. Toda a monotonia que impregnava ainda as dançarinas do casamento de A CAIXA DE PANDORA, ou as do hotel em A RUA SEM ALEGRIA, desapareceu das cenas de importância secundária. Porém não há mais, em DIÁRIO DE UMA PECADORA aquela variedade, aquela perturbadora riqueza de atmosfera que encontramos em A CAIXA DE PANDORA. Um Pabst novo, e apesar de tudo mais realista, começa a nascer.

XX

O DECLÍNIO DO CINEMA ALEMÃO

A juventude alemã de hoje está a serviço do poder. A questão da arte vem sempre depois da questão da vitória, vem sempre na noite da vitória.

Gottfried BENN, *Kunst und Macht* (Arte e poder), 1934.

Os clássicos do sonoro.

O "estilo UFA".

O cinema nazista e pós-nazista.

A decadência do cinema alemão, cujos prenúncios já se faziam notar nos últimos anos do mudo, e que se consolida com o advento do falado — filmes como O ANJO AZUL, A ÓPERA DOS TRÊS VINTÉNS, SENHORITAS DE UNIFORME *(Mädchen in Uniform)* e M constituem raras exceções —, não se explica facilmente.

É impossível apontar como única causa a intromissão dos interesses de Hollywood e do capital americano que veio desencalhar a UFA. Mesmo se o presente oferecido em troca (a emigração de alguns diretores importantes, contratados pelos estúdios americanos, tais como Murnau, Dupont e Leni — Lubitsch já estava nos Estados Unidos desde 1923) representa um ônus bastante considerável para o cinema alemão, diretores do porte de Lang ou Pabst, bem como Lamprecht, Froelich e Grune continuam disponíveis.

Raramente se percebe, no estrangeiro, que os filmes hoje denominados clássicos alemães não passavam — e isto já na época em que foram rodados — de obras excepcionais submersas na onda de filmes comerciais sobre Heidelberg e o Reno alemão, Viena e seu Danúbio azul, bem como filmes patrióticos sobre Frederico, o Grande, os onze oficiais de Schill, os granadeiros do rei ou outros que relembravam as proezas da Primeira Guerra Mundial. Sem contar todas as comédias de caserna e aquela massa dos *Aufklärungsfilme,* que se diziam "de informação sexual", filmes de costumes que contavam meras histórias de bordéis num tom pseudocientífico.

Se considerarmos que as cifras da produção anual de filmes

alemães de 1926 a 1928 se situam entre 228 e 197 filmes, e que o número dos aceitáveis raramente ultrapassa dez ou doze, teremos de constatar que os filmes de qualidade dessa época se reduziam a quatro ou cinco no máximo por ano.

Outro fato a observar: por um lado, o claro-escuro, herdado de Reinhardt e do expressionismo, confere a certos filmes um aparente valor artístico (qualidade freqüentemente devida mais às maquetes dos cenógrafos e ao talento do operador que ao do diretor), e, por outro lado, uma espécie de pátina hoje dá a muitos filmes antigos um certo encanto. Além disso, não devemos esquecer que os diretores cujos filmes, por vezes, extraíam seu valor somente do estilo expressionista, a seguir fizeram apenas obras medíocres. Assim, não espanta que Robert Wiene tenha feito A DUQUESA DO FOLIES-BERGÈRE, que Richard Oswald tenha se satisfeito em realizar SOMOS DO REGIMENTO DA INFANTARIA *(Wir sind vom K. und K. Infanterie-Regiment)*, ou que Zelnik, depois do filme ambicioso OS TECELÕES *(Die Weber)*, tenha rodado DANÚBIO AZUL *(Die schöne blaue Donau)*.

Não será igualmente significativo que os melhores diretores alemães tenham optado pelos filmes trágicos? Suas comédias cinematográficas nunca escapam à vulgaridade, e compreendemos facilmente que os filmes de Lubitsch ROMEU E JULIETA NA NEVE *(Romeo und Julia im Schnee)* ou AS FILHAS DE KOHLHIESEL irritem sobremaneira os espectadores não-alemães. Mas que Murnau, em AS FINANÇAS DO GRÃO-DUQUE (*Die Finanzen des Grossherzogs*), e Berger em SONHO DE VALSA (*Walzertraum*), em certos trechos, tenham caído no mau gosto, nos leva a refletir. O cinema alemão não produziu comédia que se possa considerar clássica, TARTUFO sendo mais uma tragicomédia e CINDERELA um conto de fadas. Por outro lado, O LEQUE DE LADY WINDERMERE *(Lady Windermere's Fan)* foi rodado nos Estados Unidos por Lubitsch, que mudou conscientemente de postura, declarando: "Adeus palhaçada e bom-dia indolência!" *

✶

Antes da dominação de Hitler, era comum ouvir-se dos alemães que entre eles só houvera grandes poetas — como Goethe ou Schiller

* No original, *Goodbye slapstick and Hello nonchalance. (N. da T.)*

— em épocas de miséria nacional. Será que após a derrota de 1918 houve uma repetição desse fenômeno, desta vez em benefício da arte cinematográfica? Na Alemanha, o caos e o desespero parecem freqüentemente propícios à criação. Contudo, esse florescimento da arte do cinema após a Primeira Guerra Mundial, que se reduziu, como vimos, a algumas obras excepcionais, não se repetiu depois da segunda derrota.

Não é fácil reencontrar um sonho, uma vez que se saiu de seu encantamento. Depois de 1925, a prosperidade tendo retornado com a estabilização, a Alemanha, rapidamente libertada do sentimento de culpa, aspirava à posse de bens reais. Nos meios da indústria pesada, que conseguira estender as asas sobre a produção cinematográfica, despontava o desejo de reaver as colônias.

A partir de 1926, o futuro do cinema alemão parece estar comprometido, na medida em que os filmes americanos de sucesso comercial vão tornando mais precisa a noção do *box-office.* "Até aquele dia", declara Kurtz em 1926, "o cinema alemão consistia essencialmente num conteúdo dramático e no desenvolvimento de caracteres fortes e de ações apaixonadas; o roteiro visava os dramas cujas peripécias de desenlace catastrófico ampliassem os sentimentos em questão. Ao estrangeiro, sempre vem a palavra 'analítico' quando se trata de definir o cinema alemão. No presente momento, o contato entre o cinema americano e o alemão vai permitir a este desvencilhar-se daquele *prestissimo* (*sic*!) de seqüências de acontecimentos e estabelecer entre a ação e o desenvolvimento dos caracteres relações mais harmoniosas".

Será preciso assinalar que esta explicação nos revela o segredo do destino do cinema artístico alemão, ao renunciar de caso pensado a tudo aquilo que, justamente, lhe conferia valor?

Nos últimos anos do mudo, a imagem, sempre tratada segundo as regras do famoso claro-escuro, ainda consegue enganar; mas o cinema falado revela cruelmente a mediocridade da produção corrente, pois a palavra trai o mistério dos gestos. Deve-se atribuir à estilização integral do estilo expressionista o fato da arte cinematográfica ter sido mais atingida na Alemanha do que em qualquer outro lugar pelo advento do falado? Será que o véu da *Stimmung* se encontra irremediavelmente rasgado?

Se A MANDRÁGORA de Galeen, filme mudo de 1928, é sensivelmente superior à MANDRÁGORA de 1930, filme falado de Richard Oswald, isto não se deve apenas ao talento superior de Galeen: o MANDRÁGORA mudo se beneficia do silêncio, que preserva intata a tensão própria a um tema essencialmente fantástico. Contudo o filme de Galeen, realizado no período de declínio, não tem mais a qualidade de O ESTUDANTE DE PRAGA, que o mesmo diretor filmou em 1926, quando ainda estava possuído pela visão expressionista. Em 1928, os cineastas alemães quase não ousam mais se entregar totalmente ao fantástico, e elementos da "nova objetividade" prejudicam a unidade de um filme como A MANDRÁGORA.

Mas é sobretudo o abismo entre a versão muda e a falada do tema que parece intransponível: um diretor da qualidade de Robison nada obtém senão o fracasso, quando roda, em 1936, o terceiro ESTUDANTE DE PRAGA.

O filme falado alemão teve de superar dificuldades meramente técnicas, que o cinema não precisou enfrentar nos países latinos: o uso freqüente de sons sibilantes e consoantes duplas dava lugar a deformações que, num primeiro momento, pareceram irremediáveis. Quando Dita Parlo pronunciou, num dos primeiros filmes falados, MELODIA DO CORAÇÃO (*Melodie des Herzens,* 1929), de Hanns Schwarz, a palavra *Pferd*, a sala inteira caiu na gargalhada, e os críticos cinematográficos foram para casa escrever longos artigos onde declaravam que o cinema falado não teria futuro. E mesmo quando as primeiras imperfeições foram eliminadas, a língua tão bela de Hölderlin e Rilke ainda parecia ríspida, efeito que apenas os dialetos da Alemanha do Sul ou a fala mais suave dos austríacos conseguiram atenuar. (O sucesso do cinema vienense no exterior, onde MASCARADA (*Maskerade*, 1934), EPISÓDIO (*Episode*, 1935) ou OPERETA (*Operette,* 1940) lotaram as salas, sem falar dos filmes de música vienense, do gênero SINFONIA INACABADA (*Leise flehen meine Lieder,* 1933) e DREIMÄDERLHAUS (1936), se deve em parte à suavidade do dialeto austríaco.) No cinema alemão, a pronúncia deliberadamente martelada da época hitlerista acentuou a sonoridade cortante das palavras.

A dublagem de um filme mudo dá, em geral, um resultado sofrível: O INFERNO BRANCO DE PIZ PALÜ (*Die weisse Hölle vom Piz Palü*), rodado em 1929 por Arnold Fanck, em colaboração com G. W. Pabst, e sonorizado em 1935, é um exemplo. O som, no entanto, não é nele muito mais inesperado que nos filmes de montanhas dos primeiros tempos do falado. Será porque numerosos planos desses filmes foram feitos no sistema mudo, devido às dificuldades técnicas em exteriores? Essa impressão incômoda talvez seja aumentada pelo fato do diálogo revelar, de maneira mais tangível que os subtítulos, as discordâncias que fatalmente surgem quando imagens naturais estão a serviço de um roteiro em que o autor não conseguiu refrear seus impulsos melodramáticos, o que é o caso da maioria dos filmes de montanhas, mesmo quando se trata de um autor da qualidade de Bela Balazs, roteirista de A LUZ AZUL (*Das blaue Licht*). Neste filme, dirigido por Leni Riefenstahl em 1932, o som muitas vezes parece se superpor aos belíssimos planos do velho *cameraman* de Fanck, Schneeberger, e o balido dos carneiros e o berro das cabras destroem o poder da imagem.

Por outro lado, tanto no filme de Leni Riefenstahl como em todos os de montanhas de Fanck, o frescor e a espontaneidade das tomadas ao ar livre são prejudicados por aqueles planos demasiadamente uniformes e perfeitos que se esmerava em rodar em estúdio, no caso de escaladas muito difíceis ou acrobacias perigosas; tais planos eram executados em paisagens de sal e pó branco, que faziam as vezes de neve e gelo.

A gruta de A LUZ AZUL, que lembra uma maquete de O MONTE SAGRADO (*Der heilige Berg*, 1927), de Fanck, não tem absolutamente a mesma razão de ser, nesse filme concebido para exteriores autênticos, que a caverna de Alberich, por exemplo, no quadro lendário de OS NIBELUNGOS.

✱

Logo habituados ao milagre do som, os cineastas alemães abandonarão cedo todas as pesquisas de efeitos sonoros. Em 1929, Dupont tenta ainda, em ATLÂNTICO, tornar concreto o naufrágio do paquete com ruídos de corrediças, gritos em todos os tipos de língua que se misturam ao lamento das sirenes e aos sons da orquestra e dos sinos, enquanto pára bruscamente o barulho das máquinas. No mesmo ano, Walter Ruttmann, em MELODIA DO MUNDO (*Melodie der Welt*), tenta realçar a plástica das imagens com o som, mas esta obra, na verdade, não passa de um filme sonorizado pela introdução da música de Wolfgang Zeller e de alguns ruídos naturais. Sabe-se, aliás, que Ruttmann sonhava, naquela época, com um "filme" composto exclusivamente de uma montagem de sons, *sem imagens*, e que chegou mesmo a realizá-lo sob o título de FIM DE SEMANA (*Wochenende*)...

Em 1931, Kurt Bernhardt mostrou, em O HOMEM QUE ASSASSINOU (*Der Mann, der den Mord beging*), um trecho de rua deserta, à noite, onde duas pessoas numa sacada trocavam palavras que se misturavam ao som dos passos de um transeunte, e se perdiam à medida que este se distanciava. Nesse mesmo ano, em ADEUS (*Abschied*), Robert Siodmak mostrava o canto de um quarto onde a presença de um casal invisível, abraçado na cama, se fazia notar apenas por algumas palavras de amor.

Sternberg só havia feito um filme falado antes de O ANJO AZUL, mas aprendera nos estúdios americanos a se servir do som de maneira mais eficaz do que o faziam os cineastas alemães na mesma época: basta reparar no movimento das portas, que deixam escapar, quando se abrem, fragmentos de risos e de canções. Nesse começo do sonoro, ele ainda não sabe utilizar as montagens de som ou o *diminuendo* quando as portas ou janelas se fecham. Mas ao claro-escuro alemão, Sternberg conseguiu associar um "impressionismo" cintilante, deslumbrante, assim como um erotismo "visual", quando se acendem as luzes da ribalta, ou quando Marlene impregna suas canções com toda a tensão ambígua da atmosfera.

Essa mistura de estilos não é menos encantadora: Hunte, cenógrafo alemão, criou ruas tortuosas, casas de empena e com telhados expressionistas, oblíquos, alongados, e este cenário se harmoniza com os interiores tipicamente sternbergianos, onde predomina o cuidado com o pictórico e o ambiente sedutor.

Já Pabst se interessa muito exclusivamente pela imagem, para compreender logo de saída o papel essencial do som. Em GUERRA, FLAGELO DE DEUS (*Westfront 1918*, 1930) como em A TRAGÉDIA DA MINA (*Kameradschaft,* 1931), os planos, freqüentemente muito belos, são estragados pelos diálogos de extrema banalidade.

Contudo, as cenas na mina — principalmente aquela em que um dos sobreviventes bate nos canos com uma barra de ferro e o som se propaga pelas galerias desertas — têm o vigor da reportagem, do documentário filmado ao vivo, e ultrapassam o pitoresco para alcançar a autenticidade do *fait divers.* A imagem emergindo das trevas forma, com o som, um corpo único, e esta seqüência vibra com uma nova tensão, numa atmosfera densa criada por uma extraordinária gama de sons.

Resta-nos falar do inegável êxito de A ÓPERA DOS TRÊS VINTÉNS (1931). No teatro, a peça de Brecht fora brilhantemente montada, por Erich Engel como em geral se acredita (este diretor de teatro realizou a seguir alguns filmes absolutamente sem interesse), quando na verdade foi o próprio Brecht que dirigiu sua obra como bem entendeu, com rigor e sem compromissos. Conservara, da experiência expressionista, as frases cortantes e uma estilização muito depurada.

Na adaptação cinematográfica, Pabst edulcorou a *Dreigroschenoper* com sua propensão ao claro-escuro e à *Stimmung,* e mais ainda talvez para agradar a um produtor muito "realista". O que deu origem, aliás, a um ruidoso processo aberto por Brecht e Kurt Weill. Contudo, a vigorosa sobriedade do original não desapareceu completamente, mesmo porque alguns dos atores principais da peça tinham permanecido em seus papéis no filme. A elaboração do diálogo, o ritmo pungente das canções, criado sob a orientação de Brecht, compõem um contraponto sonoro a uma parte visual que não é indigna, pois Pabst nela reencontra todo seu talento de diretor de filmes mudos, notadamente do tempo de A CAIXA DE PANDORA.

A Londres toda em *sfumato* de A CAIXA DE PANDORA, criada por Andrei Andreiev, verdadeiro mágico do cenário, é anterior à da ÓPERA DOS TRÊS VINTÉNS, igualmente imaginada por Andreiev. Pabst e ele souberam fazer pairar em tudo aquele claro-escuro sedutor e aquela névoa que torna ao mesmo tempo fantásticos e reais os muros de tijolos das docas do Tâmisa e dos casebres do Soho. Nuvens de poeira e fumaça sobem lentamente na habitação do rei dos mendigos e se agarram às paredes nuas onde as bugigangas dos miseráveis compõem como que manchas ornamentais. As mesmas nuvens pairam no galpão nupcial nas docas, esfumando suavemente o esplendor das mesas que transbordam de frutas e de prataria, na qual se reflete a luz tênue das velas, e criando aquela atmosfera de "natureza morta" que encontramos em O ALBERGUE VERMELHO (*L'Auberge Rouge*), de Jean Epstein.

Trata-se de um feliz encontro do "impressionismo" renascente com o expressionismo agonizante (já pressentido em algumas cenas de A CAIXA DE PANDORA). Manifesta-se aqui nos planos variados e coloridos do bordel de falso luxo vitoriano com seu aspecto como que privado de comunicação, sua pelúcia, seus lambrequins, sua estátua de negra fim de século, onde a hipocrisia burguesa parece estar abafada entre almofadas excessivamente bordadas e cortinas opacas demais. Neste filme em branco e preto, os *déshabillés* provocantes, os espartilhos 1900, as luvas claras com nervuras pretas estilo Caligari e as botinas com polainas dão maior realce à impressão colorida.

Embora a rainha Vitória tenha sido coroada em 1837, Brecht, que já transplantara a *Beggars Opera* do século XVIII para uma época mais próxima, preferira igualmente para sua encenação os vestidos de anquinhas, os chapéus emplumados, os paletós justos, os colarinhos empertigados do fim do reinado vitoriano, porque acentuavam a aparência falsamente burguesa daqueles casais "da vida".

Com gosto e prazer evidentes, Pabst e seu excelente *cameraman* Fritz Arno Wagner utilizaram ângulos de tomada refinados. Estes conferem ao filme uma impressão de vida movimentada, de fluxo e refluxo da multidão, e reforçam as modulações do claro-escuro, multiplicando os tons de uma palheta infinitamente variada.

Mackie Messer, filmado através de vidraças, tenta seduzir Polly convidando-a a segui-lo: nós o vemos falar, mas só podemos adivinhar o que diz. A imagem confere ao "fundo sonoro" uma profundidade que o amplifica, o que é cativante neste início do falado.

Contudo, o cenário da autêntica *Ópera dos Três Vinténs*, tal como foi apresentado em Berlim, era mais original e mais impressionante.

Terá sido o contraponto da variedade do ambiente e do vestuário com o cenário matematicamente calculado, segundo as concepções de Stanislawski e de Tairoff, que conferiu à peça de Brecht aquele relevo e aquela eficácia? Projetados em espécies de biombos, os cenários de Caspar Neher, de contornos nítidos e precisos, ao mesmo tempo despojados e complexos, não tinham nada em comum com o que se chamava então de *neue Sachlichkeit* — a "nova objetividade", via fácil a que aspiravam muitos alemães da época. Letreiros trazendo, à maneira dos subtítulos de cinema, inscrições em negro sobre fundo branco davam uma impressão de imediato. Esses cenários, nos quais líamos à guisa de comentário algumas máximas irônicas e violentas de Bert Brecht, não tendiam a criar aquela atmosfera perturbadora que buscavam as maquetes de Andreiev. Serviam, antes, para chocar o espectador, forçando-o a participar e a tomar partido.

As canções de Kurt Weill — a quem Brecht, assobiando algumas notas, havia inspirado as melodias — eram os pivôs da peça, inserindo-se entre as réplicas de um diálogo sempre espontâneo, enquanto as mesmas canções não passam de alegres ornamentos no filme de Pabst. Amortecidas pela atmosfera, tornadas visuais mas esfumadas, perderam muito do realce. No entanto, a versão alemã do filme conservou algo da dicção aguda de Brecht, de seu comportamento sarcástico, e alguns atores de sua companhia, como Ernst Busch, extraordinário intérprete do lamento popular de Mackie Messer, ou Lotte Lenja, hoje viúva de Kurt Weill, que encarna Jenny, ou ainda

Carola Neher, a comovente Polly, tinham aprendido com Brecht a técnica do canto. Se na versão francesa apenas Margo Lion nos cativa com sua presença — (por que o cinema francês se esqueceu desta espantosa deusa, que poderia ter sido a sucessora de Yvette Guilbert?) —, é porque ela morou muito tempo em Berlim. Companheira de Marcellus Schiffer, jovem compositor de talento falecido prematuramente, aprendera a cantar naquele ritmo endiabrado, com aquele jeito preciso e abrupto que os alemães de hoje ignoram.

✱

Lang, imediatamente seduzido pelas possibilidades de expressão do som, chegou muito naturalmente aos contrapontos visuais e sonoros. Em M (1931), por exemplo, quando a sombra de Peter Lorre se projeta sobre o cartaz que oferece uma recompensa pela captura do inencontrável assassino (este permanece invisível para o espectador), escutamos apenas a sua voz. O mesmo efeito é obtido no conselho dos ladrões, dos quais apenas as sombras aparecem na tela no transcorrer da conversação. Em CORAÇÃO DE APACHE (*Liliom*), filmado num estúdio francês em 1933, Lang mostra-nos igualmente apenas o reflexo na água de dois colegas, enquanto os ouvimos discutir o crime.

Com raro domínio, Lang utiliza o som em contraponto com a imagem: esta é valorizada pelo som. Quando a mãe se debruça sobre a caixa de escada desesperadamente vazia para chamar Elsie, a ausência da garotinha torna-se ainda mais perceptível graças às imagens — a mesa posta diante da cadeira vazia — e ao barulho lancinante do relógio que marca inexoravelmente o curso do tempo. Os clamores da mãe ressoam na água-furtada deserta. O assassinato é a seguir sugerido por uma elipse: a bola rolando e o balão que se enrosca no fio elétrico — imagens sobre as quais se prolonga e fenece o apelo da mãe.

O som por vezes se antecipa à imagem, ou então invade a imagem seguinte, ligando-a assim mais estreitamente à anterior. Alusões sonoras, associações de idéias utilizadas como *raccords* acentuam o ritmo da ação, dando-lhe densidade.

É o som que intensifica o significado da imagem: quando Lorre foge para o imóvel onde vai se enfurnar, um carro de bombeiros passa ruidosamente. No plano seguinte, a entrada está vazia e silenciosa.

Lang foi o primeiro a compreender que o filme sonoro não

devia, como o teatro, se limitar à narrativa pura e simples dos acontecimentos. Assim, quando o comissário Lohmann faz seu relatório, as imagens que afluem dão amplitude à narrativa; vemos as escrivaninhas vasculhadas e os cofres intatos. Também quando o ministro telefona para o delegado e este resume todas as medidas tomadas, Lang nos mostra as investigações minuciosas, as buscas efetuadas em toda parte.

É com o emprego do som que Lang prepara a descoberta do assassino: mostra-nos, na taberna, o cego que vende balões tapando os ouvidos (como o faz o assassino quando, no terraço de um café, seu *Leitmotiv*, uma melodia assobiada da dança do Troll de Grieg, se torna muito estridente), porque a música alta demais o incomoda. Quando a música se atenua, ele se embala, encantado.

Assim o espectador compreenderá que o assobio vai lembrar mais tarde, ao ouvido fino do cego, o encontro com a pequena Elsie.

Pouco a pouco, o som leva à descoberta do assassino: é, a princípio, um estertor de animal acuado no silêncio dos madeirames. Quando o guarda-noturno tranca a porta dos sótãos, a faca de Lorre se quebra na tentativa vã de forçar a fechadura. Depois, os seguidos golpes que dá para endireitar um prego que acaba de arrancar da parede trairão sua presença. E vem a invasão: as portas são sacudidas, bate-se contra as divisórias.

No auge do som, ressoa diante do júri dos bandidos o grito estridente de Lorre, clamando que fora impulsionado por uma força invisível. É o ponto mais alto desta escala trágica, melopéia em que som e imagens se fundem num indestrutível contraponto.

✶

Com O TESTAMENTO DO DR. MABUSE (1933), as técnicas sonoras de Lang evoluem ainda mais.

Na fábrica dos falsários, as máquinas rugem, e, naquele barulho infernal, enquanto os objetos se entrechocam e vibram sob a oscilação da lâmpada — a imagem, assim, escorando naturalmente o som —, Hofmeister, o ex-detetive, para não ficar louco, precisa tapar os ouvidos. Quando os dois empregados descobrem a presença do intruso, seus cochichos se perdem no alarido.

Efeito ainda melhor: quando os dois amantes são trancafiados no cômodo dividido por uma cortina, escutamos com eles — o que aumenta a tensão da cena — o insuportável barulho, as pulsações da máquina infernal.

Como em M, Lang utiliza o diálogo para ligar o plano antecedente ao próximo. Freqüentemente, uma fala anuncia a cena: assim, Lohmann, ao contemplar Hofmeister, que ficou louco, exclama: "Queria apanhar o responsável pela loucura deste homem". E a imagem seguinte mostra Mabuse no asilo, rabiscando suas ordens monstruosas. Ou ainda Lang, que acaba de nos mostrar a explosão da bomba que não atingiu Hofmeister, corta para Lohmann no escritório, e os dois planos são ligados pela expressão *Feuerzauber*, "mágica de fogo", empregada por Lohmann ao falar de uma ópera de Wagner, certamente ignorando tudo sobre o atentado.

Num outro momento, os acólitos discutem a organização e seu misterioso chefe, e um deles diz: "Cuidado com aquele que queria abandoná-lo"; a imagem seguinte nos mostra Kent, desesperado por estar preso na engrenagem, e Lang não precisa fazê-lo monologar para que o espectador compreenda.

Em outra passagem, Lang nos faz contemplar longamente o escritório vazio do Dr. Baum, depois ouvimos, atrás da porta, as vozes de Lohmann e de seus policiais, discutindo no vestíbulo. Lohmann empurra a maçaneta da porta, e ouvimos então, em *off*, vindo do interior do cômodo, o metálico "não quero ser incomodado" — a mesma voz do alto-falante escondido atrás da cortina. Kent, que não reconhece a verdadeira voz de Mabuse, a identifica quando é reproduzida por um meio mecânico.

No fim do filme, o som se dilata numa orquestração ampla e diversa, mesclando-se aos movimentos e iluminações.

Com o crepitar das chamas da usina de gás incendiada se misturam os uivos das sirenes, depois o toque dos carros de bombeiros, o ruído surdo das chaminés que desmoronam, o arquejo de uma locomotiva e os traques das motocicletas. Em todo este alarido, projetores vasculhando os arbustos perseguem o malfeitor, faróis iluminam o vasto cerrado, rasgado pelos assobios dos policiais. Um automóvel ronca. E em meio a esses ruídos começa uma perseguição endiabrada.

O que é, no primeiro MABUSE, a corrida louca de von Wenck, hipnotizado pelas letras de fogo, perto desta grandiosa perseguição? Das trevas, surgem, de uma maneira expressionista, como espectros brancos, as margens da estrada, e nascem linhas luzidias num movimento irresistível que é a pura expressão da rapidez: reflexos fugitivos das folhas, que produzem manchas de luz na névoa ao refletir o raio dos faróis dos automóveis, enquanto a copa das árvores vibra na aceleração da corrida.

Lang disse-me que, hoje, já não teria recorrido às sobreimpressões do fantasma de Mabuse, que considera inábeis; prefere aquela voz *off* guiando a corrida louca de Mabuse, que terminará, como outrora a do Dr. Caligari, diante das grades do manicômio.

*

Paul Czinner tenta intensificar, com a ajuda do diálogo, a atmosfera do *Kammerspiel*: em ARIANE (1931) e BOCA SONHADORA (*Der träumende Mund*, 1932), as palavras se tornam intermediários sutis entre as longas pausas "psicológicas", que o diretor já tinha o hábito de valorizar em seus filmes mudos.

Leontine Sagan, atriz de teatro, dirigiu admiravelmente os diálogos de SENHORITAS DE UNIFORME (1931). Faz sobressair a inconsciente ingenuidade das confidências das pensionistas, na intimidade do dormitório, e o enlevo de amor que vibra na voz esganiçada da adolescente — Hertha Thiele —, fazendo contraponto com o contralto de Dorothea Wieck. Em ANNA E ELISABETH (*Anna und Elisabeth*, 1933), Franck Wysbar tentou alcançar, por sua vez, a qualidade emocional de SENHORITAS; embora tenha escolhido as mesmas atrizes, "falando correntemente a linguagem do coração", como diz com muita justeza Paul Gilson, não obteve êxito algum.

Algumas cenas engraçadas de SENHORITAS DE UNIFORME atestam o frescor que a palavra pode conferir à imagem. Da mesma forma, a vivacidade do diálogo em EMIL E OS DETETIVES (*Emil und die Detektive*, 1931), filmado por Lamprecht, dá ritmo às peripécias da perseguição fantástica de um ladrão adulto por um bando de meninos.

*

O advento do som desencadeou, infelizmente, a onda sufocante das *Operetten* e *Musikfilme*, tais como OS TRÊS DO POSTO DE GASOLINA (*Drei von der Tankstelle,* 1930), filme extremamente arrastado, e, desastre ainda mais grave, a dos *Musikerfilme*, aqueles filmes sobre a vida amorosa de compositores célebres de coração partido, com *Lied* abundante. *Der weisse Rössl,* opereta encenada no teatro por Erik Charell no gênero do Châtelet, entusiasmara o público berlinense. Quando ele filmou O CONGRESSO SE DIVERTE (*Der Kongress tanzt*, 1931), o fez com o mesmo espírito da *Ausstattungsrevuen*, isto é, das revistas de grande espetáculo, cujo único fim é a ostentação falsamente luxuosa de cenários e figurinos

— e as imagens deste filme influenciaram toda a produção que se seguiu.

Porém O CONGRESSO SE DIVERTE não é o único responsável: os cineastas alemães trabalharam por um período longo demais com o claro-escuro para que o cinema comercial não acabasse por se apossar dele e, forçosamente, deteriorá-lo. Este perigo, já iminente na época do mudo — A EXTRAORDINÁRIA MENTIRA DE NINA PETROVNA (*Die wunderbare Lüge der Nina Petrowna*, 1929) e RAPSÓDIA HÚNGARA (*Ungarische Rhapsodie*, 1929), ambos de Hanns Schwarz, são um exemplo evidente —, se agrava rapidamente no tempo do falado. A Tobis acelera a fabricação em série do *day dream*, e a UFA, ostentando fausto numa época em que os produtores independentes ainda estão assustados com os custos que acarreta o falado, se serve do todo-poderoso *Kitsch* pictórico para fazer par com o melodrama da ação: por exemplo, MELODIA DO CORAÇÃO (1929). Aqui, aliás, o claro-escuro habitual dá lugar a um acinzentado, onde transparece um relevo suavizado que provoca, de igual modo, uma impressão de insipidez extrema. O mesmo acontece com LUTERO (*Luther*, 1928), filme de Hans Kyser, e ainda em JOANA D'ARC (*Jeanne d'Arc*, 1935) de Ucicky.

Essa perfeição adocicada do "estilo UFA", à qual foram obrigados *cameramen* de qualidade, marca sobretudo os filmes pseudo-históricos. Tal técnica acrescenta uma nota falsa a todas as produções de filmes de costumes do Terceiro Reich, de O JUDEU SÜSS (*Jude Süss*, 1940) e REMBRANDT (1942) a PARACELSUS (1943) de Pabst e PAÍS BAIXO (*Tiefland*) de Riefenstahl (1944). Apesar de certas nuanças devidas ao processo Agfacolor em AS AVENTURAS DO BARÃO DE MÜNCHHAUSEN (1943), o "estilo UFA" não mudou e determina ainda o fracasso do filme pós-hitlerista de Pabst, O PROCESSO, rodado na Áustria em 1948.

Compreenda-se, porém: a tendência anti-semita em O JUDEU SÜSS, de Veit Harlan, não interfere mais na qualidade puramente cinematográfica do filme que o filo-semitismo de um outro qualquer, quer se trate do filme inglês JEW SÜSS, de O PROCESSO ou de CASAMENTO NA SOMBRA (1947). Devemos tentar — é difícil, evidentemente — considerar os filmes do Terceiro Reich com toda a objetividade, apenas do ponto de vista da qualidade e do estilo.

Afora as imagens demasiado perfeitas, encontramos em O JUDEU SÜSS, bem como em O GRANDE REI (*Der grosse König*, 1942), também de Harlan, os mesmos defeitos de muitos outros filmes históricos pré-nazistas na Alemanha. Os cineastas os transformavam em amplos afrescos estilizados ou se entregavam decididamente à "historinha" sentimental, já indicada nos títulos: NAPOLEÃO E A LAVADEIRINHA (*Napoleon und die kleine Wäscherin*) ou A FILHA DE NAPOLEÃO (*Die Tochter Napoleons*). O próprio WATERLOO (1929) de Karl Grune navega neste gênero anedótico, dominado pela imagem de Épinal e pela epopéia bombástica. NAPOLEÃO EM SANTA HELENA (*Napoleon auf St. Helena*, 1924), de Lupu Pick, e os numerosos filmes sobre Frederico II, sejam realizados por Czerepy, Froelich, Boese ou Lamprecht — este último, contudo, sincero —, não evitam a composição estática de figuras de cera.

✶

Em seus primeiros discursos dos anos 1933-34, Goebbels declara que o cinema alemão tem por missão conquistar o mundo, tornar-se a vanguarda das tropas nazistas. Pede que se produzam filmes de tendência definida, "*mit scharfen völkischen Konturen*" (de contornos raciais sem rebarbas, categóricos), mostrando o meio e os homens "tais como os encontramos na realidade".

A "*Kraft durch Freude*" * fecha a porta para o fantástico e o sonho, e a ideologia nazista não é de natureza a criar uma realidade autêntica que permita compensar tal privação.

Ligada, como o filme de costumes, à composição da imagem bela, o filme social, mesmo antes do advento do Terceiro Reich, não conseguiu tampouco se libertar do sentimentalismo que já enleava DESTROÇOS e A NOITE DE SÃO SILVESTRE. Não se fazem impunemente, por tanto tempo, filmes que se passam em casebres de estúdio; quando finalmente se sai para filmar nas ruas, o estilo adquirido deixa marcas indeléveis.

A RUA SEM ALEGRIA, filmado em estúdio, já constituía o protótipo do "social decorativo" e de todos os *Kaschemmen* e *Sittenfilme* (filmes de tabernas e de usos) que serão feitos a seguir. A exploração do pitoresco da miséria, tendência alemã por excelência, prejudicou todos os filmes ditos sociais e mesmo outros mais sinceros, como OS TECELÕES, de Zelnik. Os filmes que se situam na fronteira entre o fantástico e o real, como M, terão sempre uma intensidade e um poder que outros como A VIAGEM PARA A

* "Força através da alegria". *(N. da T.)*

FELICIDADE (*Mutter Krausens Fahrt ins Glück*, 1929), de Phil Jutzi, rodado nas ruas de Berlim, ou DO OUTRO LADO DA RUA (*Jenseits der Strasse,* 1929) de Leo Mittler, rodado num canto do porto de Hamburgo, em vão se esforçarão por igualar.

O filme de Phil Jutzi demonstra a influência que exerceu BERLIM, SINFONIA DA METRÓPOLE sobre todos os filmes sociais da época. Não porque utiliza a torto e a direito o Luna Park de Berlim, o Freibad Wannsee (banhos gratuitos do lago de Wann) ou os operários do asfalto que Phil Jutzi, por sua vez, utilizou em A VIAGEM PARA A FELICIDADE, bem como Joe May em FLOR DO ASFALTO, mas porque encontramos em todos eles a preocupação com o detalhe documental: a câmera perscrutando a vida da arraia-miúda e os pequenos incidentes da rua, tomados ao vivo. A VIAGEM PARA A FELICIDADE mostra também, com muita clareza, o defeito essencial de todos os filmes que tentam imitar BERLIM: documentário e melodrama se misturam, quando a qualidade das cenas documentais é muitas vezes tão alta quanto são desagradáveis as características do "filme de usos".

Os próprios atores padecem dessa confusão de gêneros: o desempenho de Baranovskaia é bem superior, dirigido por Pudovkin, em A MÃE, que em ASSIM É A VIDA (*So ist das Leben*, 1929), filmado em Praga por Junghans. No filme soviético, o desespero torna-se nitidamente perceptível no vazio desolado de um cômodo, enquanto no filme de Junghans todos os objetos e todas as situações são como que provocados, e correspondem a um quadro preestabelecido. Não, a vida não é absolutamente assim!

Não será significativo que Lamprecht faça filmes chamados *Zillefilme*, assim denominados porque descrevem a miséria dos casebres berlinenses do formato de um *Zille* *? Mais convincente, é certo, que ALEMANHA, ANO ZERO (*Germania, Anno Zero*), de Rossellini, que desconhece tanto a língua quanto a mentalidade alemãs, o filme pós-hitlerista de Lamprecht UM LUGAR QUALQUER EM BERLIM (*Irgendwo in Berlin*, 1946) deixa transparecer, todavia, aquela eterna hesitação entre o realismo e o sentimentalismo, confusão que impede de se seguir alguma vez um caminho até o fim.

Conseqüentemente, o cinema da época nazista que descreve homens e meios "tais como são encontrados na realidade" não difere tanto dos precedentes; no que concerne ao estilo, por exemplo, O

* *Zille*: barco de carga chato, para navegação fluvial. (*N. da T.*)

JOVEM HITLERISTA QUEX (*Hitlerjunge Quex,* 1933) não está longe de sua antítese política BERLIN-ALEXANDERPLATZ, (1931). Até os nossos dias, o filme social alemão, qualquer que seja a cor ou o partido que o tenha inspirado, nunca alcançou a humanidade profunda de filmes como UM VELEIRO AO LONGE, A INFÂNCIA DE GORKI ou LADRÕES DE BICICLETAS (*Ladri di Biciclette*). E mesmo a simplicidade do filme HOMENS NO DOMINGO (*Menschen am Sonntag*), realizado em 1928 por Robert Siodmak, a quem o *cameraman* Schüfftan emprestou a ciência dos ângulos ousados que colocam em destaque os incidentes da vida cotidiana, mesmo KUHLE WAMPE (1932), filme de uma probidade extrema que Slatan Dudow, de origem búlgara, realizou em colaboração com Bert Brecht, no qual a miséria dos desempregados é mostrada com a sobriedade de um documentário realçado pelo ritmo da montagem e a violência da música, não igualam alguns filmes russos ou italianos.

A primeira seqüência de KUHLE WAMPE é inesquecível graças à impassível precisão da reportagem: a corrida mortal dos ciclistas à procura de trabalho, dominada pela música de Hans Eisler que um enlevo sublime arrebata numa amplificação paroxística do som e da imagem, invade, quase faz explodir a tela. A divertida comédia do casamento "pequeno-burguês" do operário, com comilanças e bebedeiras, estrondeia a seguir, assim como a festa esportiva, que anuncia involuntariamente as paradas hitleristas. Resta ainda um trecho de puro Brecht, infelizmente incompreensível para o espectador francês: aquele interlúdio dialético e incisivo do "café que estão queimando no Brasil", durante o diálogo de uma cena no vagão de um trem de periferia.

✶

O TRIUNFO DA VONTADE, realizado por Leni Riefenstahl em 1935, documentário "idealizado" que glorifica um *Parteitag* (reunião do partido) em Nuremberg, está carregado de elementos provenientes da antiga escola alemã. Para melhor compreender esta obra típica do cinema de propaganda, tentaremos nos desligar da impressão de pesadelo que dão algumas passagens e particularmente aquela em que Hitler em pessoa consagra os novos estandartes — o que culmina com um efeito de loucura alucinante que encontramos, aliás, em outras cenas onde a psicose das massas revelada por demonstrações visuais e sonoras adquire, simplesmente, o aspecto de um estudo clínico.

Quanto à concepção artística deste filme, todos os elementos distintivos da arte cinematográfica alemã nela se encontram reunidos; como em OLIMPÍADAS: FESTA DA BELEZA, FESTA DOS POVOS (*Olympiade: Fest der Schönheit, Fest der Völker*), filme que Leni Riefenstahl realizou em 1938, documentário igualmente "idealizado" feito em homenagem às Olimpíadas que tiveram lugar em Berlim, a diretora se detém longamente em visões noturnas onde tochas rasgam as trevas, e perto das chamas as bandeiras se tornam transparentes, num apogeu de claro-escuro. Ao sol, procura filmar as figuras a contraluz — as sombras alongadas de uma coluna em marcha, homens envolvidos naquele halo fosforescente que conhecemos, e percebemos a cabeça de Hitler, em pé no carro, rodeado por uma espécie de auréola. As massas que se precipitam ao redor do *Führer*, com o braço erguido num paralelismo estudado, parecem-se com aquelas dirigidas pelos cineastas que seguiam o exemplo de Max Reinhardt. Um mar de bandeiras e mastros ondula como um trigal maduro; o corpo humano se torna ornamento, e as colunas filmadas em *plongée* como os guerreiros de SIEGFRIED se transformam de repente em visão embaralhada, como a multidão observada pelo acrobata em VARIEDADES.

Reencontramos igualmente o emprego freqüente do primeiro plano, que dá aos menores objetos proporções gigantescas; as mãos dos policiais que se atam diante de suas cartucheiras adquirem o aspecto de uma paliçada capaz de deter gigantes. O homem aqui se torna estátua. (Kracauer já assinalara a semelhança dos trombeteiros com aqueles que se destacam "arquitetonicamente" sobre o fundo de OS NIBELUNGOS.) Os rostos em primeiro plano parecem feitos de granito, com suas vastas superfícies rigidamente modeladas e o queixo escultural que nada mais tem em comum com a face humana. Emana a mesma impressão de vazio e de tédio que experimentamos diante das estátuas colossais erigidas pelo escultor de maior evidência no Terceiro Reich, Arnold Brecker, estátuas de máscara espessa, nas quais o volume apagava os traços. Sendo o objetivo final da *Kultur* alemã *monumentalisieren*, como já pregava Langbehn — o famoso *Rembrandtdeutsche* —, o empolamento ridículo se torna inevitável, e "a arte oficial" se servirá sempre desse molde que toma por heróico. E é fatalmente o reino dos falsos valores, do teatral, da arte arrebicada que dominou toda a produção do Terceiro Reich.

Se em OLIMPÍADAS os primeiros planos são menos chocantes,

é porque num filme consagrado aos esportes, com proezas corporais harmoniosas, o culto do herói não está deslocado. O mérito de alguns planos admiráveis deste filme se deve ao olho de Leni Riefenstahl ou antes devemos atribuí-los ao grande talento de seu *cameraman*, Hans Ertl? É ele quem capta a dinâmica de uma atitude, a paixão que anima a façanha esportiva: um corpo, filmado em *contre-plongée*, espera o momento da partida, um salto tomado em ação se desdobra, numa diagonal vitoriosa, sobre a extensão da tela; todas essas massas oblíquas destroem a sintaxe das duas dimensões cinematográficas, saem da imagem plana, fazem explodir o quadro. Um desses campeões alados chega a produzir o efeito daquela grandiosa melopéia do corpo que Murnau cantou em TABU. Mas, infelizmente, estamos por vezes bem mais próximos das técnicas que orientam OS CAMINHOS DA FORÇA E DA BELEZA (1925), filme em que a UFA fora pródiga nos habituais clichês de cartaz publicitário eugênico.

★

O que terá restado do desejo de representar o real, que antes da era hitlerista animava Dudow, Phil Jutzi, Junghans — o primeiro recentemente falecido num acidente de automóvel?

Sabemos que Slatan Dudow fez um filme implacável: MAIS FORTE QUE A NOITE (*Stärker als die Nacht*), denunciando os estragos do nazismo num meio operário. Este filme vai muito mais longe que outro bastante anódino, de Staudte, OS ASSASSINOS ESTÃO ENTRE NÓS.

Quais as razões que levaram Wolfgang Staudte (em ROTAÇÃO — *Rotation* —, havia apresentado sem ambigüidade, melhor que Stemmle em BALADA BERLINENSE — *Berliner Ballade* —, filme demasiado complacente, o alemão médio preso na engrenagem nazista) e Helmut Käutner, autor de NAQUELES DIAS (*In jenen Tagen*), a só fazerem hoje filmes absolutamente medíocres? Por que filmes como CASCALHO NEGRO (*Schwarzer Kies*) ou A VERMELHA (*Die Rote*) testemunham um declínio tão aflitivo do cinema alemão?

Deve-se atribuir isso ao comportamento dos distribuidores todo-poderosos que, adiantando dinheiro para a produção, controlam o filme desde o primeiro giro de manivela? Ou à tendência do grande público de procurar apenas o medíocre e a desacreditar de antemão de qualquer ambição artística? O próprio Fritz Lang sentiu isto por parte do público, quando voltou à Alemanha para filmar — apesar do cuidado que dedicou, como sempre, à realização de seus filmes "hindus" e OS MIL OLHOS DO DR. MABUSE (*Die tausend Augen des Dr. Mabuse*). Não é de espantar que tenha renunciado a filmar na Alemanha E AMANHÃ, ASSASSINATO (*Und Morgen Mord*), película que poderia ter sido um segundo M.

✱

Embora se tenha tentado fazê-lo superficialmente, não se pode ligar ao cinema alemão da grande época DER APFEL IST AB, de Käutner, com cenários pseudo-expressionistas, tampouco BALADA BERLINENSE de Stemmle, que marca um retorno ao claro-escuro e ao velho tema esquizóide da evasão, nem mesmo WOZZECK, de Klaren, roteirista de diversos filmes comerciais, que tentou uma estilização demasiado pitoresca do drama violento de Büchner. Os comprometimentos arruinaram essa tentativa de renovação do expressionismo.

Os alemães infelizmente não compreenderam o alcance de um de seus filmes, cuja qualidade lembra a das melhores películas dos anos 1930-32. O HOMEM PERDIDO (*Der Verlorene*, 1951) de Peter Lorre, que foi em M um ator notável, não traz qualquer traço dessas tentativas medíocres, hoje tão freqüentes, de reatar com o período pré-nazista. Se, sob alguns aspectos, ele se liga a M, e se a obsessão pelo assassinato e a atmosfera tragicamente tensa lembram o velho filme de Lang, Lorre não deixa de provar uma inspiração muito pessoal. Lorre amadureceu, seu físico se afinou assim como sua arte, ele sabe evitar o falso patético, não insistir, dar sentido pleno aos silêncios.

O roteiro deve muito à sua sutileza: o poder de sugestão do filme é fruto de efeitos que têm sempre origem na situação. Lemos, de alguma forma, nas entrelinhas; a derrota nazista que se faz sentir em toda parte a partir de 1943 torna-se presente apenas através de alguns incidentes mínimos, algumas frases soltas aqui e ali. Para mostrar a dominação do Terceiro Reich, numerosos diretores de segunda ordem consideram necessário apresentar resistentes em profusão, pessoas clamando *Heil Hitler*, cenas de tortura. Aqui, nada disso: o nazista que desempenha um papel importante em todo o filme é inteiramente definido por seu modo de ser, seu riso, sua linguagem, e só o veremos uma vez na situação extrema de matador. É tudo. Nenhuma necessidade, tampouco, de recorrer às ruínas de Hamburgo para compor um cenário pitoresco: uma única vez a câmera fixa uma casa em ruínas, e este plano é necessário, estando totalmente integrado na ação.

Tal modo de abordar um assunto, o tato em tudo que se diz, que há vinte anos em vão se buscava na produção alemã, aparece constantemente no diálogo, bem como no trabalho dos atores e mesmo em sua dicção. Nenhuma falha, nenhuma oposição chocante, nenhum falso valor. A montagem testemunha também essas qualidades reencontradas: os *flashback* que evocam os incidentes de 1943 se inserem na ação com uma lógica perfeita e uma grande sobriedade.

Incompreendido, Peter Lorre partiu decepcionado para representar, nos Estados Unidos, papéis raramente apropriados a seu talento. Morreu prematuramente. E o cinema alemão perdeu, com ele e com Fritz Lang, que se recusou a filmar na Alemanha, todas as chances de uma renovação.

Como os jovens franceses, os jovens cineastas de Oberhausen quiseram acabar com o "cinema do papai". Uma certa renovação se fez sentir no curta-metragem.

Mas, segundo os hábitos alemães, as pessoas se esgotam em manifestações, discursos, protestos grandiloqüentes, sem chegar aos atos.

Assim como ocorreu na Inglaterra, podemos esperar que por intermédio do curta-metragem uma nova geração de diretores de talento se afirme? Virá o dia em que não mais sairemos decepcionados e desiludidos da projeção de um filme alemão?

✶

Estas frases bastante pessimistas foram escritas em 1965. Em 1966, O JOVEM TÖRLESS (*Der junge Törless*), filme de Volker Schlöndorff, pareceu-me uma obra-prima, mas impregnado ainda de influências francesas — e isto graças a Melville e Louis Malle. Depois seguiu-se, em 1968, ano memorável da revolta dos jovens, mais persistente na Alemanha que na França, um filme excelente de um certo Werner Herzog: SINAIS DE VIDA (*Lebenszeichen*), notável versão moderna de uma novela de Achim von Arnim, escritor romântico alemão. E escrevi a Fritz Lang, dizendo esperar que um novo florescimento da arte cinematográfica fosse se produzir na Alemanha. Desiludido, doente, ele me respondeu: "Você sabe, Lotte, que não posso acreditar nisso!"

Contudo, depois dessa data, novos filmes de Herzog, Wim

Wenders, Fassbinder, Hauff, Fleischmann, Kluge, Schroeter, Achternbusch e ainda muitos outros me convenceram de que os jovens alemães haviam ultrapassado as manifestações tão verborrágicas de Oberhausen e estavam aptos a fazer filmes interessantes.

De onde vinha esse apogeu tão espontâneo? Então compreendi que os alemães sempre precisaram de uma certa exaltação e de um certo desespero que lhes dessem o ímpeto de se tornarem criadores. Isto já se passara nos anos 20, quando uma guerra perdida, uma revolução abafada, o esfacelamento de todos os valores devido a uma inflação inexorável puderam fazer surgir uma arte cinematográfica prodigiosa.

Um filme como ALEMANHA NO OUTONO (*Deutschland im Herbst*) trai as causas: ele acusa, sem poder ousar dizê-lo abertamente, que o homem a quem se faz um funeral prestigioso foi um alto nazista; numa espécie de prólogo, Fassbinder, deliberadamente exibicionista, faz explodir toda a sua repugnância; após a pompa oficial, mostra-nos os jovens que afluem ao enterro apressado dos "terroristas".

Essa atitude é agravada ainda pelo sentimento de culpa que os jovens alemães, visionários ao extremo como Herzog e Hauff, ou absolutamente clarividentes como Fassbinder e Kluge, ou ainda os dois ao mesmo tempo como Wenders, experimentam quando pensam em seus pais, que foram muitas vezes antigos nazistas, e nos crimes do Terceiro Reich. Acrescenta-se a esse mal-estar o desprezo pelo *Wirtschaftswunder* (milagre econômico) artificial de uma sociedade de consumo reacionária e pelo materialismo que dele resulta. Causas bastante confusas, às quais se impõe, além do mais, a decepção que provocou o desvio da revolta de 1968 e criou essa desordem encarniçada, da qual os alemães sempre precisaram para fazer surgir aquele ardor indispensável que os torna criadores.

APÊNDICE I

A CÂMERA NO CINEMA CLÁSSICO ALEMÃO

Um dos segredos do sucesso do cinema clássico alemão é a harmonia perfeita no trabalho de uma equipe técnica, obtida com longas *Regiesitzungen*. Trata-se de discussões sobre a direção do filme a ser feito, que duravam às vezes perto de dois meses ou mais antes do primeiro giro de manivela, e para as quais o diretor convocava todas as pessoas incluídas no filme, do primeiro cenógrafo e do primeiro *cameraman* até os operários encarregados da iluminação.

Se, mais tarde, um cenógrafo britânico se espanta porque o *cameraman* Günther Krampf, antes de começar as filmagens num estúdio perto de Londres, lhe pede os esboços ("um procedimento extraordinário em nosso país"), para estudá-los cuidadosamente antes de medir os ângulos das tomadas, bem como para poder supervisionar a iluminação, tal maneira de agir não parece tão surpreendente para os que conhecem o trabalho nos antigos estúdios alemães. Esse modo de tomar conhecimento, de se familiarizar com as intenções do cenógrafo efetivamente não subtrai nada ao valor dos grandes *cameramen*, como Guido Seeber, Karl Freund, Carl Hoffmann, Fritz Arno Wagner, Curt Courant, Günther Rittau, Franz Planer, Reimar Kuntze, Eugen Schüfftan, para só falar dos mais importantes. Pois naquelas *Regiesitzungen*, a voz de cada um era ouvida: como todos os outros, o *cameraman* podia exigir algumas mudanças nos cenários, se numa cena sua objeção contribuía para um melhor resultado.

Lang, um dos diretores que, como Murnau, prolongava voluntariamente essas discussões sobre a direção do filme, sabia muito bem o que foi a contribuição de seus *cameramen*. Ao sublinhar, por exemplo, no programa de OS NIBELUNGOS, em 1924, o método de cada um deles, destaca o trabalho de Carl Hoffmann e Rittau: "O que eu sonhava, como um pintor que quisesse evocar uma imagem plástica, Carl Hoffmann realizava com seus efeitos de luzes e sombras(. . .). Ele conhece o segredo; quando fotografa uma mulher, sabe captar seu rosto de tal modo, que não apenas a própria mulher, mas todo o conteúdo psíquico de uma cena se revela, graças a um brilho no canto dos olhos, uma sombra que passa na fronte, um contorno luminoso nas têmporas". E sobre o segundo *cameraman*, Rittau, em quem louva a grande qualidade de tentar incansavelmente novas experiências, Lang escreve: "Ele se empenha na plástica do filme por intermédio da matemática". Lang deve a Rittau algumas trucagens; observa que, graças aos cuidados deste, conseguiu fazer viver, por mais um instante, a boca dos anões que, na gruta de Alberich, se transformam em pedra e se enrijecem subitamente.

É provável que a fantasia romântica dos filmes alemães nunca tivesse atingido aquele apogeu do irreal poético sem as sobreimpressões, os *flous*, as distorções e outras trucagens engenhosas dos *cameramen* da época. Evidentemente, muito antes deles, o grande Méliès já conhecia todos os artifícios, e a vanguarda francesa dos anos 20 neles baseou suas visões evocativas. É certo que o cinema escandinavo se utilizava da magia branca das aparições-fantasma e de um claro-escuro fascinante. Mas o cinema alemão se apossa de todas as trucagens; obteve dos cineastas dinamarqueses e suecos, que trabalhavam nos estúdios ao redor de Berlim, a força do claro-escuro, que seus *cameramen* sabiam combinar com o domínio da dosagem de sombras e luzes adquirido através das encenações de Max Reinhardt, ou com o choque da iluminação expressionista. Às vezes, a câmera não basta para a evocação de uma imagem, que surge em relevo com um vigor pungente. Então a agulha arranha a própria película, o giz nela desenha sua treliça.

(Excerto de meu artigo publicado na *Revue des Belles Lettres*. Genebra, janeiro-fevereiro de 1955, n.º 1.)

APÊNDICE II

A CASA SEM PORTAS E JANELAS

Minha probidade de historiadora do cinema exige uma retificação: eu falara, na primeira edição deste livro, de um filme de Friedrich Feher, ator em CALIGARI e, bem mais tarde, realizador de um filme superestimado pelos aficionados de cineclubes, A SINFONIA DOS LADRÕES *(The Robbers' Symphony),* feito em Londres.

Uma fonte alemã me havia assegurado que um filme chamado A CASA SEM PORTAS E JANELAS fora rodado em 1914 por Stellan Rye, num estilo expressionista. Era o único filme de que eu falava, em meu livro, sem que tivesse tido a ocasião de ver; só pudera contemplar algumas fotos, uma delas na célebre revista de Louis Delluc, *Cinéa.*

Apresso-me em assinalar que aqui houve um erro: o filme rodado em 1914 por Stellan Rye, o realizador do primeiro ESTUDANTE DE PRAGA, chama-se apenas A CASA SEM PORTA (*Das Haus ohne Tür*). Trata-se de um filme de aventuras bastante realista, que inclui, como DR. MABUSE, a história de uma hipnose. Algumas fotos que Gerhard Lamprecht me confiou para esclarecer o equívoco já apresentam contudo aquela inclinação para a composição decorativa, para um agrupamento estudado, e aquele contraste agudo dos valores brancos e pretos, tendências que encontramos igualmente no filme em episódios HOMUNCULUS, de Otto Rippert, e que antecedem o expressionismo.

A CASA SEM PORTAS E JANELAS, filme de Feher, foi

rodado por volta de 1921(?), portanto após CALIGARI, que permanece, conseqüentemente, o primeiro filme expressionista. Esta película de Feher deve ter sido uma imitação fácil, no gênero de TORGUS. E em A SINFONIA DOS LADRÕES, Feher tentou reatar com o "caligarismo" barato.

APÊNDICE III

por CARL BOESE

AS TRUCAGENS TÉCNICAS DE "O GOLEM" (1920)

Com freqüência me têm perguntado qual foi minha participação na realização do segundo GOLEM, assinado por Paul Wegener. Ator, antes de tudo, Wegener sempre preferiu ter por perto um homem do ramo, como foi o caso para O ESTUDANTE DE PRAGA, em 1913, realizado por Stellan Rye.

Quando filmei em 1919 A DANÇARINA BARBERINA, havia, além de um jovem ator ainda desconhecido — Otto Gebühr —, uma belíssima estreante, que encarnou a célebre dançarina: Lyda Salmonova, então esposa de Paul Wegener. Assim, este aparecia sempre no estúdio, e um dia me propôs realizar com ele um novo GOLEM na Union Film. Aceitei com prazer.

Propus o extraordinário arquiteto Hans Poelzig para os esboços; o grande cenógrafo Kurt Richter teve como missão supervisionar a execução. O conjunto foi construído livremente, com abóbadas e ogivas de argamassa.

Como Guido Seeber estava doente, recorremos a outro ótimo *cameraman,* Karl Freund. Contudo, Freund, que sabia compor imagens à perfeição, não queria se arriscar a executar certas trucagens técnicas. Assim, foi necessário que eu mesmo cuidasse disso, enquanto Freund me ajudava na iluminação dos planos.

Aliás, tudo foi filmado com uma câmera Debrie (Parvo) normal. Utilizamo-nos de diafragmas para obter fusões no obturador, fusões com *diaphragmions,* abertura de íris, bem como sobreimpressões, então, preparadas e executadas ainda na própria câmera, no momento da filmagem.

Os raios de sol

Sempre fora difícil filmar raios de sol que, tão freqüentemente nos filmes daquela época, penetravam por uma janela alta. Muitas vezes precisei explicar aos *cameramen* que só de manhãzinha ou ao entardecer os raios caíam pela janela daquela maneira compacta como habitualmente apareciam nas imagens de um filme. Como o sol ficava mais alto durante as horas de trabalho, era preciso encontrar um outro meio de mostrar os raios.

Um dos esboços de Poelzig do interior do laboratório do rabino mostrava os raios batendo quase verticalmente da janela. Esses raios eram bastante visíveis, e neles flutuavam grãos de poeira. Para obter tal efeito, Freund exigiu fontes de luz muito poderosas, pois os raios não deviam apenas iluminar, mas também serem luminosos.

No entanto, era preciso trabalhar com uma única fonte de luz que emitisse raios paralelos. Assim, podíamos dar a ilusão de raios que tivessem nítidos contornos de sombras. Veio-me a idéia de utilizar uma fonte natural — o próprio sol! Pois ainda filmávamos em estúdios inteiramente de vidro.

Era preciso, pois, instalar o laboratório de tal modo que os raios de sol verdadeiros pudessem ser captados. Claro está que tínhamos sempre apenas algumas horas aproveitáveis.

Porém ainda não estava tudo resolvido. As partículas finas de poeira no ar não eram reflexíveis o bastante para tornar luminosos os raios de sol na emulsão da película de então. Foi preciso, assim, moer num moinho uma poeira especial composta principalmente de mica. Quando a espalhávamos, essa poeira permanecia suspensa no ar por muito tempo. Como era muito reflexível, foi preciso mascarar as lâmpadas e os projetores que serviam para a iluminação do conjunto, isto é, tivemos que criar ao redor dos raios uma espécie de zona escura.

A evocação do demônio

Como se sabe, o rabino Loew tinha que traçar, no próprio laboratório, um círculo mágico com um diâmetro de três metros, do qual nem ele nem o discípulo deviam sair. O solo a seguir se fendia, e as chamas se elevavam. Para conseguir este efeito, todo o laboratório fora construído sobre andaimes. Instalados numa espécie de subterrâneo, os técnicos faziam a fumaça e o material incandescente subir pelas fendas. Eles usavam máscaras de oxigênio e empurravam pequenas caixas sobre trilhos para alimentar a fumaça e as chamas. Por outro lado, os projetores iluminavam em *contre-plongée* as chamas da fumaça; desse modo, tinha-se a ilusão de que elas mesmas eram luzidias.

Para a tempestade, que se desencadeava por fora do círculo mágico, utilizamos relâmpagos de alta tensão. Em primeiro lugar, filmamos o rabino e o discípulo dentro do círculo mágico, depois contamos os quadros e sobreimpressionamos os relâmpagos sobre o mesmo negativo na câmera. Quando era preciso mostrar relâmpagos no plano de fundo, utilizávamos máscaras. Mas era preciso, ao mesmo tempo, mostrar os reflexos dos relâmpagos nos rostos dos dois atores. Para obter este efeito, tiramos, após a revelação do negativo, um positivo e três negativos duplos finíssimos, depois colamos sobre um dos negativos, logo em seguida, os relâmpagos dos dois quadros do outro negativo; desta forma, obtivemos partes menos luminosas. Aos olhos dos espectadores, essas partes pareceram produzidas pelos relâmpagos. Essas duas cópias, aliás, só serviam como teste. A seguir, colamos sobre o negativo original, após cada relâmpago, dois quadros do terceiro negativo duplo, obtendo o efeito desejado.

Os fantasmas transparentes foram sobreimpressionados sobre o negativo original. Para eles, tínhamos erigido numa outra ala do estúdio uma espécie de montanha enorme, coberta de veludo negro. Rochus Gliese tinha inventado formas e rostos fantásticos, que planavam e mergulhavam em direção ao círculo mágico. Filmamos estas aparições com velocidade dupla ou mesmo tripla, o que tornou seus movimentos extremamente lentos e irreais. Aliás, nossa câmera já era móvel (*sic*!); [1] avançávamos com ela em direção às aparições, em vez de pendurar os fantasmas em fios de ferro e fazê-los balançar. As labaredas da palavra mágica que o rabino procurava deviam sair da boca de uma máscara demoníaca. Este efeito foi igualmente executado por uma câmera móvel diante do veludo negro, graças a fusões e fusões sucessivas, e o conjunto foi sobreimpressionado no negativo na própria câmera, como costumávamos fazer, contando os quadros. As letras da palavra eram cortadas num papelão amarelado e fortemente iluminadas; servimo-nos dos mesmos efeitos dos relâmpagos,

1. Karl Freund me assegura que ainda não se servira da câmera móvel, e que a utilizou pela primeira vez em O ÚLTIMO HOMEM.

utilizando, de vez em quando, duas emulsões negativas, a fim de iluminar mais algumas letras do que outras e fazê-las ondular e oscilar.

O mantelete incandescente

Estava previsto que o discípulo do rabino vestiria um mantelete leve, que o vento levantaria e que seria agarrado por mãos fantasmáticas quando flutuasse fora do círculo mágico. Depois, o mantelete deveria pegar fogo sobre o corpo do jovem, dentro do círculo.

Como fazer? Como filmar um tecido que queima sobre o corpo de uma pessoa?

Nada havia senão processos químicos para nos proporcionar tal efeito. Lembrei-me que a nitrocelulose queima com grande rapidez e é menos perigosa do que se pensa, num espaço aberto, pois o perigo de uma explosão grave fica excluído.

Mandei fazer, então, diversos manteletes de celulose, o mesmo material dos lenços de papel. Foram tingidos de cinza forte, quase preto. (Precisávamos de vários manteletes, pois, se queimassem rápido demais, a câmera só captaria a fumaça, em vez da chama.)

Os manteletes foram fixados sobre uma armação de fios de couro que, ao mesmo tempo, dava a sustentação necessária e servia como fio condutor para atear fogo. A armação era ligada a um outro fio condutor invisível, introduzido no interior do mantelete e estendido do colarinho até o sapato, onde, sob a sola de Ernst Deutsch, havia uma pequena placa de couro. Sob Deutsch, havíamos fixado, no próprio círculo mágico, uma placa de couro maior, sobre a qual ele poderia movimentar-se à vontade. Esta segunda placa era ligada por um *conduite* bem isolado a um pólo secundário da bobina de alta-tensão de um indutor de faíscas. O fantasma que devia tocar o mantelete recebia do outro pólo secundário desse indutor de faíscas um *conduite* que ia da calça até a manga de sua roupa, e atravessava uma de suas luvas que terminava em garra metálica. Quando o fantasma tocasse com a garra o fio de couro na borda do mantelete, seriam produzidas fortes faíscas, capazes de incendiar o algodão em pó do mantelete.

Por fim, os seis manteletes foram mergulhados num líquido de ácido nítrico misturado com ácido sulfúrico, segundo uma dosagem especial. Nós os secamos cuidadosamente e os colocamos em pequenas latas; estas foram levadas, no último minuto, para o estúdio, pelos bombeiros.

Para tranqüilizar Ernst Deutsch, que estava inquieto, pedimos a um voluntário que vestisse um dos manteletes que tinha um pequeno defeito e passasse pela "prova de fogo". O teste deu certo. E o filme prova que este truque do mantelete que, tocado pela garra do fantasma, se consome em chamas, é eficaz.

A seguir, Deutsch devia sucumbir no círculo mágico. Haveria uma explosão, depois a fumaça tinha que subir gradualmente, como uma espécie de nuvem escura. A seguir, o espectador devia ver, sob ela, as duas personagens, prostradas, sem consciência, no chão, onde, um pouco antes, ocorrera aquela cena do círculo mágico.

Este efeito podia ser obtido com o auxílio das propriedades físicas: um gás leve que se eleva através de um mais pesado.

Todas as aberturas nas paredes do laboratório foram obstruídas por fora com telas até a altura de dois metros; colocamos ao redor da câmera protetores e panos. Só deixamos abertos a janela e, ao fundo, o poço da escada em caracol.

Colocamos, então, no chão manequins com as vestimentas dos dois atores. Depois, instalamos oito garrafas de aço cheias de ácido carbônico. O ácido seria conduzido pelos canos, no interior do laboratório. Preparamos, ao mesmo tempo, a fumaça bem preta que logo encheu todo o laboratório. O ácido carbônico, transparente como o ar, mas muito mais pesado que o ar ou a fumaça, suspendeu a fumaça ao sair lentamente das garrafas, e a câmera filmou sob essa nuvem de fumaça as formas prostradas no chão. A fumaça então desapareceu lentamente pela abertura da janela, enquanto a aurora despontava.

O Golem ganha vida

Nossa última trucagem foi a animação da matéria morta do Golem. Desta vez não houve trucagens técnicas, químicas ou físicas. Simplesmente apelei para a ilusão e a imaginação do próprio espectador.

O rabino Loew, tendo encontrado a palavra mágica, devia inscrevê-la num pergaminho e fechá-la numa cápsula a ser presa no peito do Golem de argila. A seguir, o Golem ganha vida e arregala os olhos.

Não queríamos cortar este plano, para poder substituir a estátua de argila por Wegener em pessoa.

Conseqüentemente, foi preciso agir do seguinte modo: o rabino contempla a estátua que, um momento antes, ainda cambaleava.

Depois, retira a cápsula do peito do Golem; vai com a cápsula para a mesa. A câmera recua, em *travelling* aéreo, mantendo ainda o Golem no campo, mesmo no momento em que se inclina para mostrar o que o rabino está fazendo.

Este toma o pergaminho com a palavra mágica, o enrola e coloca na cápsula. A seguir, volta para o Golem. A câmera o segue, mantendo sempre o Golem no campo, e se aproxima deste até enquadrá-lo no tamanho natural. Na borda da imagem, vemos ainda uma parte do rabino e embaixo suas mãos que recolocam a cápsula no peito do Golem. No mesmo instante, o Golem abre os olhos e contempla ao redor. A forma morta começa a respirar.

Ninguém, ao ver o filme, acreditaria que, num dado momento, diante da câmera que filma, a estátua imóvel do Golem foi retirada por quatro homens e que Wegener se colocou rapidamente em seu lugar.

Eu sugerira a Steinrück, o rabino, que fingisse ser desajeitado ao enrolar o pergaminho na cápsula, quase o deixando cair, mas conseguindo, no instante final, colocá-lo na cápsula. Naquele momento crítico, em que todos os olhos seguiam com interesse esta ação em primeiro plano, substituí, no plano de fundo, a estátua por Wegener, sem que os espectadores se dessem conta.

APÊNDICE IV

MARLENE POELZIG E OS CENÁRIOS DE "O GOLEM"

A Sra. Marlene Poelzig, viúva do Professor Hans Poelzig, que pude contatar graças ao Sr. Standish D. Lawder, da Universidade de Yale, genro de Hans Richter, enviou-me algumas informações que até o momento permaneceram pouco conhecidas.

Em 1918, Paul Wegener encontrou novamente Hans Poelzig, que já conhecera antes da guerra. Na época da ruína alemã, o grande arquiteto estava sem trabalho. Aceitou, assim, com prazer a oferta de Wegener de executar esboços para os cenários do segundo GOLEM.

Poelzig fez numerosos esboços, mas confiou o cuidado de transformá-los em maquetes mais detalhadas a sua mulher Marlene, que era escultora. (Foi ela, aliás, que esculpiu igualmente as colunas iluminadas para o *Grosses Schauspielhaus* de Max Reinhardt, célebre construção erigida por Poelzig, a partir de um velho circo.)

Marlene Poelzig executou em seu estúdio, sobre amplas mesas, grandes modelos em argila, que foram a seguir levados ao tablado para a execução definitiva.

APÊNDICE V

ASTA NIELSEN

"Baixem as cortinas diante dela", escreveu certa vez Bela Balazs, depois de ver Asta Nielsen representar a morte de Hamlet, "baixem as cortinas, pois ela é única".

A geração de hoje não pode compreender o que sua máscara lívida, de olhos imensos e ardentes, significava para os anos 10 e 20. Outras usaram aquela franja lisa e reta de cabelos negros; mas ninguém senão ela — e talvez também Louise Brooks — parecia inseparável daquela aparência estilizada.

Uma época hipercultivada, instável e sofisticada encontrara seu ideal em Asta Nielsen, mulher intelectual, cheia de refinamentos, com rosto de pierrô lunar, pálpebras pesadas, mãos que pareciam conter feridas invisíveis, como as de Eleonora Duse.

Quem poderia interpretar melhor Hedda Gabler, passivamente frígida e ao mesmo tempo devorada de paixão?

Mas Asta Nielsen foi mais do que o ideal de uma geração que cultivava o linear e o arabesco. Não se podia colocar uma etiqueta naquela grande atriz: não era nem "modernista", no sentido dos desenhistas de Worspwede ou de Poiret, de Lepape e Iribe, nem "expressionista". Sua humanidade quente, cheia de fôlego, de presença, refutava o abstrato, bem como o caráter abrupto da arte expressionista.

Ela podia se transformar, em UM ANJO *(Engelein),* ou O ABC DO AMOR *(Das Liebes ABC),* numa mulher vivaz, e seus olhos de grande trágica brilhavam de súbito, cheios de petulância.

Nunca se rebaixava à afetação, quando travestida, nunca chocava. Podia representar de calças sem ambigüidade.

Pois o erotismo de Asta Nielsen estava longe de todo equívoco; tratava-se sempre, para ela, de uma paixão autêntica.

Seu penteado em franja às vezes a levava a representar vampes, mas Nielsen não tinha qualquer frieza calculista. Sentia-se nela aquele fogo devorador que não vai apenas destruir os homens, mas também a ela mesma.

Em cada filme, essa mulher que nos parece a quintessência, o tipo mesmo de sua época, se renova. Em HAMLET é vibrante como a lâmina de um sabre de Damas — Joana d'Arc da Dinamarca. O que de mais sthendaliano que sua Vanina?

Não se conseguiu esquematizar Asta Nielsen. E é justamente porque ela soube conservar sua maneira de ser, seu próprio rosto, que nunca foi contratada para filmar em Hollywood, onde não poderiam transformá-la.

Nielsen é tipicamente nórdica, saída das lendas selvagens do *Edda,* e mesmo tendo filmado muito pouco em seu país natal, a Dinamarca, permanece nos filmes alemães uma figura à parte, não apenas porque os diretores dinamarqueses Urban Gad e Swen Gade, seus dois maridos sucessivos, dirigiram a maioria de seus filmes: em torno dela persiste aquela aura complexa quando filma com diretores alemães, como Pabst ou Bruno Rahn.

APÊNDICE VI

ELISABETH BERGNER

Vibrante, sensível, animada por uma intelectualidade nervosa, Elisabeth Bergner havia tomado, por assim dizer, na segunda metade dos anos 20, a sucessão de Asta Nielsen. Até a ascensão de Hitler, encarnou o espírito de uma época que foi rica em tensão ardente, em vida espiritual intensa e ainda muito próxima do êxtase expansivo do pós-guerra imediato. Vivia-se com pressa, cheio de inquietação, como numa espécie de pressentimento de que aquela cultura e aquele enlevo iriam em breve desaparecer.

Elisabeth Bergner foi notada quando encarnou, mulher-criança, cheia de um encanto frágil, nos palcos de Max Reinhardt, as jovens heroínas de Shakespeare; seu corpo de efebo trajava um costume do *Quattrocento,* segundo a preferência de Reinhardt, e seus ombros tinham sido levemente aumentados junto ao pescoço frágil. Como Asta Nielsen, sabia vestir uma roupa de adolescente sem que o disfarce se tornasse vulgar; encarnava Portia ou Rosalind sem trair sua feminilidade.

Ninguém sabia exprimir como ela, alguns anos mais tarde em *Estranho Interlúdio*, de O'Neil, apartes e pensamentos do subconsciente, com a voz um pouco esganiçada, porém branda, diferenciando-os do diálogo da realidade.

Paul Czinner encontrou nela a intérprete ideal para os *Kammerspielfilme.* A atitude e o aspecto da atriz pareciam já trazer em si a quintessência do *Kammerspiel.* Em NJU, ela aparece ainda mais abandonada, desarmada e frágil diante de um Emil Jannings, marido robusto e sem compreensão. Czinner soube, graças a ela, exprimir com sutileza toda a *Stimmung* flutuante, sobretudo ao colocar-lhe perto Conrad Veidt, sempre demoníaco. É mais um "estranho interlúdio", onde pausas evocam a tensão, e o silêncio do filme mudo se torna eloqüente. Quando Elisabeth Bergner, no fim do filme, se joga no abismo, arrastada para baixo pelas volutas de sua saia rodada, estamos no auge do *Kammerspiel.*

Ela conseguiu se transformar, ser vibrante em O VIOLINISTA DE FLORENÇA, onde os pinheiros se tornaram um cenário natural e adequado à sua esbelta agilidade.

Com os movimentos de seu corpo, Elisabeth Bergner conseguiu exprimir todo tipo de reação física. E quando se filmavam os rostos em primeiro plano para exprimir os reflexos da alma e cada fase da *Stimmung* latente, o rosto de Bergner parecia o espelho de sua alma. Seu talento tinha mil facetas e mil nuanças. Era a Senhorita Else, tragicamente convulsa, a moça independente em ARIANE, a suave amante em MELODIA DO CORAÇÃO e a mulher-criança em NINFA ETERNA *(Constant Nymph).* Mas sempre o reflexo de uma época saudosa e longínqua.

APÊNDICE VII

por PAUL LENI

A ARTE DO CENÁRIO NO CINEMA

Se o cenógrafo só imitasse a fotografia para construir um cenário, o filme permaneceria sem rosto, sem nota pessoal. Deve-se ter a possibilidade de fazer sobressair os atributos essenciais de um objeto, para que dêem à imagem um estilo e cor (. . .).

(. . .) Isto é necessário principalmente nos filmes que se passam desde o começo num mundo irreal. Tentei criar, para meu filme O GABINETE DAS FIGURAS DE CERA, cenários tão estilizados, que nenhuma idéia de realidade pudesse se depreender deles. Esbocei uma praça de feira que renuncia a todos os detalhes e não pretende engendrar senão um fluido indescritível de luzes, corpos em movimento, sombras, linhas e curvas. Não é a realidade que a câmera percebe, é a realidade do acontecimento interior, mais profunda, mais eficaz, mais comovente que aquilo que vemos cotidianamente com os olhos, e creio igualmente que o cinema pode reproduzir esta verdade, realçando-a com eficácia.

Permitam-me lembrar filmes como CALIGARI ou O GOLEM, em que Hans Poelzig criou a imagem monumental de uma cidade. Apresso-me em sublinhar o quanto o cenógrafo deve se distanciar do mundo que vê cotidianamente para atingir o verdadeiro nervo do mundo (. . .).

(. . .) Vemos que um cenógrafo não deve construir "belos" cenários. Deve tocar o coração das coisas, que está além de sua superfície. Deve criar a atmosfera (a *Stimmung*), mesmo se precisa salvaguardar sua independência face ao objeto visto apenas pelos olhos de todos os dias. É isto que faz dele um artista, do contrário eu não poderia compreender por que ele não seria substituído por um hábil aprendiz de carpinteiro.

(Excertos do *Kinematograph*, n.º 991, 1924.)

FILMOGRAFIA

(estabelecida com a ajuda de Rolf Burgmer, Colônia, e Werner Zurbuch, Munique)

Filmes mudos

1913 — DER STUDENT VON PRAG *(O Estudante de Praga).*
Direção: Stellan Rye.
Cenários: Robert A. Dietrich e K. Richter.
Câmera: Guido Seeber.
Elenco: Paul Wegener, J. Gottowt, Grete Berger, Lyda Salmonova, Lothar Körner.

1914 — DER GOLEM (*O Golem*).
Direção: Paul Wegener e Henrik Galeen.
Cenários: R. A. Dietrich e Rochus Gliese.
Câmera: Guido Seeber.
Elenco: Paul Wegener, Lyda Salmonova, Henrik Galeen, Carl Ebert.

DAS HAUS OHNE TÜR *(A Casa sem Porta).*
Direção: Stellan Rye.
Câmera: Guido Seeber.
Intérprete: Theodor Loos.

1916 — HOMUNCULUS.
Direção: Otto Rippert.
Câmera: Carl Hoffmann.

Elenco: Olaf Foenss, Maria Carmi, Theodor Loos, Gustav Kühne.
(Filme em episódios.)

1918 (?) — DER RATTENFÄNGER VON HAMELN *(O Flautista de Hamelin).*
Direção: Paul Wegener.
Cenários e figurino: Rochus Gliese.
Câmera: Guido Seeber (?).
Elenco: Paul Wegener, Lyda Salmonova, Wilhelm Diegelmann, Jakob Tiedtke.

1919 — DAS KABINETT DES DR. CALIGARI *(O Gabinete do Dr. Caligari).*
Direção: Robert Wiene.
Cenários: Walter Röhrig, Walter Reimann e Hermann Warm.
Roteiro: Carl Mayer e Hans Janowitz.
Câmera: Willy Hameister.
Figurino: Walter Reimann.
Elenco: Werner Krauss, Conrad Veidt, Lil Dagover, Friedrich Feher, H. H. von Twardowski.

MADAME DUBARRY.
Direção: Ernst Lubitsch.
Roteiro: Hans Kräly.
Cenários: Karl Machus.
Câmera: Theodor Sparkuhl.
Figurino: Ali Hubert.
Elenco: Pola Negri, Emil Jannings, Eduard von Winterstein, Reinhold Schünzel, Harry Liedtke.

DIE SPINNEN *(As Aranhas)* — I. DER GOLDENE SEE *(O Lago Dourado)* — II. DAS BRILLANTENSCHIFF *(O Navio dos Diamantes).*
Direção: Fritz Lang.
Roteiro: Fritz Lang.
Cenário: Otto Hunte e Carl Kirmse.
Câmera: Emil Schünemann (I) e Karl Freund (II).
Elenco: Carl de Vogt, Ressel Orla, Lil Dagover, Georg John, Paul Morgan.

SUMURUN.
Direção: Ernst Lubitsch.
Roteiro: Hans Kräly, com base na pantomima encenada por Max Reinhardt.
Cenário: Kurt Richter, Ernoe Metzner (e Ernst Stern?).
Figurino: Ali Hubert.
Câmera: Theodor Sparkuhl.
Elenco: Ernst Lubitsch, Pola Negri, Paul Wegener, Aud Egede-Nissen, Jenny Hasselquist, Carl Clewing, Harry Liedtke, Jacob Tiedtke.

1920 — ANNA BOLEYN *(Ana Bolena).*
Direção: Ernst Lubitsch.
Roteiro: Hans Kräly e Fred Orbing.
Cenários: Kurt Richter.
Câmera: Theodor Sparkuhl.
Figurino: Ali Hubert.
Elenco: Henny Porten, Emil Jannings, Aud Egede-Nissen, Paul Hartmann, Ludwig Hartau.

DANTON.
Direção: Dimitri Buchowetzky.
Cenários: Hans Dreier.
Câmera: Arpad Viragh.
Elenco: Emil Jannings, Werner Krauss, Hilde Woerner, Charlotte Ander, Maly Delschaft, Eduard von Winterstein.

GENUINE.
Direção: Robert Wiene.
Roteiro: Carl Mayer.
Cenários: César Klein.
Câmera: Willy Hameister.
Elenco: Fern Andra, Harald Paulsen, Ernst Gronau, John Gottowt, H. H. von Twardowski.

DER GOLEM — WIE ER IN DIE WELT KAM *(O Golem — Como Veio ao Mundo).*
Direção: Paul Wegener e Carl Boese.
Cenários: Hans Poelzig.
Câmera: Karl Freund.

Figurinos: Rochus Gliese.
Elenco: Paul Wegener, Albert Steinrück, Ernst Deutsch, Lyda Salmonova, Lothar Müthel, Otto Gebühr, Greta Schröder.

TORGUS.
Direção: Hans Kobe.
Roteiro: Carl Mayer.
Cenários: Robert Neppach.
Câmera: Karl Freund.
Elenco: Eugen Klöpfer, Maria Leyko, A. Sandrock.

VON MORGENS BIS MITTERNACHT *(Da Aurora à Meia-Noite).*
Direção: Karl Heinz Martin.
Roteiro: Martin e Herbert Juttke, com base na peça de Georg Kaiser.
Cenários: Robert Neppach.
Câmera: Carl Hoffmann.
Elenco: Ernst Deutsch, Roma Bahn, Erna Morena, Elsa Wagner, Frieda Richard, Hugo Döblin.

1921 — HINTERTREPPE *(Escada de Serviço).*
Direção: Leopold Jessner (supervisão: Paul Leni).
Roteiro: Carl Mayer.
Cenários: Paul Leni.
Câmera: Karl Hasselmann, W. Hameister.
Elenco: Fritz Kortner, Henny Porten, Wilhelm Dieterle.

DER MÜDE TOD *(A Morte Cansada).*
Direção: Fritz Lang.
Roteiro: Fritz Lang e Thea von Harbou.
Cenários: Robert Herlth, Walter Röhrig e Hermann Warm.
Câmera: Fritz Arno Wagner e Erich Nietzschmann.
Elenco: Bernhard Goetzke, Lil Dagover, Walter Janssen, Rudolf Klein-Rogge.

SCHERBEN *(Destroços).*
Direção: Lupu Pick.
Roteiro: Carl Mayer.
Câmera: Friedrich Weimann.
Elenco: Werner Krauss, Edith Posca, Paul Otto.

DAS WEIB DES PHARAO *(A Mulher do Faraó).*
Direção: Ernst Lubitsch.
Roteiro: Norbert Falk e Hans Kräly.
Cenários: Ernst Stern, Max Gronau e Ernoe Metzner.
Câmera: Theodor Sparkuhl e Alfred Hansen.
Figurino: Ali Hubert.
Elenco: Paul Wegener, Dagny Servaes, Albert Bassermann, Harry Liedtke, Emil Jannings, Lyda Salmonova, Paul Biensfeld.

DAS INDISCHE GRABMAL *(O Túmulo Hindu).*
Direção: Joe May.
Roteiro: Fritz Lang e Thea von Harbou.
Cenários: M. Jacoby-Boy e Otto Hunte.
Elenco: Lya de Putti, Olav Foenss, Conrad Veidt, Erna Morena, Mia May.

1922 — NOSFERATU.
Direção: F. W. Murnau.
Roteiro: Henrik Galeen.
Cenários e figurino: Albin Grau.
Câmera: Fritz Arno Wagner.
Elenco: Max Schreck, Gustav von Wangenheim, Alexander Granach, Greta Schroeder.

DR. MABUSE, DER SPIELER *(Dr. Mabuse, o Jogador).*
Direção: Fritz Lang.
Roteiro: Fritz Lang e Thea von Harbou.
Cenários: Otto Hunte e Stahl-Urach.
Câmera: Carl Hoffmann.
Elenco: Rudolf Klein-Rogge, Paul Richter, Alfred Abel, Bernhard Goetzke, Schlettow, Georg John, Aud Egede-Nissen, Gertrud Welcker, Lil Dagover.

DER BRENNENDE ACKER *(Terra em Chamas).*
Direção: F. W. Murnau.
Roteiro: Willy Haas, Arthur Rosen e Thea von Harbou.
Cenários: Rochus Gliese.
Câmera: Karl Freund e Fritz Arno Wagner.
Elenco: Werner Krauss, Eugen Klöpfer, Wladimir Gaidarow, Eduard von Winterstein, Stella Arbina, Lya de Putti, Grete Dierks.

LUKREZIA BORGIA *(Lucrécia Bórgia).*
Direção: Richard Oswald.
Cenários: Robert Neppach.
Câmera: Karl Freund.
Elenco: Liane Haid, Conrad Veidt, Albert Bassermann, Heinrich George, Lothar Müthel, Paul Wegener, Wilhelm Dieterle.

MONNA VANNA
Direção: Richard Eichberg.
Cenários: Kurt Richter.
Câmera: Werner Geofred Lemki e Max Lutze.
Elenco: Lee Parry, Paul Wegener, Steinrück, Lyda Salmonova.

OTHELLO *(Otelo).*
Direção: Dimitri Buchowetzky.
Cenários: Karl Machus.
Câmera: Karl Hasselmann.
Elenco: Emil Jannings, Werner Krauss, J. von Lenkeffy, Lya de Putti.

VANINA.
Direção: Arthur von Gerlach.
Roteiro: Carl Mayer.
Cenários: Walter Reimann.
Câmera: F. Fuglsang.
Elenco: Asta Nielsen, Paul Wegener, Paul Hartmann.

PHANTOM *(Fantasma).*
Direção: F. W. Murnau.
Roteiro: Thea von Harbou e Twardowsky.
Cenários: Hermann Warm e Czerwonski.
Câmera: Axel Graatkjär e Th. Ouchakoff.
Elenco: Alfred Abel, Frieda Richard, Aud Egede-Nissen, Lil Dagover, Lya de Putti.

1923 — PETER DER GROSSE *(Pedro, o Grande).*
Direção: Dimitri Buchowetzky.
Cenários: Hans Dreier.
Câmera: Curt Courant.
Intérprete: Emil Jannings.

INRI *(A Tragédia do Gólgota).*
Direção: Robert Wiene.
Cenários: Ernoe Metzner.
Câmera: Axel Graatjär e Reimar Kuntze.
Elenco: Werner Krauss, Grigori Chmara, Asta Nielsen, Henny Porten.

SCHATTEN *(Sombras).*
Direção: Arthur Robison.
Cenários e figurino: Albin Grau.
Câmera: Fritz Arno Wagner e Hugo von Kaweczynski.
Elenco: Alexander Granach, Fritz Kortner, Ruth Weyher, Fritz Rasp, Gustav von Wangenheim.

RASKOLNIKOFF.
Direção: Robert Wiene.
Cenários: Andrei Andreiev.
Câmera: Willy Goldberger.
Elenco: Gregori Chmara, Maria Krishanovskaja.

SIEGFRIEDS TOD *(A Morte de Siegfried)* — NIBELUNGEN I *(Os Nibelungos* I)
Direção: Fritz Lang.
Roteiro: Fritz Lang e Thea von Harbou.
Cenários: Otto Hunte, Kettelhut e Vollbrecht.
Câmera: Carl Hoffmann e Günther Rittau.
Figurino: P. G. Guderian.
Elenco: Paul Richter, Margarete Schön, Hanna Ralph, Hans Adalbert von Schlettow, Bernhard Goetzke, Theodor Loos.

DER SCHATZ *(O Tesouro).*
Direção: Georg Wilhelm Pabst.
Cenários: Herlth e Röhrig.
Câmera: Otto Tober.
Elenco: Werner Krauss, Albert Steinrück, Lucie Mannheim, Hans Brausewetter, Ilka Grünig.

DIE STRASSE *(A Rua).*
Direção: Karl Grune.
Cenários: Karl Görge-Prochaska e Ludwig Meidner.

Câmera: Karl Hasselmann e Walter Weisse.
Elenco: Eugen Klöpfer, Aud Egede-Nissen, Lucie Höflich, Leonhard Haskel, Edthofer.

SYLVESTER *(A Noite de São Silvestre).*
Direção: Lupu Pick.
Roteiro: Carl Mayer.
Cenários: Robert Dietrich.
Câmera: Guido Seeber.
Elenco: Eugen Klöpfer, Edith Posca, Frieda Richard.

DER VERLORENE SCHUH *(Cinderela).*
Direção: Ludwig Berger.
Cenários: Rudolf Bamberger.
Câmera: Günter Krampf.
Elenco: Helga Thomas, Paul Hartmann, Hermann Thiemig, Olga Tschechowa, Mady Christians, Frieda Richard, Lucie Höflich, Gertrud Eysoldt.

1924 — DAS ALTE GESETZ *(Baruch).*
Direção: E. A. Dupont.
Cenários: Alfred Junge.
Câmera: Theodor Sparkuhl.
Elenco: Ernst Deutsch, Henny Porten, Margarete Schlegel, Hermann Vallentin, Grete Berger, Tiedtke, Alice Hechy.

CARLOS UND ELISABETH *(Carlos e Elisabeth).*
Direção: Richard Oswald.
Cenários: Ernst Stern e Werndorff.
Câmera: Theodor Sparkuhl, Carl Voss e Hasselmann.
Elenco: Conrad Veidt, Eugen Klöpfer, Wilhelm Dieterle, Dagny Servaes, Aud Egede-Nissen.

KRIEMHILDS RACHE *(A Vingança de Kriemhild)* — NIBELUNGEN II *(Os Nibelungos* II).
Direção: Fritz Lang e Thea von Harbou.
Cenários: Hunte, Kettelhut e Vollbrecht.
Câmera: Carl Hoffmann, Günther Rittau.
Elenco: Margarete Schön, H. A. von Schlettow, Rudolf Klein-Rogge, Theodor Loos, Bernhard Goetzke.

NJU *(Maridos e Amantes).*
Direção: Paul Czinner.
Roteiro: Carl Mayer.
Cenários: G. Hesch.
Câmera: Reimar Kuntze.
Elenco: Elisabeth Bergner, Emil Jannings, Conrad Veidt.

DER LETZTE MANN *(O Último Homem).*
Direção: F. W. Murnau.
Roteiro: Carl Mayer.
Cenários: Herlth e Röhrig.
Câmera: Karl Freund.
Elenco: Emil Jannings, Maly Delschaft, George John, Emilie Kurz.

DAS WACHSFIGURENKABINETT *(O Gabinete das Figuras de Cera).*
Direção: Paul Leni.
Roteiro: Henrik Galeen.
Cenários: Paul Leni e Ernst Stern.
Figurino: Ernst Stern.
Câmera: Helmar Lerski.
Elenco: Emil Jannings, Conrad Veidt, Werner Krauss, Wilhelm Dieterle, Olga von Balaieff, John Gottowt.

ORLACS HÄNDE *(As Mãos de Orlac).*
Direção: Robert Wiene.
Cenários: Stefan Wessely.
Câmera: Günter Krampf.
Elenco: Conrad Veidt, Alexandra Sorina, Carmen Cartelleri, Fritz Kortner.

1925 — ZUR CHRONIK VON GRIESHUUS *(Crônica de Grieshuus).*
Direção: Arthur von Gerlach.
Cenários (concebidos por Poelzig): Herlth e Röhrig.
Câmera: Fritz Arno Wagner.
Elenco: Lil Dagover, Rudolf Rittner, Paul Hartmann, Rudolf Forster, Max Knaake.

DIE FREUDLOSE GASSE *(A Rua sem Alegria).*
Direção: G. W. Pabst.

Cenários: Erdmann e Sohnle.
Câmera: Guido Seeber, Oertel e Lach.
Elenco: Asta Nielsen, Greta Garbo, Werner Krauss, Valeska Gert, Agnes Esterhazy, Lya Mara, Ivan Petrovitch.

TARTÜFF *(Tartufo).*
Direção: F. W. Murnau.
Roteiro: Carl Mayer.
Cenários: Herlth e Röhrig.
Câmera: Karl Freund.
Elenco: Hermann Picha, Rosa Valetti, André Matoni, Emil Jannings, Werner Krauss, Lil Dagover, Lucie Höflich.

VARIETÉ *(Variedades).*
Direção: E. A. Dupont.
Cenários: B. F. Werndorff.
Câmera: Karl Freund.
Elenco: Emil Jannings, Lya de Putti, Warwick Ward, Maly Delschaft.

1926 — METROPOLIS *(Metrópolis).*
Direção: Fritz Lang.
Roteiro: Thea von Harbou.
Cenário: Otto Hunte, Kettelhut e Vollbrecht.
Escultura: Schulze-Mittendorf.
Câmera: Karl Freund, Günther Rittau.
Música: Gottfried Huppertz.
Elenco: Brigitte Helm, Alfred Abel, Gustav Fröhlich, Rudolf Klein-Rogge, Heinrich George, Fritz Rasp, Theodor Loos.

FAUST *(Fausto).*
Direção: F. W. Murnau.
Roteiro: Hans Kyser.
Cenários: Herlth e Röhrig.
Câmera: Carl Hoffmann.
Elenco: Gösta Ekman, Emil Jannings, Camilla Horn, Yvette Guilbert, Frieda Richard, Wilhelm Dieterle.

GEHEIMNISSE EINER SEELE *(Segredos de uma Alma).*
Direção: G. W. Pabst.
Cenários: Ernoe Metzner.
Câmera: Seeber, Oertel e Lach.
Elenco: Werner Krauss, Jack Trevor, Pawel Pawlow, Ruth Weyher, Ilka Grüning.

MANON LESCAUT.
Direção: Arthur Robison.
Cenários e figurino: Paul Leni.
Câmera: Karl Freund e Sparkuhl.
Elenco: Lya de Putti, Gaidarov, Siegfried Arno, Theodor Loos, Marlene Dietrich, Frieda Richard.

DER STUDENT VON PRAG *(O Estudante de Praga)* (II).
Direção: Henrik Galeen.
Cenários: Hermann Warm.
Câmera: Günther Krampf.
Elenco: Conrad Veidt, Agnes Esterhazy, Eliza La Porta, Werner Krauss.

1927 — BERLIN, SYMPHONIE EINER GROSSSTADT *(Berlim, Sinfonia da Metrópole).*
Direção: Walter Ruttmann.
Roteiro: Carl Mayer.
Câmera: Karl Freund, Ruttmann, Reimar Kuntze, Robert Baberske e Laszlo Schäffer.

DIRNENTRAGÖDIE *(A Tragédia das Ruas).*
Direção: Bruno Rahn.
Cenários: C. L. Kirmse.
Câmera: Guido Seeber.
Elenco: Asta Nielsen, Oskar Homolka, Clarissa Jennings, Werner Pittschau, Hermann Picha.

DIE LIEBE DER JEANNE NEY *(O Amor de Jeanne Ney).*
Direção: G. W. Pabst.
Roteiro: Rudolf Leonhardt, baseado em Ilya Ehrenburg.
Cenários: Hunte e Victor Trivas.
Câmera: Fritz Arno Wagner.

Elenco: Edith Jehanne, Brigitte Helm, Uno Henning, Fritz Rasp, Wladimir Sokoloff, Jack Trevor.

DIE WEBER *(Os Tecelões).*
Direção: Friedrich Zelnik.
Cenários: Andrei Andreiev.
Câmera: F. Fuglsang.
Elenco: Paul Wegener, Wilhelm Dieterle, Theodor Loos, H. Picha, Camilla von Hollay, Dagny Servaes, Georg John.

SPIONE *(Espiões).*
Direção: Fritz Lang.
Roteiro: Fritz Lang e Thea von Harbou.
Cenários: Otto Hunte e Vollbrecht.
Câmera: Fritz Arno Wagner.
Elenco: Rudolf Klein-Rogge, Gerda Maurus, Willy Fritsch, Lupu Pick, Fritz Rasp, Lien Dyers, Paul Hörbiger, Hertha von Walther.

1928 — ALRAUNE *(A Mandrágora).*
Direção: Henrik Galeen (argumento de H. H. Ewers).
Cenários: Walter Reimann.
Câmera: Franz Planer.
Elenco: Brigitte Helm, Paul Wegener.

ASPHALT *(Flor do Asfalto).*
Direção: Joe May.
Cenários: Erich Kettelhut.
Câmera: Günther Rittau.
Elenco: Gustav Fröhlich, Betty Amman, von Schlettow, Steinrück.

DIE BÜCHSE DER PANDORA *(A Caixa de Pandora).*
Direção: G. W. Pabst.
Cenários: Andrei Andreiev.
Câmera: Günther Krampf.
Elenco: Louise Brooks, Kortner, Franz Lederer, G. Diessl, Alice Roberts, Krafft-Rasching, Carl Goetz.

ÜBERFALL *(Ataque).*
Direção: Ernoe Metzner.
Câmera: Ernoe Metzner.
Elenco: Kurt Gerron, Hans Casparius.

HEIMKER *(Regresso).*
Direção: Joe May.
Cenários: Julius von Borsody.
Câmera: Günther Rittau.
Elenco: Dita Parlo, Lars Hanson, Gustav Fröhlich.

(DIE) FRAU IM MOND *(A Mulher na Lua).*
Direção: Fritz Lang.
Roteiro: Fritz Lang e Thea von Harbou.
Cenários: Hunte, Hasler e Vollbrecht.
Câmera: Curt Courant, Oskar Fischinger e Otto Kanturek.
Elenco: Gerda Maurus, Willy Fritsch, Gustav von Wangenheim, Fritz Rasp.

1929 — JENSEITS DER STRASSE *(Do Outro Lado da Rua).*
Direção: Leo Mittler.
Cenários: Scharfenberg e Haaker.
Câmera: Friedl Behn-Grund.
Elenco: Lissy Arna, Fritz Genschow, Friedrich Gnas, Siegfried Arno.

MENSCHEN AM SONNTAG *(Homens no Domingo).*
Direção: Robert Siodmak e Ulmer.
Roteiro: Billy Wilder.
Câmera: Eugen Shüfftan.

MUTTER KRAUSENS FAHRT INS GLÜCK *(A Viagem para a Felicidade).*
Direção: Phil Jutzi.
Cenários: R. Scharfenberg e Haaker.
Câmera: Phil Jutzi.
Elenco: Alexandra Schmidt, Ilse Trautschold, Vera Sacharowa, Ernst Bienert, H. Zimmermann, Friedrich Gnas.

SO IST DAS LEBEN *(Assim É a Vida).*
Direção: Carl Junghans.

Filme rodado em Praga.
Cenários: Ernst Meiwers.
Câmera: Laszlo Schäffer.
Elenco: Baranovskaya, Valeska Gert.

TAGEBUCH EINER VERLORENEN *(Diário de uma pecadora).*
Direção: G. W. Pabst.
Cenários: Ernoe Metzner.
Câmera: Sepp Allgeier.
Elenco: Louise Brooks, Fritz Rasp, Valeska Gert, André Roanne, Joseph Rovensky.

UNGARISCHE RHAPSODIE *(Rapsódia Húngara).*
Direção: Hans Schwarz.
Cenários: Kettelhut.
Câmera: Carl Hoffmann.
Elenco: Dita Parlo, Willy Fritsch, Lil Dagover.

DIE WEISSE HÖLLE VON PIZ PALÜ *(O Inferno Branco de Piz Palü).*
Direção: Arnold Fank e G. W. Pabst.
Roteiro: Fank e Ladislaus Vayda.
Cenários: Ernoe Metzner.
Câmera: Sepp Allgeier, Hans Schneeberger, Richard Angst.
Elenco: Leni Riefenstahl, Gustav Diessel, Ernst Udet, Ernst Petersen.

FILMES SONOROS

1929 — ATLANTIK *(Atlântico).*
Direção: E. A. Dupont.
Cenários: Alfred Junge.
Câmera: Charles Rosher.
Elenco: Fritz Kortner, Franz Lederer, Willy Forst.

MELODIE DER WELT *(Melodia do Mundo).*
Direção: Walter Ruttmann.
Câmera: Reimar Kuntze.

1930 — ABSCHIED *(Adeus).*
Direção: Robert Siodmak.
Cenários: Robert Herlth.
Câmera: Eugen Shüfftan.
Elenco: Aribert Mog, Brigitte Horney.

ALRAUNE *(A Mandrágora).*
Direção: Richard Oswald.
Cenários: Erdmann e Sohnle.
Câmera: Günther Krampf.
Elenco: Paul Wegener, Brigitte Helm, Harold Paulsen.

WESTFRONT 1918 *(Guerra, Flagelo de Deus).*
Direção: G. W. Pabst.
Roteiro: L. Vayda.
Cenários: Ernoe Metzner.
Câmera: Fritz Arno Wagner e Charles Metain.
Elenco: Gustav Diessl, Fritz Kampers, Carl Balhaus, Claus Clausen, Hans Joachim Moebis.

DER BLAUE ENGEL *(O Anjo Azul).*
Direção: Josef von Sternberg.
Cenários: Hunte.
Câmera: Günther Rittau.
Elenco: Marlene Dietrich, Emil Jannings, Kurt Gerron, Rosa Veletti, Hans Albers.

1931 — ARIANE.
Direção: Paul Czinner.
Cenários: Erich Zander.
Câmera: A. Schlasy.
Elenco: Elisabeth Bergner, Rudolf Forster.

BERLIN-ALEXANDERPLATZ.
Direção: Phil Jutzi.
Cenários: J. von Borsody.
Câmera: Nikolaus Farkas.
Elenco: Heinrich George, Maria Bard, Margarete Schlegel.

DIE DREIGROSCHENOPER *(A Ópera dos Três Vinténs).*
Direção: G. W. Pabst.

Roteiro: Leo Lania, L. Vayda e Bela Balazs.
Cenários: Andreiev.
Câmera: F. A. Wagner.
Elenco: Rudolf Forster, Carola Neher, Rasp, Valeska Gert, Lotte Lenja, Ernst Busch, Hermann Thiemig, Paul Kemp.

EMIL UND DIE DETEKTIVE *(Emil e os Detetives).*
Direção: Gerhard Lamprecht.
Cenários: W. Schlichting.
Câmera: Werner Brandes.
Elenco: Fritz Rasp e crianças.

KAMERADSCHAFT *(A Tragédia da Mina).*
Direção: G. W. Pabst.
Roteiro: Ladislaus Vayda e Peter Martin Lampel.
Cenários: Ernoe Metzner e Vollbrecht.
Câmera: Fritz Arno Wagner e Robert Baberske.
Elenco: Ernst Busch, Fritz Kampers, Alexander Granach, Daniel Mondaille, George Charlia, Andrée Ducret.

M *(M—O Vampiro de Düsseldorf).*
Direção: Fritz Lang.
Roteiro: Fritz Lang e Thea von Harbou.
Cenários: Otto Hasler.
Câmera: Fritz Arno Wagner e G. Rathje.
Elenco: Peter Lorre, Otto Wernicke, Gustav Gründgens, Friedrich Gnas, Theo Lingen, Paul Kemp, Georg John.

MÄDCHEN IN UNIFORM *(Senhoritas de Uniforme).*
Direção: Leontine Sagan.
Supervisão: Carl Froelich.
Cenários: Fritz Maurischat.
Câmera: Reimar Kuntze.
Elenco: Dorothea Wieck, Hertha Thiele, Emilie Unda, Hedwig Schlichter, Ellen Schwannecke.

DER MANN DER DEN MORD BEGING *(O Homem que Assassinou).*
Direção: Kurt Bernhardt.

Cenários: Hermann Warm e Heinrich Richter.
Câmera: Curt Courant.
Elenco: Conrad Veidt, Heinrich George, Trude von Molo.

DER KONGRESS TANZT *(O Congresso se Diverte).*
Direção: Erik Charell.
Cenários: Ernst Stern.
Câmera: Carl Hoffmann.
Elenco: Lilan Harvey, Willy Fritsch, Conrad Veidt, Lil Dagover, Alfred Abel.

1932 — DAS BLAUE LICHT *(A Luz Azul).*
Direção: Leni Riefenstahl.
Cenários: Leopold Blonder.
Câmera: Hans Schneeberger.
Elenco: Leni Riefenstahl, Mathias Wiemann.

KUHLE WAMPE.
Direção: Slatan Dudow e Bertolt Brecht.
Roteiro: Brecht e Dudow.
Cenários: Scharffenberg e Haaker.
Câmera: Günther Krampf.
Elenco: Ernst Busch, Herta Thiele.

DER TRÄUMENDE MUND *(Boca Sonhadora).*
Direção: Paul Czinner.
Cenários: Erich Zander.
Câmera: Jules Krüger.
Elenco: Elisabeth Bergner, Rudolf Forster, Anton Edthofer.

1933 — ANNA UND ELISABETH *(Anna e Elisabeth).*
Direção: Frank Wysbar.
Cenários: Maurischat.
Câmera: Franz Weihmayr.
Elenco: Hertha Thiele, Dorothea Wieck, Mathias Wiemann.

DAS TESTAMENT DES DR. MABUSE *(O Testamento do Dr. Mabuse).*
Direção: Fritz Lang.
Roteiro: Fritz Lang e Thea von Harbou.
Cenários: Emil Hasler e Vollbrecht.

Câmera: Fritz Arno Wagner.
Elenco: Klein-Rogge, Oskar Beregi, Theodor Loos, Otto Wernicke, Gustav Diessl, Camilla Spira, Paul Henckels.

GÊNESE DO CINEMA EXPRESSIONISTA

O Gabinete do Doutor Caligari, 1919

erner Krauss

Conrad Veidt

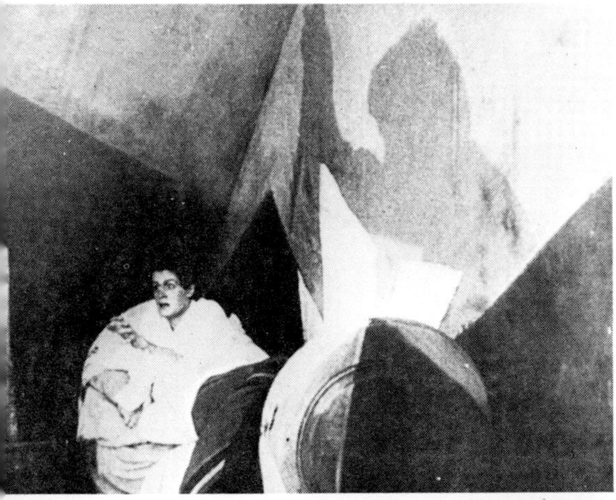

Hans Heinrich
von Twardowski

Conrad Veidt
e Lil Dagover

O Gabinete do Doutor Caligari

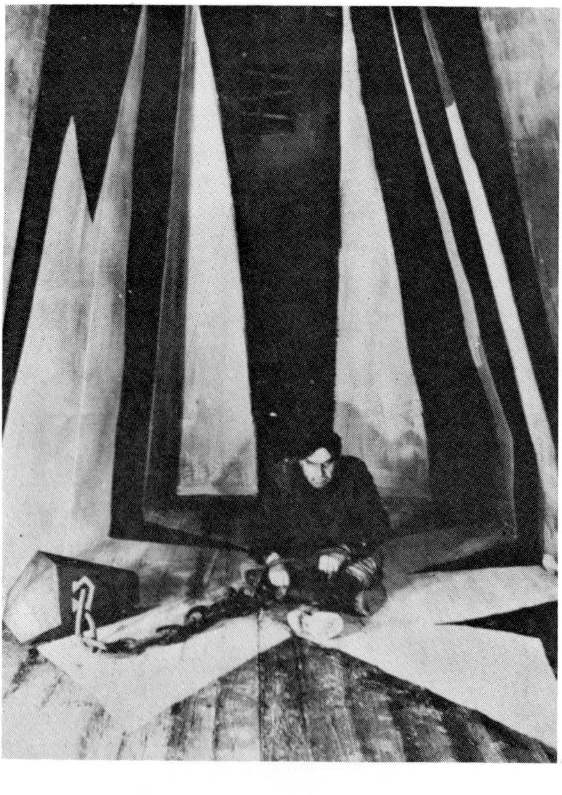

Genuine, 1920

Da Aurora à
Meia Noite,
1920

Torgus, 1920

Raskolnikoff, 1923

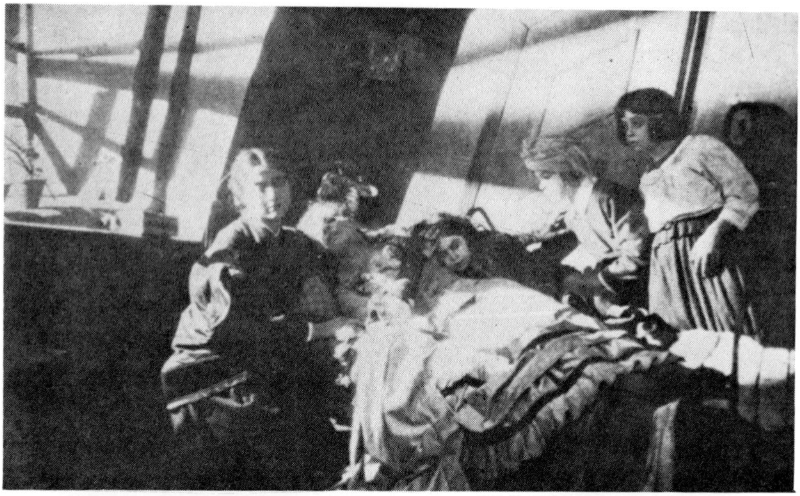

AGIA DA LUZ — A PENUMBRA

Estudante de Praga, 1913

gener e Wegener

Wegener, Grete Berger e Wegener

O Estudante de Praga, 1926

Quadro de Caspar David Friedrich

O Estudante de Praga, 1913

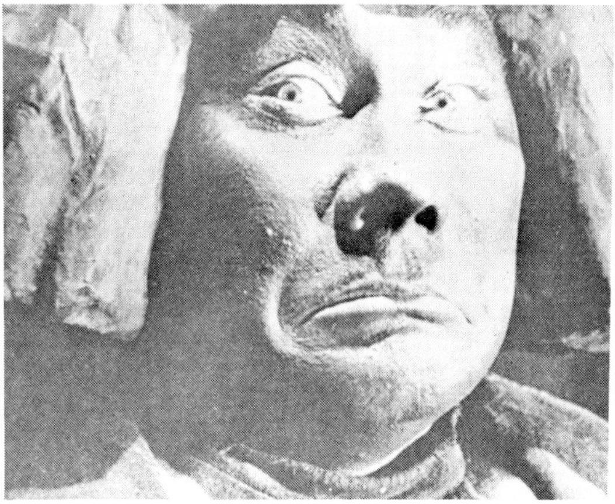

O Golem, 1920

O Golem, 1914

O Golem, 1920

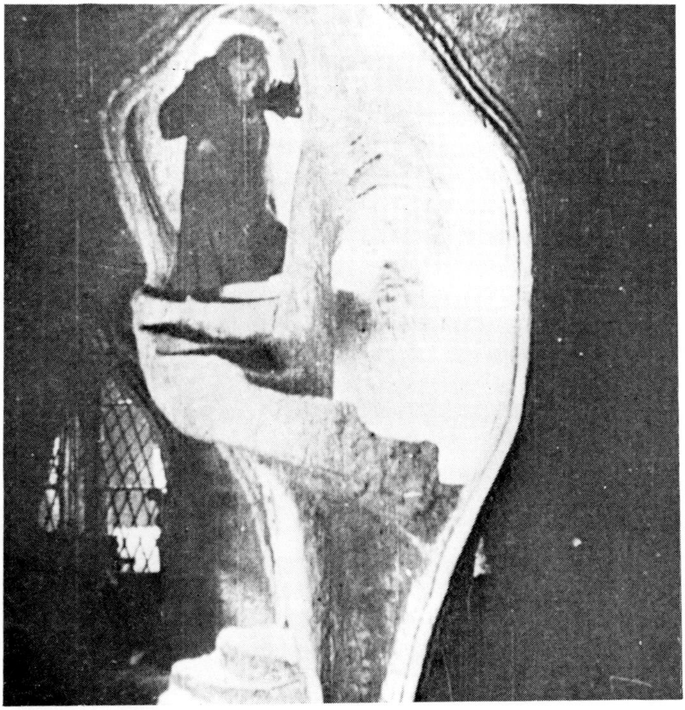

O Golem, 1920

Crônica de Grieshuus, 1925

LUBITSCH E OS FILMES DE COSTUMES

Sumurun, 1919

Jenny Hasselquist e Harry Liedtke

Ernst Lubitsch

Danton, 1920

Henny Porten e Emil Jannings

Ana Bolena,

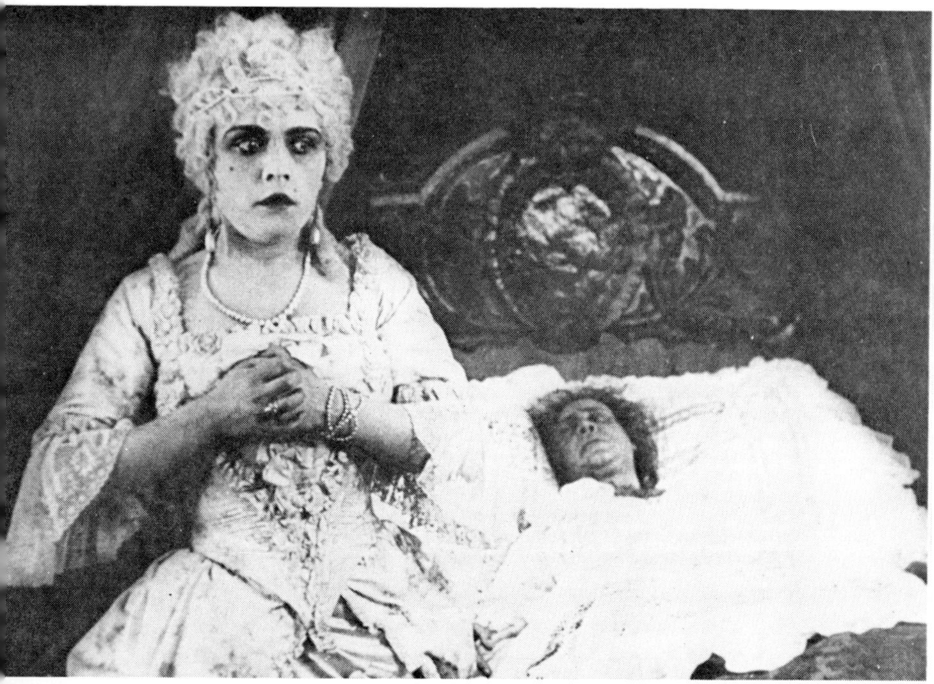

Madame Dubarry,
1919

) FANTÁSTICO ESTILIZADO — A "FEÉRIE DE .ABORATORIE" A Morte Cansada, 1921

;ernhard Goetzke

Lil Dagover

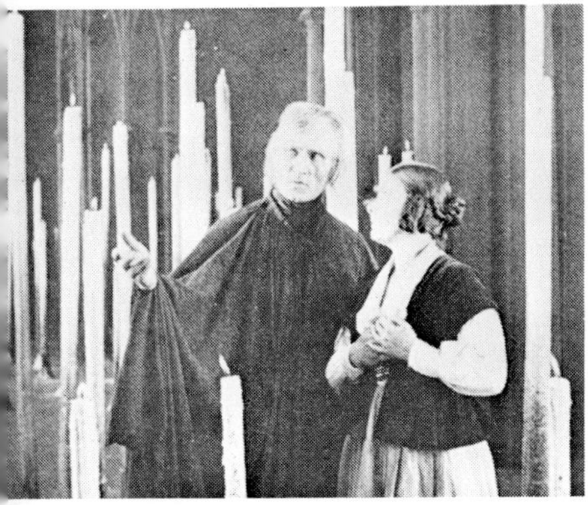

Episódio árabe

:pisódio veneziano

Episódio chinês

AS SINFONIAS DO HORROR.
Nosferatu, 1922

Max Schreck

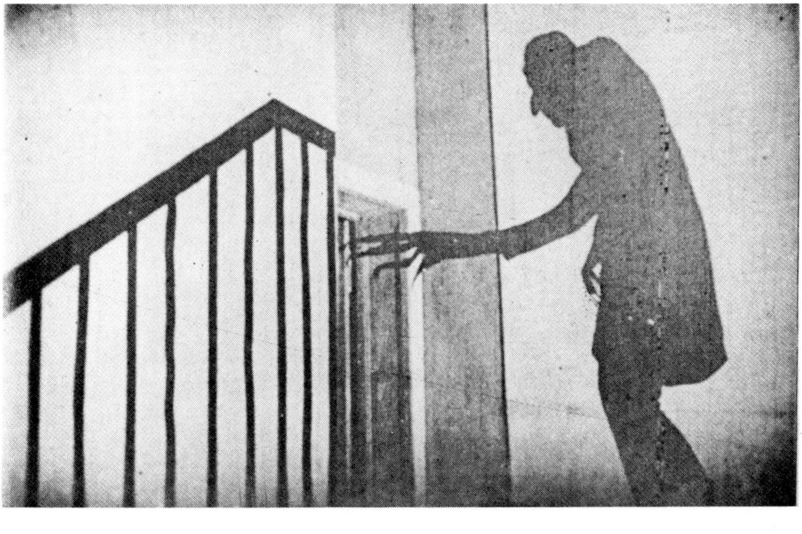

RUMO A UM EXPRESSIONISMO DECORATIVO
O Gabinete das Figuras de Cera, 1924

O MUNDO DAS SOMBRAS E DOS ESPELHOS

Sombras, 1923

Fritz Kortner

ARQUITETURAS E PAISAGENS DE ESTÚDIO

Os Nibelungos I: A Morte de Siegfried, 1923

Paul Richter e Theodor Loos

Os Nibelungos II: A Vingança de Kriemhild, 1924

Hans Adalbert von Schlettow

Rudolf
Klein-Rogge

A ESTRÉIA EXPRESSIONISTA DE UM DIRETOR "REALISTA"

O Tesouro, 1923

O KAMMERSPIELFILM E A STIMMUNG ALEMÃ

Escada de Serviço, 1921

Henny Porten, Wilhelm Dieterle, Fritz Kortner

Escada de Serviço

A Noite de São Silvestre, 1923

MURNAU E O KAMMERSPIELFILM

O Último Homem, 1924

Emil Jannings

O Último Homem

A DIREÇÃO DE MULTIDÕES

Metrópolis, 1926

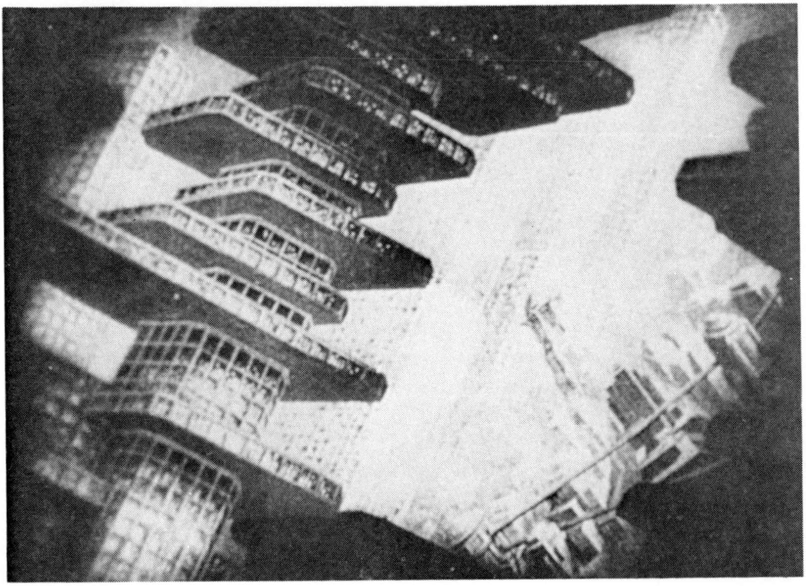

MOLOCH!

Fritz Lang —
filmagem

A AVENTURA EM FRITZ LANG
As Aranhas, 1919

Carl de Vogt e Ressel Orla

Dr. Marbuse, o Jogador — 1922

olf Klein-Rogge

Rudolf Klein-Rogge e Bernhard Goetzke

Espiões, 1927

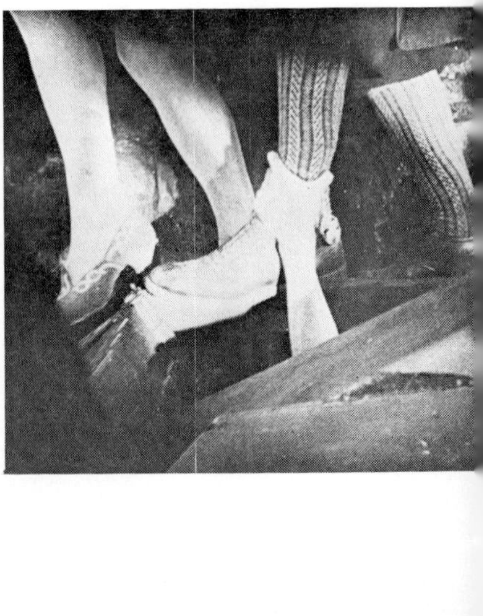

Fritz Rasp

Gerda Maurus

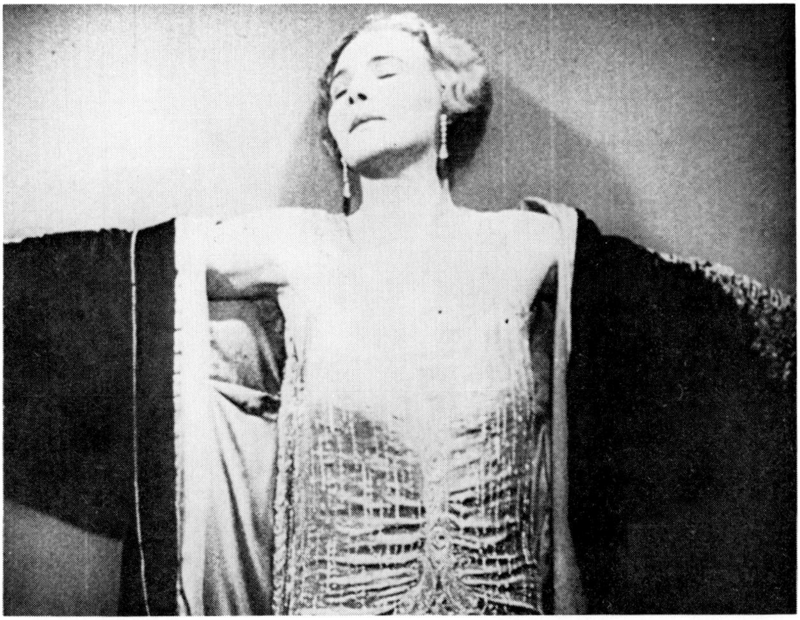

A Mulher na Lua, 1928

Willy Fritsc
Gerda Mau
e Gustl Star
Gstettenbau

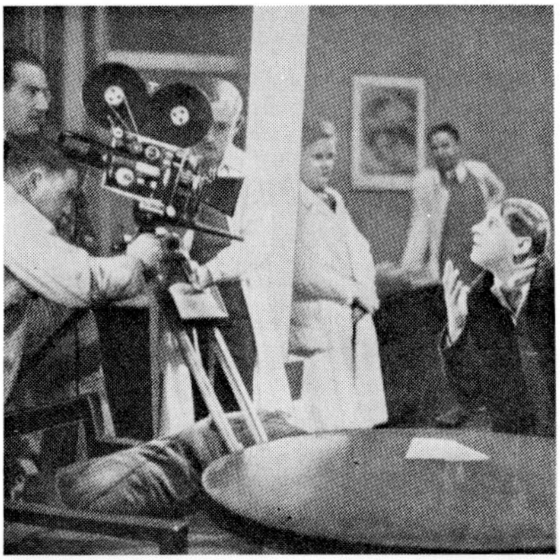

Fritz Lang —
filmagem

AS TRAGÉDIAS DA RUA — O SOCIAL DECORATIVO

A Rua, 1923

A Rua sem Alegria, 1925

Robert Garrison
e Asta Nielsen

Greta Garbo
e Einar Hanson

O Amor de Jeanne Ney, 1927

Fritz Rasp

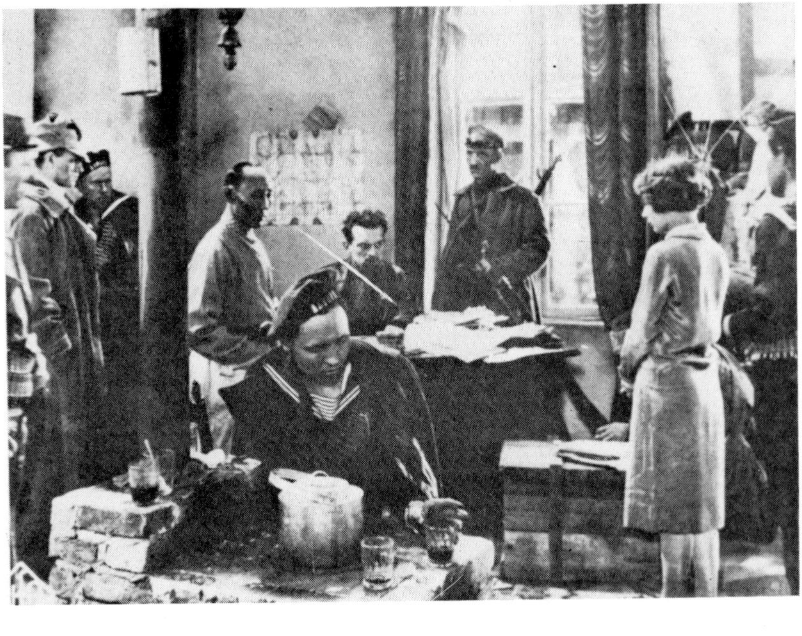

Berlim, Sinfonia da Metrópole — 1927

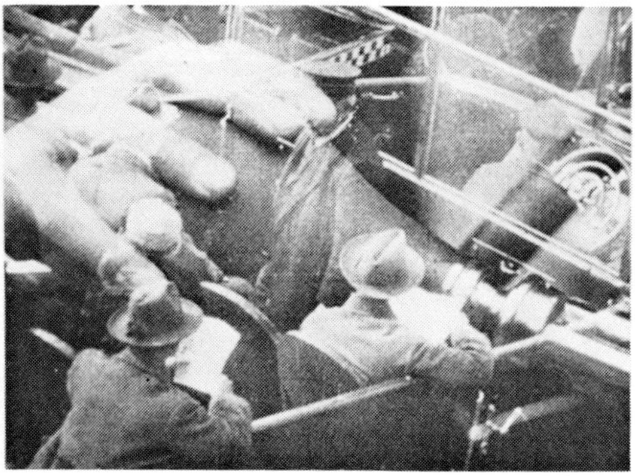

A EVOLUÇÃO DO FILME DE COSTUMES

Tartufo, 1925

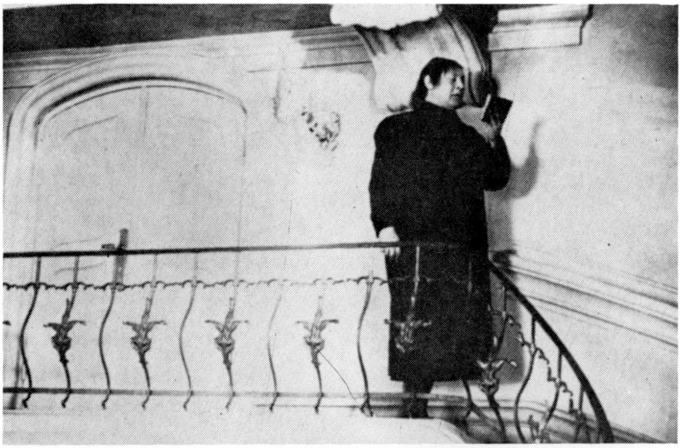

Werner Krauss

O OLHO DA CÂMERA EM E. A. DUPONT

Variedades, 1925

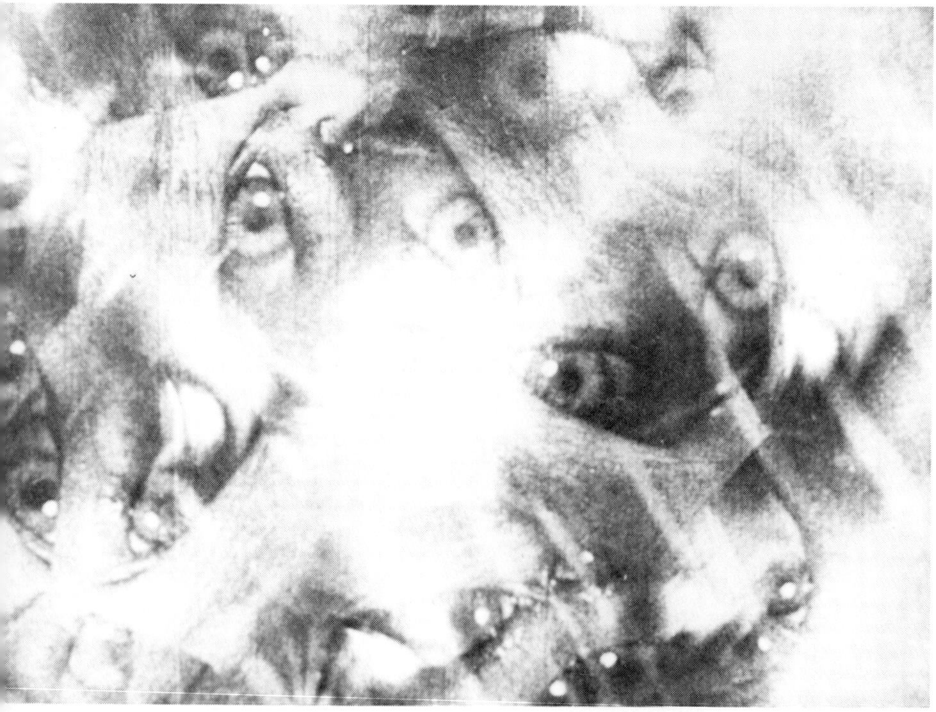

O APOGEU DO CLARO-ESCURO

Fausto, 1926

Emil Jannings

Emil Jannings
e Gösta Ekman

Emil Jannings

PABST E O MILAGRE DE LOUISE BROOKS

A Caixa de Pandora, 1928

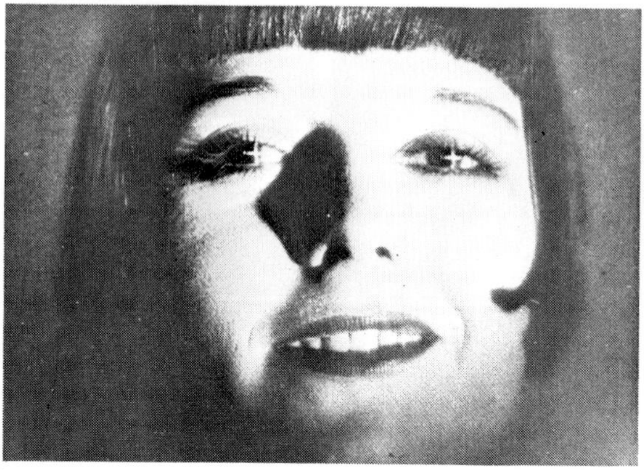

Fritz Kortner
e Louise Brook

Louise Brooks
e Gustav Diessl

Diário de uma Pecadora, 1929

Fritz Rasp e
Louise Brooks

Diário de uma Pecadora

edos de uma Alma, 1926

Emil Jannings e
Marlene Dietrich

Werner Krauss
e Ruth Weyher

Werner Krauss

O DECLÍNIO DO CINEMA ALEMÃO

O Anjo Azul, 1930

Emil Jannings

Marlene Dietri

A Ópera dos Três Vinténs, 1931

M, o Vampiro de Dusseldorf, 1931

Peter Lorre

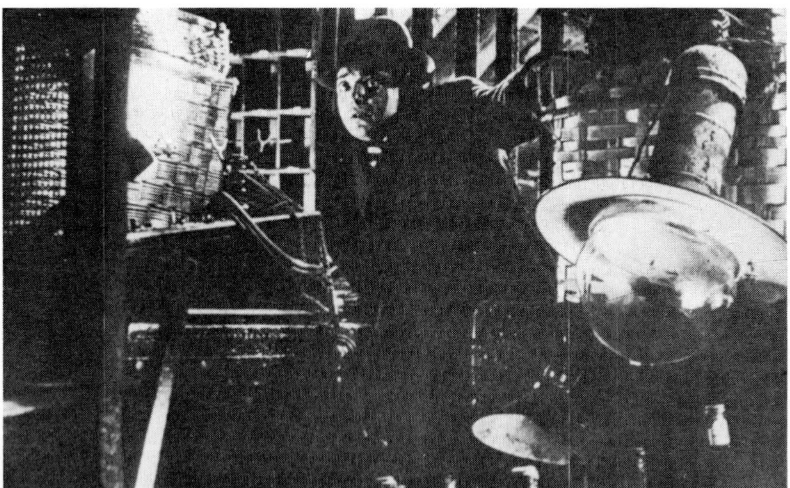

Testamento do Dr. Marbuse, 1933

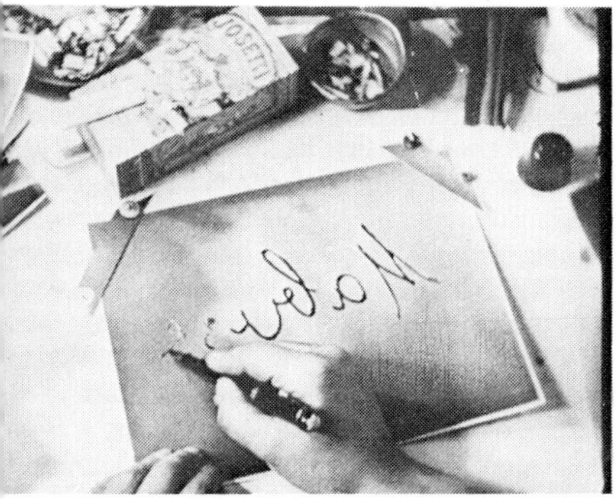

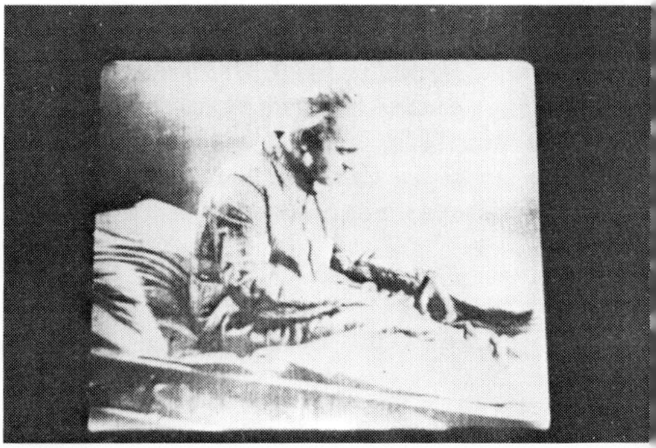

Rudolf Klein-Rogge

Oskar Beregi

lolf Klein-Rogge e Oskar Beregi

Oskar Beregi

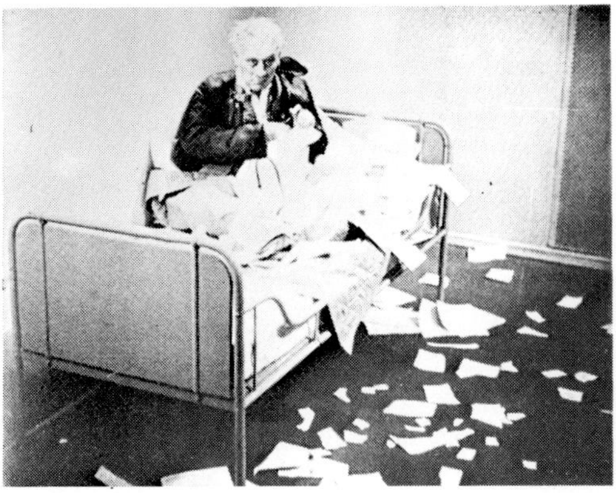

Asta Nielsen

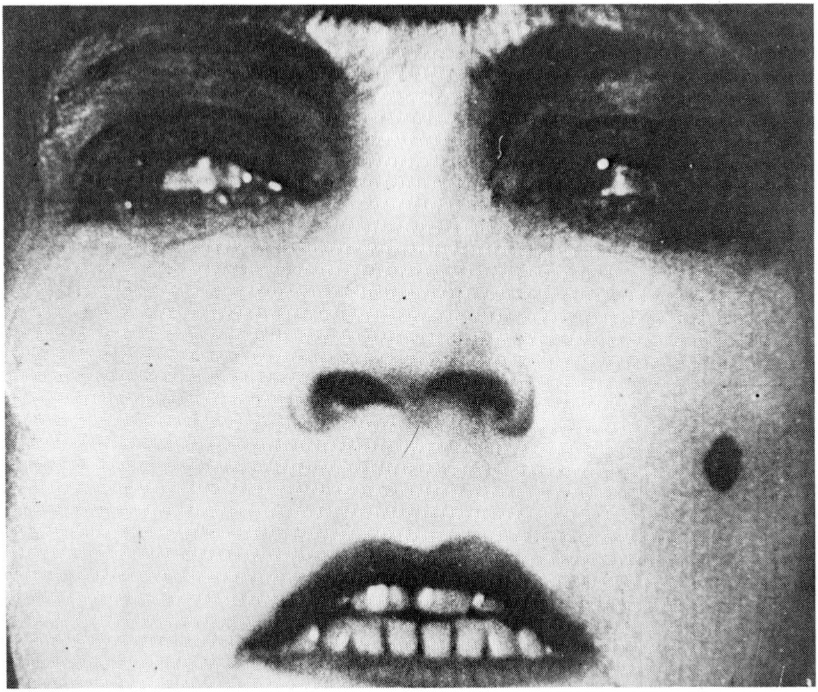

Elisabeth Bergner

BIBLIOGRAFIA

"Le Romantisme Allemand", número especial dos *Cahiers du Sud*, 1949.

KURTZ, Rudolf. *Expressionismus und Film*. Berlim, Verlag der Lichtbildbühne, 1926.

MARZYNSKI, Georg. *Die Methode des Expressionismus*. Leipzig, Verlag Klinkhardt und Biermann, 1921.

EDSCHMID, Kasimir. *Frühe Manifeste*. Hamburgo, Christian Wegner Verlag, 1957.

LEPROHON, Pierre. "Le Cinéma Allemand", caderno especial da revista *Le Rouge et le Noir*, julho de 1928, Paris.

JACOBSOHN, *Siefried*. *Max Reinhardt*. Berlim, Erich Reiss Verlag, 1921.

STERN, Ernst e HERALD, Heinz. *Reinhardt und seine Bühne*. Berlim, Verlag Dr. Eyssler & Co., 1918.

STERN, Ernst. *My Life, My Stage*. Londres, Victor Gollancz Ltd., 1951.

FLEISCHMANN, Benno. *Max Reinhardt*. Viena, Paul Neff Verlag, 1948.

LAURET, René. *Le Théâtre Allemand d'Aujourd'hui*. Paris, Gallimard, 1933.

ZIEGE, Felix. *Leopold Jessner und das Zeittheater*. Berlim, Eigenbrödler Verlag, 1928.

La Biennale di Venezia. Caderno 54, ano XIV, setembro de 1964.

L'Arc, n.º 25, "Expressionnisme", 1964.

ÍNDICE ONOMÁSTICO

ÍNDICE DE FILMES

ÍNDICE